近现代学术文化·序跋书评

黎虎文集 第十二卷

黎虎◎著

中国社会科学出版社

目　录

近现代学术文化

序跋书评

(一)序(前言)

近现代学术文化

说明："黎昔非问题"作为二十多年来中国近代史研究领域的一个学术热点，其核心问题为"黎昔非是《独立评论》的经理人"。最早将"黎昔非是《独立评论》经理人"这一信息揭橥于世的学者是罗尔纲先生和黎虎先生。围绕"黎昔非问题"，黎虎先生充分利用身为黎昔非之子的便利条件，搜集到大量的第一手史料，于2002年值黎昔非先生诞辰100周年之际主编出版了《黎昔非与〈独立评论〉》（学苑出版社2002年版），该书的出版不仅进一步推动中国近代史学界掀起一股研究"黎昔非问题"的热潮，而且标志着"黎昔非问题"研究学术体系的基本形成。在编撰此书前后，黎虎先生围绕黎昔非与《独立评论》、黎昔非与胡适的关系这两个核心问题，亲笔撰写了一系列论文，直接推动了"黎昔非问题"研究的形成和深化。2023年，黎虎先生主编的《黎昔非的学术与人生》（学苑出版社2023年版）一书出版，不仅进一步夯实了"黎昔非问题"研究学术体系的史料根基，而且完全确立了他在"黎昔非问题"研究方面"奠基人"和"引路者"的角色和地位，必将助推"黎昔非问题"研究深度、广度的开掘和拓展。黎虎先生在"黎昔非问题"的形成、发展过程中所取得的诸多成绩和做出的贡献，不仅应该在中国近代史领域拥有一席之地，也是其众多史学研究成就的一个重要组成部分。我们在整理编辑《黎虎文集》的过程中，深感有必要将黎虎先生的这些学术成公开揭橥于世，但同时又考虑到《黎昔非与〈独立评论〉》《黎昔非的学术与人生》二书不宜单独成册而收入《黎虎文集》，故摭取其中黎虎先生所撰的相关论文、回忆性文字，连同黎虎先生所撰现当代学界的一些掌故佚事文字，荟为"近现代学术文化"一编，聊以展示黎虎先生在近现代文化史领域的学术贡献之一斑。

先父黎昔非与《独立评论》

——从我与罗尔纲先生的一次会面谈起*

我与罗尔纲先生的一次会面，不仅使我知道了先父黎昔非与罗老的关系，而且对于先父与胡适、吴晗以及《独立评论》的关系也都有了进一步的了解。原来先父与罗老、吴晗都是同学和朋友，而他们三位也都与胡适有过极其密切的师生关系或工作关系，先父与《独立评论》的关系又与他们都有不同程度的关系，这些关系像有形无形的网联系着、影响着当时乃至以后的人与事。这些事情之所以还有必要写出来，是因为在中国现代历史上发生过重要影响的《独立评论》的后面还有着先父黎昔非这样一位鲜为人知的人物，他与《独立评论》那重要而又不可分割的关系，以及他与胡适、罗尔纲、吴晗之间关系的遗闻轶事，从一个侧面多少反映了老一辈中国知识分子的心路历程和风云际会。

我与罗尔纲先生的会面是在1988年10月中旬。那是罗尔纲先生通过曲折的渠道访得我的身世之后，托与他同在中国近代史研究所工作的我岳父约我前去见面的。在一个金风送爽的下午，我来到东城干面胡同罗老的家中拜访他老人家。在一座二层楼上的会客室中，我第一次见到了这位心仪已久的史学泰斗，罗老夫人亦同时相见。罗老的口音浓重，不易听清楚，由罗老的女公子罗文起及其夫婿、中国近代史所研究员贾熟村先生陪同见面，担任“翻译”。通过这次访问我才知道先父与罗老的关系，过去先父没有跟我提到过此事，因此尽管我早在1955年就从故乡广

---

* 本文原刊《学林漫录》第十四集，中华书局1999年版。收入本书（按，指黎虎先生主编《黎昔非与〈独立评论〉》，学苑出版社2002年版）时由作者作了一些修改。

东兴宁来到北京师大历史系上学，后又一直在北京从事史学工作，还是在几十年之后才从罗老本人的口中得知罗老与先父的关系的。罗老以慈爱的态度向我询问了先父、家母的情况，并讲述了先父与罗老、吴晗以及胡适的关系，追述了当年他们在中国公学同学的情形，以及在北平的那段经历，言谈间充满着对故友的怀念之情。

先父黎昔非（1920—1970），广东省兴宁市罗岗镇甘村人。1929 年春他从上海持志大学文史系转学到了中国公学大学部，仍在文史系，1930 年夏毕业。这时适值胡适担任中国公学校长，兼任文理学院院长，而且亲自授课。所以先父是胡适的学生。在中国公学时先父与罗尔纲先生是同班同学①，后来吴晗也考入中国公学，所以他们三人是同学，都是胡适的学生；而且他们三人以及他们的校长和老师胡适也都是于 1930 年先后从上海来到北平的。

1930 年秋冬，先父在北平图书馆自习，做报考北京大学研究院的准备，于 1931 年春考入北京大学研究院国学研究所读研究生。这期间胡适也来到北大任教，担任文学院院长和中国语言文学系主任，再为先父的老师。至今还保存在我们手中的先父的北大研究生“学生入学证”，其学号为 84，系别为中国语言文学系，由注册组主任樊济昌签字，注明为“民国二十一年度适用”。今天仍在我们手中保存的先父在 1945 年的一份《大学及独立学院教员资格审查履历表》中是这样填写的：“北京大学研究院肄业一年半（民国二十年春至二十一年七月）。”但是 1932 年 4 月，先父即中断了在北大的研究生学业，承担了胡适创办的《独立评论》社的工作。这件事情的缘起，与吴晗有密切的关系，这在吴晗 1932 年 4 月 24 日给胡适的信中有很详细的记述，信中说：

> 今午同蒋廷黻先生谈话，他说他正在发愁，因为《独立》周报预备在下下星期出版，第一期稿件已齐，却还找不到一个合适的经理人。生因此想起五星期前同黎昔非君到协和来看先生的时候，先生曾提过此事，并问黎君愿否帮忙，就把这话告诉蒋先生，他很高兴，叫生即

① 据罗尔纲先生回忆，他们还同住一房。参见罗尔纲《读〈闲话胡适〉》，《社会科学战线》1993 年第 3 期。

刻写信，请先生决定并征求昔非同意（他住银匣大丰公寓）。[①]

这封信表明：大约是年3月中旬，先父曾与吴晗前往协和医院探望正在那里治病的他们的老师胡适，在这次会见时，胡适曾征求先父是否愿意帮忙管理《独立评论》之事。看来先父当时及此后的一个多月中均未曾向胡适答允此事，可能他是担心这项工作会影响自己的学业，故迟迟未下决心。所以直到4月24日，当时的清华大学史学系主任、《独立评论》创始人之一的蒋廷黻先生还在为此事发愁。由于吴晗从中斡旋，胡适再次要求先父帮忙办理《独立评论》社务，先父亦终于答应了胡适的要求，从而开始了他在北平五年之久的负责《独立评论》社务工作的日子。先父在上述《履历表》中是这样填写的："北平《独立评论社》经理五年（民国二十一年七月至二十六年七月）。"实际上1932年4月，先父即中断了在北大国学研究所的学业[②]，全力以赴去完成老师胡适交给他的这项任务。

在吴晗致胡适信后不到一个月，1932年5月22日《独立评论》第1号即已面世，此后直到1937年7月25日第244号最后一期出版，在这五年中，先父一直担负着《独立评论》的社务工作。关于先父在《独立评论》社的工作情况，罗尔纲先生在《师门五年记·胡适琐记》中有这样一段记述：

> 我于九·一八事变前几天回广西。到1934年3月才再来北平。那时《独立评论》已经出版将两年了。社址在后门慈慧殿北月牙胡同二号。经理为黎昔非，广东兴宁人，中国公学同学，同吴晗和我都是熟人。他从《独立评论》出版至抗日战争停刊时止都是他主持排印、发行工作。我每星期天都去看他。他很忙，从来没有工夫去玩。我就坐在他办公室里翻看那些交换来的乱七杂八的刊物，竟然有一篇启发了我后来在中央研究院以"兵为将有"作主题来研究有

---

① 原件收藏于中国社会科学院近代史研究所，转引自《人民日报》1966年6月3日，又见《历史研究》1966年第3期《评注吴晗胡适通信》。

② 见广东省兴宁市教育局档案资料，上载先父于1931年春至1932年4月在北大研究所读书。

清一代的兵制的。①

罗尔纲先生在中公毕业后，即进入胡适家中帮助整理胡适父亲胡传的遗文，1930 年冬也随胡适同来北平，除中间一度离开北平外，也是到 1937 年“七七”事变后才离开北平的②。所以他对先父在《独立评论》社的工作情况是非常了解的。罗先生的这段文字，基本上概述了先父在《独立评论》工作的情形。当时也在北平上学的广东兴宁人林钧南先生（1915—）也非常熟悉先父及其在《独立评论》社工作的许多内幕。他与先父为同乡、朋友，于 1932 年 5 月至 1937 年 7 月在北平上学，先后就读于东城大同中学、辅仁大学历史系、北京大学历史系，时间正好与《独立评论》相始终。林先生后来于 1939 年毕业于西南联大，现退休于兴宁市，是我中学时期的老师，这次我为了写这篇短文，向他询问先父在北平这段时间的情况，承蒙他热情地写了几封很长的信，提供了不少鲜为人知的情况。他在 1998 年 8 月 11、20 日，9 月 4 日和 10 月 14 日这四封长信中追述道：“我是 1932 年 5 月从广州经南京到北平的，九月考取东城大同中学高一……一年后，我报考北大，没有考上，改为自修，经常请（1932 年冬至 1934 年与丽天在沙滩一个公寓里同房居住）北大廖衡胜帮助学数学和外语，晚上经常到《独立评论》社（社址在景山至后门的大街靠西旁边的北月牙胡同）与令先尊和（陈）晋祺聊天。”③“创办初期，只有昔非办公，另有工友老宋。胡适编好后，即派人送给昔非，由昔非送至印刷所。然后经过两次校对，才正式出版。出版后，本市的由老宋送去，外地的还是昔非分别包扎好叫老宋送往邮局。所以他是总其成的，包括财务、校对、发行等在内。1933 年后，同乡（陈）晋祺到北平④，才

① 罗尔纲：《师门五年记·胡适琐记（增补本）》，生活·读书·新知三联书店 1998 年版，第 137 页。按，此段文字亦见生活·读书·新知三联书店 1995 年版《师门五年记·胡适琐记》，第 165 页，完全相同。以下不再同时标注 1995 年版相关信息。

② 《师门五年记·胡适琐记（增补本）》，第 9—11、13 页。

③ 林钧南 1998 年 8 月 20 日致黎虎信（第 4 通），见黎虎主编《黎昔非与〈独立评论〉》，学苑出版社 2002 年版，第 60—61 页。按，《学林漫录》第 14 集原刊文此处引文不准确，今据《黎昔非与〈独立评论〉》予以订正。

④ 陈晋祺先生于 1935 年春到北平参加《独立评论》社工作。参见《黎昔非与〈独立评论〉》，第 44 页。

由昔非提出让晋祺任财务人员，经胡先生同意才到社的。”[①]“他全心全意在搞‘评论’的除编辑以外的所有工作，如财务、校对、发行等等。因工作多，后来除加了晋祺以外，还要求增加了一个姓胡[②]的，是胡先生家乡人。”[③]“章先生是1935年左右到北平的，他不在《独立评论》社住宿和吃饭，文化程度不高，没有合适的工作，可能是胡先生叫他帮忙校对，但是他校对过的，令先尊不放心，还要亲自再校对。记得（陈）晋祺有时也参加校对，令先尊同样不放心，一定要自己再校对。所以，当时的《评论》印出来，是极少有错字的。”[④]“我听晋祺说，某次校对《独评》，他和章先生已经校对过了，而昔非还要亲自校对，自找麻烦。我听了以后，劝告昔非兄不必过于操劳，既有二人校对过，就不必再校对了。而令尊却说，他们粗心大意，我非亲自校对不可。万一出了错字、漏字，甚至漏句，胡先生看了肯定不高兴的。”[⑤]“我当时还在补习，有时间抢先看评论等，所以内幕也清楚。例如胡适有时外出，他就交带所有稿件交蒋廷黻处理。有一次，翁文灏的文章第一段给胡先生压缩了，我当时曾仔细考虑压缩的道理，觉得压得好。”[⑥]“《独立评论》是胡适邀集北大、清华等校十教授共同创办的，有人称十教授的刊物，也有人称独立周报。写稿的不限，例如南开陈序经教授就经常有宣扬全盘西化的文章在此发表，胡先生不完全同意他的意见，故陈文从来都没有排在前头。”[⑦]先父不善交游，讷口少言，普通话又讲得不好，林先生在信中回忆说：“您爸爸讲普通话，有令人引为笑谈的故事。《评论》的读者多，电话也多，您爸爸接上电话，只说了一二句，对方听不懂，立刻就转身叫：‘老宋，接电话。’有几次我忍不住笑了。他曾对我说，胡先生有一次跟他开玩笑

① 林钧南1998年8月11日致黎虎信（第3通），见《黎昔非与〈独立评论〉》，第57—58页。

② 这里实际上是指章希吕先生，林先生在1998年9月4日信中对此已作了更正。参见《黎昔非与〈独立评论〉》，第63页。

③ 林钧南1998年8月20日致黎虎信（第4通），见《黎昔非与〈独立评论〉》，第60页。

④ 林钧南1998年9月4日致黎虎信（第5通），见《黎昔非与〈独立评论〉》，第63页。

⑤ 林钧南1998年10月14日致黎虎信（第6通），见《黎昔非与〈独立评论〉》，第65—66页。

⑥ 林钧南1998年8月11日致黎虎信（第3通），见《黎昔非与〈独立评论〉》，第58页。

⑦ 林钧南1998年8月11日致黎虎信（第3通），见《黎昔非与〈独立评论〉》，第57页。

说：‘昔非，你讲的‘客家话’我都全懂了，为什么你讲的‘普通话’有些人仍然听不懂？’胡先生看到您爸爸无言以对，立刻就改口说：‘昔非，好好学一下吧，这对你很重要。’”①

家母何昕是北平人氏，与先父是在1933—1934年之间在北平结婚的，所以从这时到1937年间先父在《独立评论》社工作的情形她也是清楚的。家母对先父在《独立评论》社的工作情形回忆说：“原来《独立评论》社给你爸爸每个月三十多元工资，我们结婚以后加了十元，每月四十多元，需要省吃俭用。我们当时住在后门的‘油漆作’，离胡适家和《独立评论》社都不远。你爸爸每天都到《独立评论》社上班，很忙，胡适把稿子编好后，由你爸爸送印刷所，排出清样后，由你爸爸校对，校对好后送给胡适，胡适审查同意后再拿回送到印刷所，印好以后由你爸爸负责发行，每星期日都要往外送刊物，不少兴宁籍的大学生也来帮忙送。”我在北京师大图书馆所藏民国二十六年4月25日出版的《独立评论》第231号上发现，上面盖着辅仁大学图书馆于“民26，4，26收到”的印章，可见刊物出版后的第二天北平的订户就已经收到，派送是非常及时的。在那次与罗老见面时，他还问到了家母的情况，我向他禀告之后，他说：“当年你父母结婚时，是胡适先生当的证婚人。”现已88岁高龄的家母对此事至今记忆犹新，她说：“婚礼是在北海（中华教育文化基金）董事会举行的，那天胡适也来了，还讲了话。婚礼之后摆席时已经掌灯，胡适、你爸爸、我、房东四人在一桌。”当年参加过这场婚礼的林钧南先生回忆说：“令先尊结婚时主婚人是中法大学文学院长、西洋文学系主任、同乡曾觉之教授，胡适先生是证婚人，那天他很高兴参加了，举行结婚仪式中，他讲了15分钟左右，主要是说他与昔非有师生关系，且有工作关系，他很了解和赞许昔非的朴实无华的作风，绝不会夸夸其谈，认真做好工作，使工作做得很好，我们都很满意。至于何小姐我比较欠会，不大了解，只从昔非口中得知一二。今天两位结婚了，看何小姐的穿着打扮，也很朴素的，你们正好是一对。这一点，希望长期保持下去。今天中国社会还不可能追求享受，而是需要俭朴，才能保持安定的生活。何小姐是高中毕业②，文化程度不错，我同样希望继

① 林钧南1998年8月20日致黎虎信（第4通），见《黎昔非与〈独立评论〉》，第60页。

② 家母当时还在高中上学，尚未毕业。

续自学，争取较大的进步。最后希望两位百年偕老，子孙有福。”

在那次见面中，罗尔纲先生对我说：“本来胡先生的意思是让你父亲进一步深造，搞研究。但因《独立评论》需要人，因此只得请他帮忙，当时说定帮完这个忙之后，就让他回来搞研究的。但因发生了卢沟桥事变，没有得以实现。”先父虽然全力在办理《独立评论》的事务，但仍尽力挤出时间进行研究工作，并曾于1937年夏被聘为北京大学研究院助理研究员。林钧南先生有这么一段回忆：“令先尊在北大研究所时，曾与吴晗一起研究明清史，与罗尔纲一起研究太平天国史。这些是令先尊跟我说的，至于具体研究过哪些问题，令先尊没有详细谈过，偶尔说过一些也记不得了。由于令先尊一般情况下，不爱说话，更不喜欢表现自己，所以他跟任何人来往，都是简单而扼要地说几句话，而不会啰嗦的。”① 据家母回忆：“你爸有时间就到北平图书馆看书，写论文。考上北大研究所后，与罗尔纲一起研究太平天国，还有吴晗。‘七七’事变前二十多天他还去过北大一次，送去论文和资料，事变发生后就去不成了。”

1937年北平的形势日益吃紧，据家母回忆：“因为《独立评论》是抗日的，你爸爸在‘七七’事变前就开始烧材料，整整烧了一个星期。”这不禁使我想起以前先父曾与我们谈过“七七”事变之后在北平的情况，说：“当时日军进北平城时，一副胜利者的骄横态度，坦克开进来时肆无忌惮，把马路都掀起一层皮，看了以后十分气愤，当时我手里要是有手榴弹的话，我就要狠狠地扔过去的!”说到此处时，他双眼噙泪，我很少见他这么动感情的时候。“七七”事变北平沦陷后，先父在此危难时刻，仍然坚守岗位，忠于职守，继续坚持出版《独立评论》，1937年7月18日出版了第243号，7月25日出版了最后一期第244号之后，先父才携家离开北平南归的。

先父是与罗尔纲、吴晗先生一起从天津南归的。罗尔纲先生在《胡适琐记》中对此有一段回忆，他说：“北平沦陷后，黎昔非同吴晗和我一同在天津南归。”② 据家母说：“‘七七’事变后日本人要抓你爸爸，所以我们是急急忙忙跑的。当时铁路破坏了，等铁路修好了，通第一趟车时

① 林钧南1998年8月20日致黎虎信（第4通），见《黎昔非与〈独立评论〉》，第59页。

② 《师门五年记·胡适琐记（增补本）》，第137页。

我们走的，到了天津，有人接应，住进了英租界，睡在地板上。在英租界遇见了吴晗，还有罗尔纲。当时你哥三岁，你正好周岁。罗尔纲夫妇带着一个男孩有八九岁，还有两个女孩。我们一起从天津坐船到烟台，从烟台坐汽车，然后再坐火车，在车上，我们和吴晗坐这边，他还帮忙抱你，罗尔纲他们坐那边。先与吴晗在徐州分的手，他要经越南到昆明去。在衡阳与罗尔纲分的手，他们从衡阳去广西，我们去广东。”但据那次罗老的谈话，我们是在汉口分手的。罗老说：“卢沟桥事变后，我们一家与你们一家及吴伯伯等一同从天津南归的。到了汉口时，你父亲已身无分文。”我当时注意到罗老跟我用的是“吴伯伯”这样的称呼。说到这里，罗老夫人插话说：“当时我们也没有钱了，只好把我的项链变卖了接济你们，才解决了路费问题。”

罗老对我说：“我们一直在寻找你父亲，但始终未能找到。后来我们猜测你们一家是在路上出事了，因为当时是逃难，遭遇不测是很可能的。解放后还找过，曾通过一位兴宁人打听你父亲的下落，那位兴宁人说他不在兴宁，找不到。这人主动与我们联系，但我们不想与他联系，只想通过他找到你父亲。”罗老问我：“你父亲为什么不主动与我们联系?”我说具体情况我也不清楚，不过他一向的脾气是不愿轻易去求人的。我的话音刚落，罗老立即激动地说：“不是他求人的问题，而是胡先生求了他，欠了他的!”罗老认为先父是“做出了牺牲的”。

罗老还向我询问了先父后来的情况，我向他禀告：先父回到兴宁后就一直在本地教中学，除了1944—1945年到昆明国立中国医药研究所史地部任了一年多的助理研究员之外，就再也没有离开过兴宁。解放后于1959年加入了中国共产党，50—60年代任过县人民委员、人大代表、政协常委，被推为广东省优秀教师等方面的情形，以及1966年6月3日人民日报发表《吴晗投靠胡适的铁证》，里面涉及先父与吴晗、胡适、《独立评论》的关系，从而被打成“三家村黑帮”，三十四年前改变了先父命运的吴晗那封信，再一次使先父遭到灭顶之灾，在受尽折磨之后，于1970年12月16日去世，直到1979年8月24日《人民日报》内参以《平反受“三家村”株连的冤案，阻力在哪?》为题，刊登了我们兄弟的上诉信，经当时的广东省委书记习仲勋同志在这封信上作了批示后，才得以召开追悼会，彻底平反昭雪。罗老听我讲到先父在兴宁教书的情况时立即插话说："这种工作不适合他，他的学问不是教中学用的。"罗老又说："如果他不回老家，他现在跟我们是一样的。"罗老一再问到先父有无遗稿留下，他想帮他整理出版。我说我小时候曾见他整理东西时拿出一篇《唐以前的七言诗》论文稿子给我看过，我到北京后曾从中国科学院历史研究所与北大历史系合编的《中国史学论文索引》中查到他在《中国文学季刊》1929 年第 1 卷第 1 期上发表的《〈采芑〉时代的质疑》、天津《益世报·史学周刊》第 46 期上发表的《从'其军三单'说到古代兵农之分》等，罗老说："那不是他主要的东西，他研究的问题和成果比这重要。他还应该有遗稿。"事实上先父当时匆忙离开北平，许多东西都没能带走，在上述的《履历表》中，先父有一处这样填写："早完成之《诗经学史》及《诗地理考》，因'七七'事变遗失。"这两部著作就是他在办理《独立评论》期间挤出时间完成的研究成果。而回到兴宁以后已没有条件进行学术研究了，在 1944—1945 年昆明医药研究所期间所作的《本草纲目之本草产地考释》三卷的稿子也在"文化大革命"中遗失了。这两次灾难把他一生所作的学术成果都化为乌有了。

先父就是这样默默无闻地奉献了一生，然而他那高尚的品格、渊博的学识、清白的人生，在我心中永远是一座仰之弥高的丰碑！

（原刊《学林漫录》第十四集，中华书局 1999 年版。后收入黎虎主编《黎昔非与〈独立评论〉》，学苑出版社 2002 年版，第 128—139 页。今据《黎昔非与〈独立评论〉》所载及原刊文，并参校《黎昔非与〈独立评论〉》一书整理。李文才敬识）

《独立评论》社址北月牙胡同2号调查记

《独立评论》的社址在北平后门慈慧殿北月牙胡同2号。但是，它具体在今天北京的什么地方呢？在编撰本书[①]过程中，笔者为此曾数度实地调查采访。

作为《独立评论》经理人的家父黎昔非先生，在办理该刊期间，从1932年4月筹办《独立评论》至1933年底曾一直居住在北月牙胡同2号的《独立评论》社中。1933—1934年家父与家母结婚后从这里移居后门油漆作20号。1935年年底从油漆作20号移居南城潘家河沿20号兴宁邑馆，直至1937年“七七事变”后离开北平。故我们同时对这两处所在地也一并进行了调查采访。

2001年夏，笔者两度到油漆作胡同采访，得知几十年来北京胡同的编号已发生了很大变化，居民的流动也很大，所谓老街坊大多是解放后住进来的，对于解放前的门牌编号已不能确指了。后来走访了管辖该胡同的厂桥派出所，得知他们已经没有这方面的档案资料，建议我们去找街道主任了解情况。

2001年11月28日笔者与舍弟黎鹗去拜访油漆作胡同的街道主任，当时街道主任正在米粮库胡同的居委会办事，该胡同在油漆作胡同南侧，相互紧邻，这条胡同当年的4号就是胡适先生的住地。我们到居委会找到街道主任，承蒙她热情引领，访问了油漆作胡同的几位老人，最后得知今日的油漆作48号可能是过去的20号。48号的房主是年逾92岁的张静华女士。张及其女儿郜正义女士都正在美国探亲。幸赖郜女士的女婿

① 整理者按：“本书”指黎虎先生主编的《黎昔非与〈独立评论〉》一书，学苑出版社2002年版。

佟先生帮忙，与远在美国的老人联系，终于证实48号即是当年的20号。这与家母的回忆及48号院的实地情况也可以相互印证。家母告知，当时院中住有三户人家，我们住的是北房，另有东房、南房各一家，没有西房。现在的48号仍是如此状况，据该院老住户说，他们解放初住进来时就是这个格局，虽然后来搭建了一些房子，但老房子只有北、东、南三座，而无西房。

从油漆作胡同东口出来，隔着地安门内大街，对面就是慈慧胡同西口。从慈慧胡同西口进去不远，有一小胡同向北蜿蜒，这就是北月牙胡同，它向东、向南拐后又与慈慧胡同东段会合。我们在北月牙胡同找了几位老人，他们都不知道当年的2号在哪里。后找到从解放前就一直住在今天北月牙胡同2号、已85岁高龄的郑巨之先生，他对《独立评论》地址还有一些印象。他带我们到今天的3号院门口，说当年《独立评论》就在这一带，但他不能确指。后来承蒙他告知住在今天北月牙胡同1号的吴先生是这里的老住户。于是我们访问了1号院，可惜吴先生不在家，承蒙吴先生的夫人热情接待，用其家中电话与吴先生通话，吴先生告知今天的北月牙胡同1号和3号之间那个紧闭着的大门就是当年的北月牙胡同2号，就是《独立评论》社址所在地。那个大门与3号紧邻，而与1号相隔颇远。无怪乎郑先生站在3号院门口和那个闭着的大门之间不能断定哪个门里是《独立评论》社址，不过他的回忆还算大体不误。

2002年2月22日上午笔者与中央电视台记者、友人姚斌先生前往原潘家河沿20号兴宁会馆（今潘家胡同39号）、原油漆作20号（今油漆作48号）拍照之后，再一次拜访了北月牙胡同1号主人，这次恰逢房东吴植榛先生在家，因而访得北月牙胡同2号事更为清楚、确切。

吴先生生于1936年，现在是清华大学电学教授。据吴先生告知：这个1号院的房主是其父吴文潞先生，植榛先生从小就住在这个院子里。3号院子的房主是植榛先生之母李谦女士的姨夫李石曾先生，李石曾先生之父李鸿藻先生曾为清朝同治、光绪二代帝师。吴植榛先生说：1号和3号之间的院子，就是当年的北月牙胡同2号，就是《独立评论》社所在地。30年代吴文潞先生在北大任讲师，与胡适先生认识，对《独立评论》在2号院的情况有所了解，植榛先生常听他的父亲说起，故知道这个情况。当时的胡同不像现在按单、双号对门而排，而是在同一侧顺序排列，

—◎黎昔非先生在《独立评价》社址北月牙胡同2号门前

—◎原北月牙胡同2号今貌
姚斌摄于2002年2月22日

—◎《独立评论》社址——原北月牙胡同2号院内
姚斌摄于2002年2月22日

故1、2、3号同在一侧。当年的北月牙胡同2号现已改属慈慧胡同9号，原来的北月牙胡同2号院门现已关闭，不作出入之用，成了今天慈慧胡同9号院的后门。北月牙胡同1号、3号的编号解放前后没有变化。《独立评论》社址北月牙胡同2号是一个坐东朝西的大院子①，原来是永公府，后来的房主是王明（即陈绍禹）之父陈聘之先生。《独立评论》当时

① 笔者写完这个调查记之后，收到林钧南先生2002年3月8日的来信，他的回忆与笔者的调查所得吻合。参见本书第69页所附林先生信有关内容。

租用该院正房西边的耳房内的北房，就在院门进去那排北房，而本院的正房是祠堂，故不出租。《独立评论》撤销后，那套房子为马大夫所租用，开设诊所，现在旧院门上面还有马大夫诊疗所的“十”字痕迹，“十”字下面还有诊所字样的痕迹。马大夫解放后在前门人民银行当大夫。

我们到慈慧胡同 9 号院去看了看，那座作为祠堂的正房还在，颇为轩畅，似座大殿。正房西北方即《独立评论》旧址，但这一带建筑多已翻盖新房，仅存一栋老式北房，不知是否即当年《独立评论》所租用之处？

如果我们站在地安门面向景山，左手是北月牙胡同，那是《独立评论》社址所在地；右手是米粮库胡同，那是《独立评论》主编胡适先生寓所的所在地；米粮库胡同北侧是油漆作胡同，那是《独立评论》经理人黎昔非先生寓所的所在地。这个三角区，构成了当年《独立评论》社运作的基本框架。

记于 2002 年 2 月 22 日夜

（原刊黎虎主编《黎昔非与〈独立评论〉》，学苑出版社 2002 年版，第 140—144 页）

闻一多为黎昔非题《耕夫谣》

我的手头珍藏着一件闻一多先生为家父黎昔非先生书写的徐仲雅五律《耕夫谣》条幅，条幅宽 27 厘米，长 40 厘米。白宣纸，楷书；红色印章，文曰“一多之印”，篆书。

黎昔非（1902—1970），广东省兴宁市人，1930 年夏毕业于上海中国公学大学部文史学系，从而与中国公学校长兼文理学院院长胡适先生有了师生关系。1931 年春考取北京大学研究院研究生，指导教授为黄节先生，研究课题为《诗经学史》。时胡适先生也从上海迁居北平，出任北京大学文学院院长，于是黎昔非先生与胡适先生再度有了师生关系。1932 年 3、4 月间胡适先生一再邀请黎昔非先生担任其主编的《独立评论》杂志经理人，于是黎昔非先生中断其在北大的研究生学业，开始了他与《独立评论》相始终、长达五年有余的社务生涯，其克尽职守的精神被胡适先生赞誉为《独立评论》“忠心的看护妇”①。黎昔非先生的职志是从事学术研究，其请辞迁延至 1937 年夏终于获得胡适先生允准，并介绍其担任北京大学研究院助理研究员，但是拿到聘书不久，“七七事变”爆发，于是黎昔非先生与同为胡适学生的中国公学同学、友人罗尔纲、吴晗等先生结伴携眷南旋。1944 年 2 月经闻一多先生介绍，黎昔非先生赴昆明就任国立中国医药研究所史地部助理研究员，直至抗战胜利后，于 1945 年 10 月离开昆明返回故乡。1966 年 6 月 3 日《人民日报》发表了史绍宾“吴晗投靠胡适的铁证”通栏大标题文章，公布了一批吴晗先生致胡适先生的信件，《人民日报》编者将其中 1932 年 4 月 24 日的信中关于

① 胡适：《又大一岁了》，《独立评论》创刊“三周年纪念特大号”（第 151 号），1935 年 5 月 19 日。

胡适先生请黎昔非先生担任《独立评论》经理人的那段内容全部印成黑体字，而且加了黑体字的按语："吴晗能够参与机密，为这个反动刊物推荐'合式的经理人'，显然已是胡适进行反革命活动的一名伙计。"这份《人民日报》运抵兴宁之后，黎昔非先生就被打成"三家村黑帮"，在受尽三年非人的凌辱和折磨之后含冤辞世。中共十一届三中全会之后才得以彻底平反昭雪。

在昆明的一年多时间里，黎昔非先生与闻一多先生结下了深厚的友谊。黎昔非先生 1951 年 7 月的《自传》中有这样一段记述："在这时期，工余曾有来往的，除彭丽天及联大同乡外，就只有闻一多、吴晗、沈从文数人而已。"1958 年 4 月的《自传》中又有一段记述："每个星期日，我多数到昆明市丽天先生处谈谈，有时也去看看闻一多先生，顺便去吴晗那里谈一谈（因他和闻先生的住房正相对）。外此，并没有什么熟人了。"

这个条幅不仅是黎昔非先生与闻一多先生友谊的见证，也是一份研究闻一多先生晚年思想和学术的有价值的资料。

《耕夫谣》一作《农夫谣》，《全唐诗》卷七六二有载。作者徐仲雅，五代十国时人。

《耕夫谣》这首诗借魏晋南朝清谈玄学名士王衍（256—311）与张绪（生卒年不详）对待农夫的恶劣态度，以抨击官僚士大夫对劳动者的轻视，讴歌劳动者的伟大，具有极其鲜明的人民性。闻一多先生在 1945 年从卷帙浩繁的唐诗中挑出这首诗来书写不是偶然的，是他这个时期政治思想和世界观的一种反映。抗日战争后期，闻先生对于国民党反动统治的本质有了进一步的认识，同时又学习了马列主义，因而他的政治思想和世界观都发生了深刻的转变，其核心就是对于人民是历史的主人这一历史唯物主义基本观点的认识。1945 年纪念五四运动时，闻一多先生写了《人民的世纪——今天只有"人民至上"才是正确的口号》一文，其后在《战后的文化——官僚垄断与知识分子垄断》一文中，闻先生进一步抨击了几千年来劳心者治人、劳力者治于人的传统观念，明确指出劳动人民是社会物质财富的创造者，因而文化也应当归于人民。

闻先生早期的《唐诗大系》及其他唐诗选都没有《耕夫谣》一诗。有的研究者认为闻先生选唐诗有"过分强调艺术性的偏向""给人以艺术技巧重于思想性的印象”[①]，而《耕夫谣》则是一首思想性非常鲜明突出的诗，尤其是在1945年中国两条道路、两种命运激烈斗争的时期，书写这首诗的政治思想意义更是不同寻常的。我们似乎可以说，1945年闻一多先生题写《耕夫谣》，不仅是他在唐诗研究上发生某种变化的一个表现，也是他政治思想和世界观已得到升华的一个反映吧！

（原刊《文学遗产》2003年第1期）

① 郑临川：《一部偏重艺术技巧的唐诗选本》（代前言），张志浩、俞润泉注释《闻一多选唐诗》，岳麓书社1986年版。

一朵被遗忘的小花

——黎昔非主编的《昙华》文艺半月刊

20世纪30年代的北平文苑中曾经绽放一朵小花——《昙华》文艺半月刊。然而对于这份文艺刊物，不仅一般读者不了解，就连许多专业的中国现代文艺刊物目录也没有提及。今年是她创刊70周年，故特向世人介绍这朵被遗忘了的小花。

一 《昙华》创办始末

《昙华》文艺半月刊创办于1933年，1月1日出版了创刊号第一卷第一期，此后则每逢1日、16日出版一期，至同年4月1日出版第七期之后停刊，一共出版了七期。那么，这份刊物是怎样创办起来的，为什么如此来去匆匆，有如昙花一现呢？其主要内容如何？欲知其中的缘由，还得从《昙华》文艺社及其主编黎昔非谈起。

《昙华》文艺半月刊的主编黎昔非，1902年5月31日诞生于广东省兴宁市罗岗镇甘村，1930年7月毕业于上海中国公学大学部中国文学系，时胡适任中国公学校长兼文理学院院长，故黎昔非与胡适有了师生关系。1930年8月黎昔非从上海赴北平，1931年春考取了北京大学研究院研究生，指导教授为黄节，研究课题为《诗经学史》。恰巧1930年11月胡适也从上海迁平，出任北京大学文学院院长。于是黎昔非与胡适再度有了师生关系。1932年3月胡适邀请黎昔非帮助他办理《独立评论》，担任经理人。黎昔非从上海来到北平的目的是“想在学术上搞出点成绩”[①] 来

---

① 黎昔非1958年4月30日《自传》，黎虎主编《黎昔非与〈独立评论〉》（下文省略编者），学苑出版社2002年版，第469页。原件藏于广东省兴宁市教育局档案室。

的，因而对于是否出任《独立评论》经理人的工作曾经是相当犹豫的。由于胡适的一再邀请，于是他不得不终止了在北京大学研究院的学业，从1932年4月开始了他在《独立评论》社长达五年有余的经理人生涯。

然而，文学创作也曾经是黎昔非的人生奋斗目标之一。他对于文学创作的追求，是在1929年春从上海持志大学文史系转学中国公学之后的事情，他对此追述道："直到转入中公，才开始注意到新文艺，喜看翻译小说，尤其是鲁迅的翻译。对做学问的看法，也有了转变：觉得从事创作也是条路，不一定要专搞古代的东西。不过认识不足，以为创作是轻而易举的，要保证将来有饭吃，就要有实学，即是对古代的东西要有点研究才可。"[①] 在中国公学时，对于他立志从事文艺创作影响最大的是当时担任他们创作课程的沈从文先生，黎昔非就这一问题曾经这样回忆："我所以想从事创作，一固然是由自己喜欢它，一也是受沈从文的鼓励：因我来自农村，深知农民大众的痛苦，每所暴露的都是当时社会的黑暗面。他认为这比那些坐在上海亭子间里的'普罗作家'所写的还较真切，故极力怂恿我走创作这路。"[②] 怀着这种"想新旧兼为"的抱负，黎昔非在中国公学毕业后即转赴北平。当时，"从事创作好呢？还是搞古代的东西的两种思想，便在我的思想深处时在斗争着，结果竟想二者得兼，即以研究古代东西为主，暇则从事于创作。主意既定，便不管三七二十一，毅然只身到北京去，满以为专搞一二年，总能搞出一点东西来，便不难跻于教授、学者之列了。"[③] "我离沪前晚，沈从文曾写了几封介绍信，抵平后曾按址去访一位清华教授林宰平，一个作家黎锦明，因那作家给我有一句没一句的态度，便把其余的函压在箱角里，不愿让它们再见世面了！我于是整天沉醉在北平图书馆的经史籍中，把'创作'这事搁在一边了。"[④] 正当他一心一意从事学术研究时，胡适邀请他主持《独立评论》一事改变了他的人生道路。"本来，我打算只干他半年至一年，藉以维持生活，期完成自己的论文便罢了。没想到那种工作这么繁忙，有时忙到

① 黎昔非1958年4月30日《自传》，《黎昔非与〈独立评论〉》，第466—467页。

② 黎昔非1951年7月《自传》，《黎昔非与〈独立评论〉》，第445页。原件藏于广东省兴宁市教育局档案室。

③ 黎昔非1958年4月30日《自传》，《黎昔非与〈独立评论〉》，第467页。

④ 黎昔非1958年7月《自传》，《黎昔非与〈独立评论〉》，第441—442页。

连报纸都要到夜深才得闲来看，也没想到一再推辞，直到北京沦陷前夕都还没和它完全绝了关系……再三推却，都以不易找到相当接替的人而被留住了！”① 直到1937年“七七”事变之后，在坚持出版了《独立评论》242号（7月11日）、243号（7月18日）、244号（7月25日）之后，于7月27日离开北平南回故里。

黎昔非在办理《独立评论》期间，1932年秋，他的中国公学同学、同乡、朋友丁白清携女友陈菲村到北平来找他。陈菲村，江苏太仓人，也是中国公学中国文学系学生，比他们二人低二年级。不久，另一位中国公学中国文学系同学潘齐平（广东惠阳人）也来到北平。加上当时在北平大学法学院读书的、黎昔非的同乡刘在海，一共五人，他们一起成立了《昙华》文艺社，并决定创办《昙华》文艺半月刊。黎昔非在追忆此事时写道：“同时‘作家’这二字也时在脑海里晃荡着”②，“追求‘名’的思想仍是很剧烈的，于1933年春曾和丁白清、陈亚菲、潘齐平、刘在海（已死）四人，共同出钱出力，办一‘昙华’文艺半月刊，竟想由此而成为一个作家”③。1931年5月至1937年7月先后就读于北平东城大同中学、辅仁大学历史系、北京大学历史系的黎昔非的同乡、朋友林钧南曾目睹他们五人创办《昙华》半月刊的情况，对此他回忆道：“1932年9月，同乡、同学丁白清突然与同学陈菲村小姐一起从上海来看昔非，并说中公同学潘齐平过几天也要来北平。他们商议决定组织一个文艺社，出版一个文艺刊物，以发表中，短篇小说、散文和诗歌为主。目前人数虽少，可以逐步吸收热衷文艺的青年参加。当时就读于北平大学的同乡刘在海也前来参加。大家委托昔非去请求胡适题签，并推举昔非担任主编，出版费用大家来分担。由于筹备出版琐碎费时，至翌年1月1日才出版了创刊号。其后就按时每月出版两期。”④《昙华》同人丁白清1958年

---

① 黎昔非1958年7月《自传》，《黎昔非与〈独立评论〉》，第444页。

② 黎昔非1951年7月《自传》，《黎昔非与〈独立评论〉》，第444页。

③ 黎昔非1958年4月30日《自传》，《黎昔非与〈独立评论〉》，第470页。文中提到的陈亚菲即陈菲村。

④ 林钧南：《清白一世 奉献毕生——忆故友黎昔非同志》，原刊广东省兴宁市政协文史委员会编《兴宁文史》第21辑（2001年11月）。后收入《黎昔非与〈独立评论〉》丁编《生平事略》，第497页。以下引用此文，径据《黎昔非与〈独立评论〉》。

给组织写的一份证明材料中对此追述道：黎昔非“是我大学里的一个要好同学，过从是很密的，我叫未生，他叫悔生，我常叫他悔生哥，他叫我未生弟。他对中国文学，是造诣很深的；尤其是对《诗经》这一门，特别有研究。1930 年，在吴淞母校分别后，我即回梅县学艺中学任教，他即继续升学，考入北京大学研究所，为所员，与中大教授王越是同期研究生；王越的毕业论文题：是《论汉魏六朝乐府研究》；昔非同学的毕业论文题，则是《诗经学史》。在抗日时期，曾在昆明地质部史地门任过讲师①。我们在 1933 年春，在北平举办昙华社，出版昙华文艺半月刊，是事出很偶然的，原因也简单：我们昙华文艺社社员，根本不多也不少，就只有五个：昔非、潘齐平、刘在海、陈菲村和我。五人中，除刘在海外，我们都是上海吴淞中国公学大学部的同学：我和昔非同班，齐平比我们低一班，菲村比我们低两班。而且，五人中，除刘在海读法律系外（北平大学法学系毕业），我们都是读文学的，甚至都是中国文学系。谁都知道，在旧中国时代，办刊物是吃力不讨好的事，就是销路问题，无名小卒，是不吃香的，何况又要自己掏腰包来办呢！可是，又为什么要搞牠呢？因为我们都是读文学的，又是青年，求知欲，创作欲，都很强；同时，又在万里的他乡遇故知，心情特别舒畅，于是，我们的‘昙华’就出现了。”②

《昙华》之所以能够创办起来，主要当然是他们五人的努力，但与胡适和《独立评论》也有一定关系。这种关系主要是通过黎昔非而得以实现的。首先，《昙华》文艺社的社址就是利用后门慈慧殿北月牙胡同 2 号《独立评论》社址和它的办公室，这对于经费并不宽裕的《昙华》同人来说是个帮助。其次，胡适为刊物题签，对于提高这份刊物的身价也有一定意义。最后，《独立评论》与《昙华》互登对方的广告，对于宣传推广《昙华》也有一定的作用。《独立评论》第 34 号（1933 年 1 月 8 日出版）刊登广告：“昙华文艺半月刊创刊号出版了”，并登载了其“本期目次”、出版时间、定价及通讯地址等。此后，《独立评论》第 36 号、第 41 号、

---

① 按，其时黎昔非的工作单位是“国立中国医药研究所史地部”，职称为助理研究员。

② 按，丁白清写给组织的证明材料，原件藏于广东省兴宁市教育局档案室，撰写时间为 1958 年 5 月 24 日，其时丁白清正以右派之身被管制。此材料后以《黎昔非学友二三事》为题，收入《黎昔非与〈独立评论〉》甲编《〈独立〉岁月》，第 46—47 页。以下凡引用此材料，径作“丁白清：《黎昔非学友二三事》”。

第46号，又分别刊登了《昙华》第1卷第2期；第1卷第3期、第4期；第7期出版的广告。与此同时，《昙华》第1期、第2期、第3期，也分别刊登了《独立评论》第32号、第35号、第36号出版的广告。

《昙华》与胡适及《独立评论》的这种关系，对于《昙华》的创办及其传播起了一定的作用。林钧南先生在1998年10月14日给笔者来信中透露了个中一些内情，他说："据我所知，这是丁白清、陈菲村到北平旅行结婚时，住在'独评'社附近，其后又来了潘齐平，然后他们提议创办（按：指《昙华》半月刊）的。你爸爸工作忙，并不热心，迫于同学关系，只好答应。所以他请胡先生题书名，发行人也是他，社址也是'独评'的地址，还在'独评'登广告，因而外界不了解内情者都以为是胡先生参与创办的。故第一期很快就销售一空。还有汇款来订购的。"① "因是胡适题字，加上地址又与独立评论社址相同，故外人也说昙华是胡适主办的，办了三期②都畅销，订户也多。"③

黎昔非是这份刊物的核心人物。上述《昙华》与胡适及《独立评论》的这种特殊关系都是因黎昔非才有可能发生的。此外，这份刊物的编辑、出版、发行也是黎昔非在具体负责和操持的，正如黎昔非在1958年写的《自传》中谈及办理《昙华》半月刊时所说："编辑、写稿，校对、发行全由我一人负责。"④ 林钧南在致笔者信中也说：当时办理《昙华》"令先尊是主要负责人是肯定的"⑤。又说："令先尊早在北平晨报发表过一些短小说、散文，又在'昙华'一、二、三期上发表过一些。"⑥ "昔非以笔名在（昙华）各期发表了一些文章。"⑦ 由于黎昔非当时是以笔名发表

① 林钧南与黎虎就黎昔非与《独立评论》的问题，彼此之间先后通信共9通，后以《忆昔非兄与〈独立评论〉——致黎虎书简九通》为题，刊载于《黎昔非与〈独立评论〉》甲编《〈独立〉岁月》，第52—71页。此据1998年10月14日林钧南致黎虎信第6通，《黎昔非与〈独立评论〉》，第66页。

② 按，"三期"当是口误，应是七期。

③ 林钧南1998年8月11日致黎虎信第3通，《黎昔非与〈独立评论〉》，第58页。

④ 黎昔非1958年4月30日《自传》，《黎昔非与〈独立评论〉》，第470页。

⑤ 林钧南1998年9月4日致黎虎信第5通，《黎昔非与〈独立评论〉》，第62页。

⑥ 林钧南1998年8月20日致黎虎信第4通，《黎昔非与〈独立评论〉》，第60页。

⑦ 林钧南：《清白一世 奉献毕生——忆故友黎昔非同志》，《黎昔非与〈独立评论〉》，第497页。

文章，所以我们不知道他究竟在《昙华》发表了多少文章，现在能够确认是他写的小说只有载于第4期上的《活财产》，因为这篇小说所署名字为“甘村”，而这五位同人中只有黎昔非是兴宁县罗岗镇甘村人，显然他是以其乡贯作为笔名的。此外我们还能知道的是《昙华》创刊号上的《发刊词》也是他的手笔。①

《昙华》五位同人中1991年尚在世的陈菲村先生于4月4日给笔者寄来一帧《昙华》同人1932年在北平的合影，她在信中说：“最近我翻阅旧照相簿，发现了1932年在北平出版昙花文艺杂志时，与您爸②及刘在海、潘齐平和白清照的相。我们五个同人，他们四位，先先后后离开了人间，最先是刘在海，以后是您爸，再后是白清③，最后是齐平。只我一人还在人间。看了照片总不是④满怀惆怅！这张照片，是齐平在生前向我索去复印了几张，又寄回给我两张。不知您爸留给您没有？现我给您寄一张。您看，您爸坐在椅上多英俊呵！……虎侄！我们编的昙花文艺杂志，您爸留下没有？我在土改时，放在石马家中，给没收了！十分可惜，齐平生前也没有呢！”⑤

关于《昙华》的停刊，《昙华》同人及林钧南先生都有一些相关的回忆。黎昔非在1951年的《自传》中写道：“在这数年中，我总是想写点较专门的东西，对于时事，则不能说所要说的话，又不愿‘歌颂功德’，故没写过一句……出了数期，因人员星散，经济困难而告停刊，不然，我们可能被压出些东西来，虽然能值一读与否是不敢必的。”⑥ 1958年的《自传》中写道：“不久人员星散，款项无着，且编辑、写稿、校对、发行全由我一人负责，也有点应付维艰而宣告夭折。”⑦ 这里列举的原因有三个：一是人员星散，二是经济困难，三是主编黎昔非的负担太重，应付维艰。

---

① 黎鹗：《忆父亲往事历历》，《黎昔非与〈独立评论〉》戊编《家庭生活》，第702页。

② 即黎昔非先生。

③ 这两句有误，丁白清先生逝世于1963年，黎昔非先生逝世于1970年。

④ 按，“不是”当为“不免”之笔误。

⑤ 陈菲村1991年4月4日致黎虎信，后以《关于〈昙华〉同人的合影——致黎虎书简》为题，同原信复印件一起刊载于《黎昔非与〈独立评论〉》丙编《文学创作》，第336页。

⑥ 黎昔非1951年7月《自传》，《黎昔非与〈独立评论〉》，第444—445页。

⑦ 黎昔非1958年4月30日《自传》，《黎昔非与〈独立评论〉》，第470页。

《昙华》同人星散的原因，大的背景是当时的形势使然，林钧南先生回忆道：“《昙华》于4月1日出版了第七期后突然停刊了，这是由于日寇侵占我热河省之后，又进攻长城各口，与我守军商震部、宋哲元部激战，原驻北平的中央军黄杰师和关麟征师也参加抵御敌军，因而北平形势非常紧张，人心惶惶，大批知识分子纷纷南下。”① 但是在这一时代背景之下，《昙华》同人的星散也还有不同的具体原因和情况。关于这方面的具体原因和情况，丁白清的回忆最为详细，他说：“昙华文艺半月刊，我记得只出刊了7期。在1933年，4月1日出刊了7期后，就停刊了。原因是：最先，齐平转学厦门大学，取录了，他到厦门去；跟着母校复办了，迁上海汶林路，她又回去就读②；最后，时局紧张，热河沦陷，喜峰口、古北口告急，北平时出现日机，时闻高射炮声，人心惶惶，同时我家催我速即南下，我即于5月中旬离开北平。这样，在北平，同人只剩下昔非和在海，人力、财力都成问题，‘昙华’便真成‘一现’了。”③ 五个同人中有两人（潘齐平、陈菲村）是因上学而离开北平，一人（丁白清）因北平形势紧张而南下，留在北平的二人中，有一人为在读学生（法商学院学生刘在海）。在这种情况下，只靠黎昔非一人势难以为继，因而不得不宣告停刊。

二　《昙华》主要内容

《昙华》从1933年1月1日创刊号出版，至同年4月1日第7期停刊为止，一共出刊7期，但是现在我们能够找到的只有6期，其中第6期未能找到。刊物为16开本，每期16页。未设单独的封面，第1页右侧的长

---

① 林钧南：《清白一世 奉献毕生——忆故友黎昔非同志》，《黎昔非与〈独立评论〉》，第497页。

② 她，指陈菲村女士，1935年“中公”毕业后与丁白清先生结为夫妻。据《学府纪闻·私立中国公学》一书所载樊振邦《回忆中的中国公学》：“（民国）二十一年校舍设备尽毁于日军，该校因以停办，二十二年三月，租赁法租界贝当路临时校舍，重行开学。”［王云五、丘汉平、阮毅成等编：《学府纪闻·私立中国公学》，（台北）南京出版有限公司1982年版，第370—371页］又据同书中的《校史缀补》：“（民国）二十二年春……于法租界汶林路租屋开学，各地借读同学纷纷返校复学。”（第18—19页）据此可知，陈菲村女士是在1932年秋中国公学停办之后赴北平参与昙华文艺社的，1933年3月中国公学复办后离开北平的。

③ 丁白清：《黎昔非学友二三事》，《黎昔非与〈独立评论〉》，第48页。

条黑框内，上部为竖写的刊头“昙华”二字，字的左下方，钤有一枚篆字阴文方形图章：“胡适之印”。下面分别为出版时间、刊期、定价（每期三分）、通讯地址（北平 北平大学法学院第二院号房转）及“本期目次”等。左侧即为第一篇文章的内容。

《昙华》半月刊各期的作品篇目如下：

第一期	发刊辞	菲村《某日》
	小平《祖母的怨望》	鹤子《战区之一角》
	零零《快乐的结局》	艮心《南旋》
	刘枕涛《灯下谈丛》	
第二期	菲村《迟了》	零零《宴会》
	潘小平《先生的儿子》	申伯《一个女理想家的懊悔》
第三期	罗岗《爱与仇》	胡谭《友谊》
	夏蒂《孩子们》	朱无挂《猎名作家与成名作家》
	刘枕涛《灯下谈丛》	
第四期	夏蒂《电报》	潘小平《偷走》
	辰仲《还愿》	甘村《活财产》
	刘枕涛《灯下谈丛（续）》	
第五期	朱无挂译《歌德与音乐》	徐平《云姑》
	潘小平《先生，写信吧》	刘枕涛《国难声中之科学贡献》
	申伯《现代青年》	亦明《温情与热爱》（诗）
	丁未《时光老人》（诗）	未生《光明的太阳》（诗）
	方桥《归车》（诗）	小姑娘《会客》
第七期	飞灵《廿四夜》	零零《克复以后》
	亦明《脚病》	夏蒂《期待》
	未生《无聊？惆怅！》（诗）	徐平《考试日记》

现存的6期《昙华》，共发表作品36篇，其中小说25篇，评论5篇，诗歌5首，译文1篇。显然，小说是《昙华》的主要内容。“这些作品里，没有一些青年人柔情似水的风花雪月，没有某些逃避现实者的无病呻吟，也没有过分超前性的艺术实验。他们能将朴素简练的笔致，伸进

20世纪30年代社会与个人生活的许多角落，以充满人道与抗争者的一颗热心，密切关注于国家与民族的命运，鞭挞揭露黑暗与丑恶，同情下层人与弱者的命运，于一篇篇有些粗糙然而真实的文字里，默默中给人们唱出渴望人性的‘真’与‘美’的歌来。”①

《昙华》的办刊宗旨和美学追求，在创刊号所载的《发刊辞》里作了宣示，她说：

> 当朝阳初升时候，散在天上的几抹锦霞是鲜艳的罢？当细雨新晴，拱在空中的一弯彩虹是美丽的罢？然而像闪电一样，只一会儿就消灭了；小鸟儿婉啭的歌声是悦耳的罢？梵娥琳扬抑的音调也是醉人的罢？然而像风一样，吹过就失踪了；什么东西都是“暂”的啊！不过这又有什么关系？只要它在某一瞬间真实地存在过，且曾给了人们的心中留下一个清晰的印象，并传达过一点所谓“情感”的作用：这就够了。
>
> 昙花的取义近乎此。我们只知向“美”（不要误会这个美字，丑恶的描写，黑暗的暴露，也都可以表现美的。）向“真”的路上走，努力着走，其他我们就无暇顾及了。
>
> 我们不标榜什么漂亮的主义。因为，我们以为与其空洞地大吹大擂，不如着实地去做出一点事情来。
>
> 希望我们的昙花能开！咱们都来培植她罢！

正如学者所指出的那样：“从这个发刊辞的内容来看，在20世纪30年代北京先锋性文艺探索很浓的气氛下，《昙华》并不是一个随波逐流超世拔俗的纯文艺杂志。这些办刊同人，都有一种富于良知的青年人响应时代呼唤的清醒与坚实。他们坚持文艺应该弘扬‘真’和“美’，而且认为，世界上所有美丽的东西，都只是一种暂时的存在。文艺创造也应是如此。但它在这‘短暂’而‘真实’的存在中，却会因‘情感’的作用，留给人们以深刻的影响。这可能就是他们理解的文艺的陶冶人们精

① 孙玉石：《一首永远活着的诗——黎昔非及其主编的〈昙华〉半月刊》，《黎昔非与〈独立评论〉》，第351页。

神与性情的作用吧。从这个观念出发，《昙华》注重文艺与社会及人生的密切关系：不标榜什么漂亮的主义，不大吹大擂什么轰动一时的口号，而是坚持独立着实的精神，追求人生与艺术的‘美’与‘真’。他们追求的‘善’，他们的责任与良知，也就隐含于其中了。《昙华》本身与胡适，与《独立评论》，思想上并没有什么密不可分的大系，然而创刊号《发刊辞》里公布的这样一些话，与《独立评论》提出的‘我们都希望永远保持一点独立的精神。不倚傍任何的党派，不迷信任何成见，用负责任的言论来发表我们各人思考的结果：这是独立的精神’，（见《独立评论》第 1 号《引言》）其社会信念与精神操守，倒可以说是一致的。它所坚持的不想‘空洞地大吹大擂’，而是要‘着实地做出一点事情来’，与胡适历来倡导的少谈些空洞的‘主义’，多关注一些社会实际问题的思想之间，确然是有着一种隐在的精神联系的。”①

《昙华》对于“美”和“真”的追求，集中体现在她对社会现实的关注。在《昙华》的创刊号里，就刊有一篇杂文《灯下谈丛》，共二则。一则，是批评现实社会中一些高唱“改造周遭环境”的实行家，但却不肯下力气去解决社会里的许多实际问题。另一则，是讽刺不关心人民疾苦的或一种高蹈派的文艺家。“这些非常富有现实性的论述，虽然是作者个人的议论，但在创办伊始，即能见诸刊物，应该说多少还是体现了这个文学团体里几个人的理论观与文学创作思想的。他们反对理论脱离实际的‘改造周遭环境’的‘实际家’，反对无视社会底层的‘农工劳苦人民’的愤怒与抗争的所谓‘人生艺术化’的超然理论。这也就直接指向了那些配合当权者鼓吹‘新生活运动’的粉饰现实的文学理论。他们的小说与杂文创作，从生活题材的选择，到情感的批判趋向，都是与这种为社会人生不平则鸣的现实关注分不开的。”②

中国最大的社会现实就是农村、农民以及与他们相关的问题。由于《昙华》同人多来自农村，比较熟悉和了解农村，因而农村和农民问题的

---

① 孙玉石：《一首永远活着的诗——黎昔非及其主编的〈昙华〉半月刊》，《黎昔非与〈独立评论〉》，第 350—351 页。

② 孙玉石：《一首永远活着的诗——黎昔非及其主编的〈昙华〉半月刊》，《黎昔非与〈独立评论〉》，第 352 页。

题材在《昙华》的作品中最为引人注目。属于这方面的小说有《某日》《祖母的怨望》《南旋》《迟了》《先生的儿子》《偷走》《还愿》《活财产》《云姑》《廿四夜》等。

“《昙华》中的短篇小说，最富有思想深度与社会意义的，还是那些直接描写农村生活，揭示农民贫穷与苦难，特别是接触到处在农村最底层的贫苦妇女命运的作品。昙华文艺社的成员，大部是来自农村的知识青年，他们有一定的生活底蕴，又受到新文学思潮的启蒙，对于那个社会阶层生活里的劳苦者的悲剧性命运，都有新的体验与认识。五四以来现代乡土小说展示的写作范式与艺术魅力，也给他们创作以直接的刺激与启示。当他们涉笔于创作的时候，更多地在这样的生活领域中展露自己的现实关注，人道情怀，并达到一定的深度，也就是必然的了。”① 人们在“读《昙华》中的小说，很容易想起鲁迅先生所说的‘乡土文学’。对农村（包括城镇）生活的呈现，尤其是暗淡破败生活的呈现，是《昙华》小说的一大特色……这里有对惨淡人生的审视，以写实的笔法描写乡村生活的残酷。丈夫去请接生婆了，妻子却忍痛把新生儿闷死在马桶里。看着被妻子闷死的婴儿，丈夫只能痛苦感叹：‘迟了，迟了’。极端贫穷，丈夫连接生婆都请不来，又怎能责怪妻子怕养不活孩子而把新生儿闷死呢（《迟了》）；嗜吸鸦片的男人，为债所逼犹豫着卖老婆还是卖孩子，在他眼里老婆孩子都是财产，是活财产。老婆还能伺候他，于是决定把儿子卖掉（《活财产》）；勤快听话的丫头，与相好一起逃跑，抓回后被打个半死（《偷走》）。如果说这些悲剧都发生在旧中国儿女身上的话，受新思潮影响的年轻人也同样难逃死亡与不幸：他们社交聚会的行为方式在乡人看来是伤风败俗，他们或被当作“x党”遭到枪杀，或找不到伴侣郁郁而死（《云姑》）。这些作品基本上都以批判为主，揭露乡村的贫穷、麻木与落后”②。

《昙华》的乡土小说对黑暗政治压迫之下农民的苦难和命运给予了深

① 孙玉石：《一首永远活着的诗——黎昔非及其主编的〈昙华〉半月刊》，《黎昔非与〈独立评论〉》，第376页。

② 陈改玲：《向“美”向“真”的路上走——黎昔非主编的〈昙华〉半月刊》，《黎昔非与〈独立评论〉》，第422—423页。

沉的关注。“进入人民命运关注的《南旋》（艮心作，载《昙华》第1卷第1期），是一篇现实感很强的小说。它通过一个离故乡八、九年的阿苓的眼睛，看到久别的故乡H城苦难的情景：市容肮脏破乱，人民生活穷困无告。阿苓看到当地驻兵抓着一个青年，从街上走过，不知道什么原因。他信步来到一家临街的酒楼，由与一个老者对话，得知是老人的儿子，因为欠饷，被驻军兵丁抓走了。小说主要部分，是通过青年阿苓与老人的对话，大胆地揭露了现实的黑暗面。在今天看来，这段对话，其实主要是老人的独白，是具有很重要的社会认识价值的……两个人这些非常朴实的对话，加上酒馆里气氛的渲染，小说涉及了当时社会黑暗的许多侧面：国民党反动当局，不去抗击日寇入侵，拯救国难，而是一心进行剿共，扫除异己。为此，他们对人民横征暴敛，逼饷抓丁。农民只好卖地偿饷，穷苦不堪，弄到了连卖地也无法可卖，交不了军饷和苛捐杂税的时候，就只能被抓去坐牢。黑暗的反动政府完全一点理也不讲，‘他们对有钱的善过猪，对没钱的凶过虎’，‘派款是先得有钱的同意的。派了的响，期到了你得交，管你穷不穷，不交，你就是犯法！轻一点，罚，捆，打，坐监；再不然，你就‘十八年再作好汉’罢！……总之，他们没有道理，却不少枪枝。’面对这样在麻将声中点缀‘一片升平气象’里的黑暗世界，小说主人公阿苓心里想：‘这不知道还能延几时了？’作者在作品里大胆涉及了当时剿共内战黑幕，写出了普通农民心里的‘怨，恨，悲，愤’。他在看似平静而实则极端愤懑的批判情感里，仍然怀有着对于未来光明一丝微茫的希望。”①

《昙华》同情农民，但并不回避在他们身上存在的愚昧和落后，《活财产》就是这方面的代表，小说揭露和批判了岭南山区的鬻子、吸毒等陋俗，从中我们可以了解20世纪30年代进步的文学爱好者对中国农村现状的体认。从鬻子这一叙事所组织的材料来看，我们可以看出作者认为以下几个势力控制着粤地农村的日常生活：“一是宗族的势力。在整个故事里，鬻子的过程是由同一宗族内进行的：掮客老六是男主人公阿贵的‘叔叔’，他前来与阿贵谈论鬻子的事情，因为老六‘是杜家将来有希望

---

① 孙玉石：《一首永远活着的诗——黎昔非及其主编的〈昙华〉半月刊》，《黎昔非与〈独立评论〉》，第359—362页。

族长位置的一个'，于是阿贵诚惶诚恐，惟恐招待不周。我们知道，在宗法社会里，宗族作为'小共同体'，对共同体内的成员具有着极大的权力，甚至操纵到其成员的方方面面。而宗族在中国沿海地带势力尤其巨大，黎昔非的小说叙事里显然意识到这一势力对农村生活的负面影响。二是政府。这是决定中国上千年统治的'大共同体'势力，这一势力在《活财产》中只有淡淡的痕迹，但是无时不在操纵和决定着乡民的生命。比如，小说以轻描淡写的笔触提及：'一般体力有余的年青人的生命唯一的保险公司就只有烟馆和赌场（其实这倒是爱国的最上乘办法，既可以过瘾畅玩，又可增加国库收入！）不然，常常平空一顶嫌疑的皇冠罩上尊头，你就会有杀头的资格，至少也就具了离开父母妻子的条件了。'寥寥几句话，一针见血地道尽了当权者对潜在的可能成为革命势力的年轻乡民的疑忌和毒化。三是鸦片。在国民党当权时期，当权者对鸦片贸易实行貌似禁止实则采取官方经营的政策，并在乡间推广。在此处，烟馆富昌老板就是一个代表。他一方面用鸦片掠夺乡民的财产，另一方面又借助鸦片毒化年轻乡民的身心健康，达到政府刻意摧毁潜在革命势力的目的。因此'不知训练多少安分守纪的青年，绝对不消再劳那负有维持安宁的为国为民的士兵和团警要注意的青年。'四是夫权。男主人公阿贵的妻子是一个逆来顺受的典型，在阿贵卖子的那一天里，她为阿贵'解救了今晚的瘾厄正在替人家的孩子赶做鞋子。'当他听到丈夫卖子的事情以后，她也只是默默地忍受：'真是什么，她还没说出来，一阵心酸把她的舌头噤住。她哭了。'以上四种势力互相渗透，互相联结，使粤地乡民长期处于悲惨无助的境地。应当说，这一思路与当时的激进革命势力的观点是相吻合的。"①

《昙华》的乡土文学中值得注意的另一类作品，是愚昧者的被启蒙和觉醒。《还愿》《二十四夜》是这方面的代表。稻谷丰收，易于满足的村民却以为这是蛇神爷保佑的结果，于是他们答应蒋二爷的要求：每家交谷一担由他来操办酬谢蛇神爷。财主利用农民愚昧心理进行剥削的故事并非新鲜，有意义的是故事的发展，作品描写了知识分子对农民的教育，带领农民与财主的斗争。与蛇神庙空场上搭建戏台准备演戏同样紧张进

---

① 李春雨：《〈昙华〉：时代意识的缩影》，《黎昔非与〈独立评论〉》，第401—402页。

行的是另一个空间的活动："在村中小学校里，若谷及其朋友们在紧张的空气中协商：迷信使农民盲目，使农民保守，使农民消失反抗的力量！我们要觉醒他们，就必须粉碎他们所迷信膜拜的偶像。"他们的行动还有一个目的：揭穿蒋二爷等发起这次酬谢会的假公济私。——第二个目的达到了，第一个目的却未实现，他们打碎蛇神爷神像的举动除招来一顿痛打外，还被村人赶出村庄。"这样的结尾具有反讽意味，对若谷等人的'革命性'虽有所削弱，但更真实，它并不拔高农民形象。从物质利益出发，结合自己的生活经验，农民或许易于接受阶级压迫的道理，但几千年封建文化压迫带来的迷信和愚昧却不易清除。"① "这篇小说选择的角度很新颖，它通过丰年还愿这件小事，揭示了一些农村存在的黑暗势力对于人民的剥削关系，使人们认识到农民生活的贫穷根源，也比较超前地写到了觉醒者的行为、命运，及其与农民习惯意识力量之间的距离与鸿沟。它在深层意义上接触了农民中旧习俗势力的影响和中庸国民性的弊害。奋起抗争的新生力量被驱逐，维持封建统治秩序的旧势力依然逞恶，贫苦的农民照旧安于自己被欺骗和被剥削的生活命运。一场小小风波过后，一切如故地存在下去。小说叙述的故事提出问题的本身，就带有中国农村社会长期存在的深刻的悲剧性质。"②

与《还愿》不同，《二十四夜》所关注的不是农民的群体形象，而是农村妇女阿俊嫂的觉醒过程，贯穿始终的是她的心理变化。腊月二十四夜，家家户户忙着送灶王爷，财主家的庆典活功更为隆重。病倒在床上的婆婆，饥饿的孩子，以及"那空落落的墙壁上常常幻出一张张凶横冷酷的债主的脸"，使阿俊嫂心里发堵，将她逼出屋子，到外边等卖田的丈夫：仅有的两亩水田也不得不卖掉还债。这时，她想起在城里纱厂工作的黄大回乡时所说的话：穷人并非命中注定要做穷人。与丈夫不同，她觉得黄大说的有道理而非疯话。在村头等丈夫时，传来阿福夫妇上吊自杀的消息，对她刺激很大。从阿福家出来，她决定离开农村，到城里做

---

① 陈改玲：《向"美"向"真"的路上走——黎昔非主编的〈昙华〉半月刊》，《黎昔非与〈独立评论〉》，第426—427页。

② 孙玉石：《一首永远活着的诗——黎昔非及其主编的〈昙华〉半月刊》，《黎昔非与〈独立评论〉》，第378页。

工。如果丈夫不去，就自己一人出去。也许在阿俊嫂的想象中城里做工的人都具有反抗性吧。“作品最大的特点就是将女主人公心理变化写得真实而富变化，并不简化农民对‘革命’道理的接受。”① “它将《昙华》中对于贫苦农民和下层妇女命运的探索，对于农村妇女形象的思想发掘与美学认同，作了新的提升和深化，在整个20世纪30年代初期北平的文学创造中，也是一种非常难能可贵的努力。”②

如同《还愿》那样对于农村贫苦妇女命运的关注，是《昙华》中一种突出的声音。《昙华》文艺社唯一的女作者陈菲村的《某日》“出手就有些不凡。它写江南f镇里曹家村普通的一日。村里的一群农人，一边在棉田里干活，一边议论着村里近日发生的男女性事的‘新闻’。阿伏说，昨晚紫泾桥的木匠娘子，颇有些姿色，趁她丈夫外出，与一个名字叫小连的青年幽会，被老早就对木匠娘子不怀好意的小雄带人抓了奸，捆绑在一走，赤裸裸当街示众。……‘大家很满意的听了这段新闻’，都津津有味地‘纷纷议论着’，‘他们一边挥动着锄头去锄草，一边还哼着小曲。’甚至连一起干活的一声不响地听着‘新闻’的另一个‘快嘴的张大嫂’，也在轻轻哼着当地的情歌小调。大家不愿吭声，紧怕打断她的这些情感的发泄。这个时候，村里木匠邻居的一个十三岁的小孩阿毛，气喘吁吁地跑来说：‘木匠娘子死了！’‘死的好苦，上吊死的！’小说在不长的篇幅里，将田间里农人活跃的对话，作为主要交代手段，把村里面发生的主要悲剧事件，放在叙述的背景里处理。它通过一个农村妇女的悲剧，表现出中国广大落后的农村里，农民群众精神的麻木，愚昧，与社会陋习的重压。涉及到了国民劣根性的开掘与反思。妇女没有爱的自由，不能满足正常性的渴望，她们即使是一点属于自己的爱的追求，也会给自己带来了不堪羞辱的摧残，甚至生命的毁灭！她们的命运是人间永远的悲剧。小说有独特的女性视角，叙述文笔也颇为细腻，一些大胆的描写，与鲁迅称赞萧红小说中所具有的女性作家“越轨的笔致’，更加重了

---

① 陈改玲：《向“美”向“真”的路上走——黎昔非主编的〈昙华〉半月刊》，《黎昔非与〈独立评论〉》，第427页。

② 孙玉石：《一首永远活着的诗——黎昔非及其主编的〈昙华〉半月刊》，《黎昔非与〈独立评论〉》，第384页。

作品的沉重的令人窒息的悲剧性成分。”① 她的另一篇短篇小说《迟了》，“讲述的是一个母亲被迫亲手杀死自己刚刚生下的婴儿的故事。严冬寒风的吼叫声中，贫苦不堪的阿成嫂一家人，因为无力养活即将生下的孩子，都‘陷入了可怕的绝境’。阿成，两个孩子，和阿成嫂自己，都已经瘦得皮包骨。自从仅余的二亩田抵押给佃主之后，阿成嫂一家由吃苦做生活竟是无衣无食了。而自己肚子里的第五个孩子，又快要出世了。怎么养活他呢？一家人还不知道哪天冻死饿死，怎么得又多添一个呢？阿成一早就到邻村请接生婆去了。小说截取阿成嫂一个人独自在家里临产的痛苦情景与心理挣扎。已经是四个孩子的阿成嫂，命运非常悲惨。她的两个孩子，早已经送给人家，做了婢女和童养媳，正过着人间地狱般的日子。家里剩下的两个孩子，也嗷嗷待哺。小说以一个女作者特有的细腻，详细地描写了阿成嫂临产前的折磨，痛苦，等待，恐怖，突然生产……等等情形，将穷富人家生孩子时不同的景遇作了尖锐的对比。面对即将临世的婴儿，阿成嫂犹豫着：为了全家的生存，是弄死他，还是留下来？阿成嫂进行着激烈的思想斗争。最后，还是为了一家的生存，母亲亲手闷死了刚刚生下的婴儿。等到阿成匆匆赶回来的时候，他才绝望地发现：一切已经‘迟了’。小说用比较完整的构思和细腻的笔调，为我们展示了一幕中国农村穷苦人家，特别是一个农村母亲所演出的亲手杀死自己婴儿的撕裂人心的惨剧。一个青年女子为中国农村贫穷妇女，喊出了发自内心深处的人道呼声。”②

《昙华》的乡土小说“从各个角度切入农村的社会生活，剖示其中的愚昧落后，具有一定的社会剖析小说的特色。因为对之有深切的生活体验，许多景物描写、人物语言和生活风貌都带有浓郁的南方乡土风味，在当时的小说中的确有一种新的特色。”③《昙华》中乡土文学的突出，一方面“由于《昙华》文艺社的成员都是来自南方（除了陈菲村外，均来自广东），有过长期的生活体验，因此这一类作品可以说是《昙华》上较

---

① 孙玉石：《一首永远活着的诗——黎昔非及其主编的〈昙华〉半月刊》，《黎昔非与〈独立评论〉》，第378—379页。

② 孙玉石：《一首永远活着的诗——黎昔非及其主编的〈昙华〉半月刊》，《黎昔非与〈独立评论〉》，第379—380页。

③ 李春雨：《〈昙华〉：时代意识的缩影》，《黎昔非与〈独立评论〉》，第403页。

有价值的小说。并且难能可贵的是，这些来自乡村小说的作品并不是田园牧歌式的作品，而是具有强烈的针砭时弊的进步倾向，与当时的进步文学潮流是相符合的。"[①] 另一方面也与主编黎昔非的文学思想有密切关系，他在谈到从事文学创作的原因时曾说："一固然是由自己喜欢它，一也是受沈从文的鼓励：因我来自农村，深知农民大众的痛苦，每所暴露的都是当时社会的黑暗面。他认为这比那些坐在上海亭子间里的'普罗作家'所写的还较真切，故极力怂恿我走创作这路。"[②] 因此，"作为主编，黎昔非对文学的追求必然会影响其他成员。他的创作谈可用来理解整个《昙华》文艺社社员的创作。与一些概念化书写农民革命的普罗作家不同，他们自觉追求对农村生活的'真切'表达。结合《发刊辞》中对'黑暗的描写'和'罪恶的暴露'等创作目的，以及他们在作品中的努力，大概可以看到，这里所说的'真切'是对农民生活客观真实而形象的叙写，既不拔高，也不理想化，敢于正视农民的痛苦和局限性。具体于革命文学中所涉及到的农民的觉悟性的一面，则不简单从阶级压迫的角度进行概念化处理，也不简化农民接受革命道理进行反抗的过程"[③]。

破土于20世纪30年代初期的《昙华》，正处于日本侵略中国日益剧烈的时期，反日救国已经成为每一个爱国者的心声。"昙华"文艺社产生和消失的本身就与中国当时面临的民族危机紧密相连的。因而《昙华》对于现实的关注还突出表现在她所发表的以反抗日本侵略为题材的作品中。《战区之一角》《宴会》《友谊》《孩子们》《电报》《克复以后》等都是有关抗战题材的小说。

《战区之一角》，以"像一具死尸似的僵卧着"的敌占区为背景，叙述这里一个小小村落中的村民，抱着"横竖总得做炮灰的，迟早要死了，爽性干他娘一顿"的心理，冒险去偷日军严密看守的盐栈。被日本兵发现之后，村民受尽了各种非人的凌辱和摧残，他们被按男女分开，关进两个屋子。男人被严刑拷打，女人被肆意奸淫，然后将赤身裸体的他们

---

① 李春雨：《〈昙华〉：时代意识的缩影》，《黎昔非与〈独立评论〉》，第400页。

② 黎昔非1951年7月《自传》，《黎昔非与〈独立评论〉》，第445页。

③ 陈改玲：《向"美"向"真"的路上走——黎昔非主编的〈昙华〉半月刊》，《黎昔非与〈独立评论〉》，第428页。

像盐包一样叠起来，在上面放上石头。在日军“枭鸟般惨慄的高声狂笑”和村民“低微的呻吟与呼号”中，响着大泉的咒骂声：“日本鬼！我大泉死也忘不了你们日本鬼！死……也……忘不……了……”日军摧残尽兴之后，命令这些还活着的负伤的村民一人搬着一包盐，拍下他们踉跄离开的镜头，以达到某种可耻的宣传目的。

《克复以后》描写个村堡从敌人占领下光复以后，留下的是一片废墟。村里的人都害怕得躲起来。一个军官营部驻扎的家里，住着一个老太太。从她的口里得知，原来这里有一百户人家，三四千人，自从鬼子来了，逃的逃到远方去，杀的被杀，有血气的人，当义勇军去了，剩下的青年妇女，全被捉去。现在只剩有不到二百人了。自己的军队进村了，村里却寂静无声。老太太与营部军官，只是很少的对话。老太太还告诉长官，自己一家五口人，丈夫在沈阳陷落时被杀了，儿子当义勇军去，听说也战死了，小孩子的母亲在二十天前，被鬼子捉去，到现在也没有回来。现在只有孙婆俩人。听了老太太的倾诉，军官默默无语，只是抽着烟，在暗淡的灯光里坐在椅子上发呆。“这些情景与无声的控诉，非常普通而令人震撼。作者虽没有生活体验，却也显得真切朴实。”①

《孩子们》和《友谊》这两篇小说，“从不同的角度，描写了‘九一八’之后北平成为‘边城’，人心不安，各色人纷纷南移的情景，却显得十分真切，扎实，构思也新颖别致”。“《孩子们》，着意讽刺现实，却隐而不露。”“通过院子里一群小孩子们的游戏与房东孩子的对比，隐藏地传达了不同的人对于国家危难的不同态度。”小说里，几乎没有什么故事。“我”坐在院子里，看着房东家的八岁大女孩梅英，领着弟弟和几个院子内外的孩子在玩游戏。她指挥孩子们，将煤筐搬来，将一个个堆着，像一堵墙。还有一个门，是出入之道。末了，她指使那外来的两个小孩说：“你们做日本人吧，我们……做中国人，这煤筐就是榆关，你们来攻打吧？好不好？看看谁胜？”但是他们一个个都不愿意扮演日本人，梅英懊丧地哭了。阿火与她又去找阿三阿四，结果，四个人出去，还是四个人回来，并没有多一个：还是没有人愿意来做。“作者有意将实写的孩子

---

① 孙玉石：《一首永远活着的诗——黎昔非及其主编的〈昙华〉半月刊》，《黎昔非与〈独立评论〉》，第354页。

们的天真游戏与虚写的大人们的行为意识作了尖锐的对比，传达了自己内在的愤激感情。”①

《友谊》这篇小说，题材也是很现实的，但同样从一个独特的侧面进入：昔日的所谓朋友，在北平吃紧的时候，也连平日的“友谊”顾不得了。一个名字叫苓的大学生，生了连“并不平凡”的医生也不明白的病，躺在公寓里的床上，已经三个月了。因战事日紧，人们纷纷逃难。公寓里的一些自诩“高等人材”的大学生们又过着“醉生梦死”的日子。一天，与他住在同一公寓里的两个同乡的同学——德言、其超，来到房间里看他。这是他在北国里最接近最有谈话机缘的朋友。他们只是站着说话，怕污秽了漂亮的衣服，或将病传染给他们。然后嗫嚅地说，看他的病一时好不了，劝他还是进医院好。但是，他们主要告诉他的是：“现在，风声很不好”，“这里是准完的，只是迟早的问题”。他们“打算搭五点的车走，因为，课已没上，不如回家去妥当”。他们问他：“你的意思怎么样？”苓听了这些话，心中充满了悲哀。临离别，他们还不肯走，目的是特意要苓归还过去借他们的五块钱。他们没有拒绝，还说他们自己只有六十多块钱，上海到家的钱还得另外设法。可是，当他们走后，房东老婆子向苓催索房租的时候，才知道，他们临走前，还花钱买了一百多元的东西。苓由此才更明白了这友谊之间“互助”的奥义了。“这里，从患难之际友谊与自私的角度，写了国难中人情的沦丧。但故事却有意放在北平逃难的大背景之下。作者和《昙华》编者对于现实的强烈关注，他们的爱憎感情，是很清楚的。”②

《昙华》所发表的评论和杂文中也表现了强烈的抗敌爱国情怀。“刘枕涛发表在3、4、5 期上的文章，杂文特点相当明显，‘救国妙策’中，作者指出国民党的不抵抗政策，‘是应时的妙策’，与此衍生出‘念经救国’、‘一面交涉，一面抵抗的救国’、‘开发西北救国’、‘航空救国’、‘安内攘外救国’、‘民族主义文学救国’、‘科学救国’等所谓‘救国’

① 孙玉石：《一首永远活着的诗——黎昔非及其主编的〈昙华〉半月刊》，《黎昔非与〈独立评论〉》，第 352 页。

② 孙玉石：《一首永远活着的诗——黎昔非及其主编的〈昙华〉半月刊》，《黎昔非与〈独立评论〉》，第 358 页。

的‘妙方’，实际上他们只能产生‘亡国’的后果。作者视野开阔，认识深刻；语言犀利，思辩性强，与同时期其他报刊上的同类作品相比，它也不失为一篇好的杂文。”[①] 在另一篇杂文《国难声中之科学贡献》中，“作者再次以讽刺的方法批判了政府的不抵抗政策，文章的角度更加新颖：‘日本帝国主义的大炮，没有惊醒我国的政府（我国的政府也有同样的大炮，而且它对炮火的经验比日本帝国主义还丰富，当然不会被惊醒的。）却惊醒了我国的科学家了。这惊醒可不小，在短短的十七个月中，就惊醒出几十种发明来！这几十种的发明就是：……’作者罗列了他从平津报纸上收集来的‘国瑞式天然瓦斯’‘高粱制造酒精’‘制水新利器’‘轻便地雷’等二十二种发明。政府不抗战，科学家的发明能救国吗？但是报刊却以科学家的发明转移读者对政府的注意。作者不仅批判了政府的不抵抗政策，也对报刊袒护政府的做法进行批判。”[②] 从这些作品中，“我们也可以体会到《昙华》编者的意识倾向。刊物屡屡发表这类题材小说的动因，作者和《昙华》编者对于国家危难的强烈关注，他们现实的爱憎感情和美学情趣，也均由此而可以概见了”[③]。

《昙华》文艺社的成员，都是当时热爱文学的青年。比起其他生活领域，他们更熟悉青年的生活与心理。因此，关于青年问题题材的作品，也是《昙华》的重心之一，透过这些作品所反映的各个生活层面，我们可以接触青年生活的脉搏。

《昙华》所发表的《现代青年的烦恼与出路》杂文里，就分析过当时青年中间存在的精神烦恼，具体论述了烦恼在青年中的种种表现。其中说到，烦恼是现代青年的命运。现代青年常常感受的是三种烦恼：“一是因受教育问题引来的烦恼，一是由生活问题和恋爱问题所引起的烦恼，一是由意志不自由所带来的烦恼。为了摆脱这些烦恼，有些青年去自杀与投降。因为方法错了，结果烦恼仍然烦恼，人生意义也不知天上人

---

① 陈改玲：《向“美”向“真”的路上走——黎昔非主编的〈昙华〉半月刊》，《黎昔非与〈独立评论〉》，第417—418页。

② 陈改玲：《向“美”向“真”的路上走——黎昔非主编的〈昙华〉半月刊》，《黎昔非与〈独立评论〉》，第418—419页。

③ 孙玉石：《一首永远活着的诗——黎昔非及其主编的〈昙华〉半月刊》，《黎昔非与〈独立评论〉》，第358—359页。

间。文章说明，这些烦恼的症结，是资本主义社会，是私有财产制度。要摆脱这些烦恼，青年就必须有团结的精神，牺牲的勇敢，来推翻这现实的高压，把资本主义的社会推翻。这样，才能除去一切烦恼，由必然到自由。”①

《昙华》所发表的小说中，涉及青年生活及其问题的有《快乐的结局》《先生的儿子》《一个女理想家的懊悔》《爱与仇》《现代青年》《会客》《脚病》《期待》《考试日记》等。

有的小说描写青年在穷困中挣扎追求的希冀与绝望。《快乐的结局》写一个青年李文写了一个八万字的中篇小说，等了很久才得知稿子可以陆续发表，于是感到自己穷困的生活境遇因此有了改变的希望。但他很快又接到书局老板的另一封信，说稿子不见了，请他再重抄一遍寄去，得到的是更大绝望的“快乐的结局”。《先生的儿子》写“我”在故乡童年读书时的邻座，曾是那样飞扬跋扈，不可一世。多年以后，“我”回到故乡，知道他的家境已经穷愁潦倒，只好在“我”父亲开的铺子里做伙计谋生。当“我”与他见面时，看到他竟成了一个麻木的老老实实“又勤又听话”的雇工。小说写出人到青年时，由童年的回忆中所悟到的人世变幻，“写出了世事变革与人生的沧桑感”②。《一个女理想家的懊悔》是一篇近于心理分析的小说。在一个中学任教员的密斯曼娜章是一个爱情的理想家，自矜自傲，喜好打扮。还是什么妇女抗日团体的委员，却早将“国难”两字丢到无何有之乡。在大学读书的男生吕晦，原来是她恋着的对象。她选择爱人一直怀有“博士”“主席”“部长”等“理想”。她因此认为，吕晦这个人的资格还太够不上她理想的标准，并且很骄傲地对也恋着这个人的女友戴韬女士说：“怎么你不去向他求爱呢?”。由于流言，引起了她旧情的死灰复燃。她发了封信给吕晦，整日焦急地等待着他的回信。但她接到的却是印着“我俩定于三月十五日在新中华旅社举行婚礼，敬请观礼”，署着“吕晦戴韬鞠躬”字样的请柬。她便忘记了

---

① 孙玉石：《一首永远活着的诗——黎昔非及其主编的〈昙华〉半月刊》，《黎昔非与〈独立评论〉》，第 366 页。

② 孙玉石：《一首永远活着的诗——黎昔非及其主编的〈昙华〉半月刊》，《黎昔非与〈独立评论〉》，第 367 页。

平素的庄严，当着老妈子跟前，倒在椅子上抽咽哭泣起来了。“这温和的讽刺里，透出作者严肃的爱情观。”①《会客》将饶有趣味的笔触，伸进了一个对于人生、友谊与爱情都十分陌生的灵魂。女大学生“我”，是一个性格孤僻，生平最怕的是交际的人。她的朋友 L 跑上楼来对她说，密斯特 C 来了，要她下楼去和他们谈谈。小说巧妙地详细写了她内心经历的一番激烈的思考，斗争，认真作了与陌生男人怎样谈话的预备，练习。这时下面大声地叫她去吃饭了。她慢慢装作很大方的样子踏下楼去之后，见了 L 本人只是穿了便服很随便地在那里洗碗，她望了望房子里，已经没有男士们的踪影了。自己也松了口气。“小说写出未经世事的青年女孩子，那种孤僻和自矜的性格，朦胧的渴望，以及胆怯应对的情状。”②

“解剖一些青年精神的空虚，追求金钱与享乐，乃至因此走向政治上堕落与灵魂的肮脏，使《昙华》小说在另一个重要侧面显示出逼近现实的思考深度。”③《现代青年》主人公已经从单纯走向世故，走向与社会同流合污。住在上海简陋的公寓里的一群受高等教育的青年，他们忘记了国难，忘记了青年人的责任，整日除了高谈阔论以外，就是谈论女人，谈论爱，但是他们连什么是真正的爱情，都不懂得。这里给我们描写了现代青年人精神空虚的图景。这种精神空虚与自我膨胀，有时到了异想天开的境地，《脚病》就是一个很好的例子。它是描写一个知识青年心理的小小说。“他”发现自己脚膝上发生了一点皮肤病，这怎么好？想到医院去，但这要花很多的钱，而且一点毛病，就可能开刀，这是多么可怕啊！万一给医治坏了，还会变成跛子。以后的日子怎么过，谁肯嫁给一个跛子？想到极度后，他又会自解。他又想如果住进院后，可以舒舒服服静养几天，那里还有漂亮的护士照顾，小说由这里开始，用许多的文字，具体描写了他想象自己，怎样和漂亮的护士接近，他们之间有怎样的谈话，最后脚已经完全复原，准备出院，他们怎样难舍难分，互相约

---

① 孙玉石：《一首永远活着的诗——黎昔非及其主编的〈昙华〉半月刊》，《黎昔非与〈独立评论〉》，第 368 页。

② 孙玉石：《一首永远活着的诗——黎昔非及其主编的〈昙华〉半月刊》，《黎昔非与〈独立评论〉》，第 368 页。

③ 孙玉石：《一首永远活着的诗——黎昔非及其主编的〈昙华〉半月刊》，《黎昔非与〈独立评论〉》，第 368 页。

好会面的日子。他真的去医院了。可是医生仔细看了之后，对他说："并没有毒，只是皮肤有点损坏。你回去用热手巾粘起来，冷了再换，一天三四次就会好了。"他听了医生的话，"大大地放了心，同时却觉得有一点失望，带上帽子悄然离了医室"。这篇讽刺小说，没有曲折故事情节，除在结尾部分出现说了一句话的医生外，没有出现第二个人物，全部是作者在叙述"他"的行为和心理的描写。篇中那些与护士长长的对话，也完全是在想象中展开的。然而却能通过这样一段虚拟的"脚病"的经过，隐隐地讽刺了一些知识青年的一种浪漫的通病：过分自爱，多疑，又过分地异想天开。"这里讽刺的是'脚病'，实际隐含的这类人物精神上的疾病。小说文字简练干净，讽刺而不失滑稽，讥讽的'度'把握的很好。这篇《脚病》，可以算是《昙华》里一篇文字功夫运用得较为成熟的小说了。"①

短篇小说《爱与仇》"是颇费了一番心思构思的作品。它将青年爱情题材放在一个尖锐政治斗争的背景和事件纠葛里描写"。一个名字叫楼兰的大学生，以金钱为魅力赢得了"校花"的欢心。得知他的钱是靠出卖同学，将其诬为"××党"而遭枪决时，正义的冲动使"校花"拿起桌上的小刀刺进了这个卑鄙者的胸膛。"小说涉及了多个方面的社会问题：统治者当局秘密逮捕和审讯进步青年的丑行，日寇入侵的国难当头时爱国青年的责任，黑暗政治笼罩下一些青年为了金钱而不惜卖友求荣的卑劣，追求个人爱情与坚持社会正义的尖锐矛盾与选择等。在当时政治高压的气氛之下，通过一个爱情的故事，作者直接接触这些敏感度很强的题材，抨击了人性里潜在的卑鄙与丑恶，黑暗与肮脏，展现了美好与善良的力量在人性中的升华，所表现的爱憎感情是非常鲜明的。小说在两个人物的鲜明对比描写中，抨击现实黑暗势力和特务制度，着意塑造一个青年女学生，由于对于楼兰可耻的卖友行为的正义仇恨，最终分清是非，让正义的理智战胜了情感上原来存有爱的力量，在这里，隐含的寄托了作者对于人性的'真'与'美'的深挚追求。'爱与仇'的矛盾在这里被作者赋予了异常尖锐的现实内涵。小说艺术虽然还有不少暇疵，如女学生后来的正义行为在前面缺少必要的铺垫等，但它的整体构思，

---

① 孙玉石：《一首永远活着的诗——黎昔非及其主编的〈昙华〉半月刊》，《黎昔非与〈独立评论〉》，第369—370页。

它对人性美的超越力量和现实生活真实性的追求，它的寓批判于故事叙述之中的处理方法，都是难能可贵的。”①

此外，从第五期开始，《昙华》出现诗歌栏目，有《温情与热爱》《时光老人》《光明的太阳》《无聊？惆怅》《归车》等诗篇。这些都是抒情诗，青年人常有的对爱情、时间、人生的感慨是诗歌的主题。“诗作者试图用形象化的语言锻造诗句，也试图在结构上形成特点。比较突出的是《时光老人》”，全诗由一核心意象“赴国难会议的要人”统领，诗句节奏感强，节与节之间使用传统的“顶真”方法。这首诗共六节，首尾两节以复沓的方式呈现。这虽是一首感叹时间流失的诗歌，作者以拟人方法将“时光老人”比作“像去赴国难会议的要人”，“将‘国难’凝聚在意象构建中。‘奔跑’‘互调’‘雄辩’‘口号’‘狂跳’等句末的两字音节不仅讽刺性表现出‘要人’的动作，使诗歌具有强烈的动感。而且在较强的节奏感中使读者对时间的流失有一种切实而形象的感受”②。

在这些描写青年生活的作品，尤其是在那些小说里，“作者的题材选择，情感趋向，美学趣味，都是坚持与健康进步的人生追求相一致的。他们肯定人的内心存在的美好的东西，鞭挞精神世界中的自私与丑恶。在这种肯定与批判中，表现了他们‘真’与‘美’的精神品格与自我坚守”③。

三　结语

总的来说，《昙华》为我们留下了那个时代较为真实的声音。在今天的读者看来，也许觉得太稚嫩，太感性。但正因为稚嫩，正因为感性，没有雕琢和拔高，才为我们保留了那个时代的原生态生活，和青年作者们最为平常的心态。借助它，能够增加我们对那个时代的历史的感性触摸。它所具有的史料的价值，还有年轻人跳动的脉搏，能引起我们对那

① 孙玉石：《一首永远活着的诗——黎昔非及其主编的〈昙华〉半月刊》，《黎昔非与〈独立评论〉》，第375—376页。

② 陈改玲：《向“美”向“真”的路上走——黎昔非主编的〈昙华〉半月刊》，《黎昔非与〈独立评论〉》，第421页。

③ 孙玉石：《一首永远活着的诗——黎昔非及其主编的〈昙华〉半月刊》，《黎昔非与〈独立评论〉》，第376页。

个时代更多的回忆。文学史固然离不开一些名家大家和著名报刊，但是文学史也同样不能忽略这些如“昙华”一样美丽而“一现”的杂志和作者。尤其是主编黎昔非先生，在三十年代极为恶劣的战争环境中，为实现他的‘作家梦’，繁荣文艺创作，尽他最大的努力与同伴一起出版《昙华》半月刊，那种热爱文学为文学献身的精神对今天的我们来说，也是一份弥足珍贵的财富。”[①]“《昙华》文艺半月刊由于存在时间的短暂，因而没有能够在现代文学史上留下显著的痕迹。但是，它的存在本身对于我们理解20世纪30年代文学氛围和文学观念都具有一定的价值，根据《昙华》上发表的作品，我们可以充分把握20世纪30年代进步文学青年的情感取向、文学观念以及他们的文学资源构成。因此，《昙华》是一份不应忽略的文学史资料，恢复它在现代文学史视野中的存在是有意义的，也是完全有必要的。”[②]

（原刊《新文学史料》2003年第4期。中国人民大学报刊复印资料中心《中国现代、当代文学研究》2004年第1期全文转载。按，文章首刊于《新文学史料》时，因受篇幅限制，原文有删节，今据黎虎先生原稿，并参校《新文学史料》刊文整理。李文才敬识）

---

① 陈改玲：《向“美”向“真”的路上走——黎昔非主编的〈昙华〉半月刊》，《黎昔非与〈独立评论〉》，第434页。

② 李春雨：《〈昙华〉：时代意识的缩影》，《黎昔非与〈独立评论〉》，第409页。

“忠心的看护妇”
——记《独立评论》经理人黎昔非

《独立评论》是20世纪30年代最有影响的政论刊物之一，今年（2003年）是其创刊70周年。《独立评论》台面上人物是已被世人所熟知的胡适，而其台下人物则是至今仍鲜为人知的黎昔非。尽管他曾经被胡适赞誉为《独立评论》的“忠心的看护妇”①，但是他与《独立评论》那密不可分的关系却被长期掩藏于历史迷雾之后。

《独立评论》连续出版5年有余，不仅发行于全国各地，而且远及美、日、德、法等国，其销售量最高时达一万三千份以上，比历史上的《新民丛报》《新青年》等刊物的销量还要大，因而成为在中国现代历史上的重要刊物之一。由此不难想象，经理其出版、发行等社务工作是多么繁重的任务。那么，谁是这种社务工作的经理人呢？以往的有关著述或把他说成是胡适的同乡章希吕②，或把他说成是胡适本人以及章希吕等人③，这些论著的说法也不能说完全是空穴来风，而是有一定“根据”的，如石原皋在《闲话胡适》中的说法。他说胡适在办《独立评论》时“无人代他照料排印、发行，乃请他的老友章希吕到北平，住在他家，主持发行事情。章原来是上海亚东图书馆的编辑，搞这些事是内行。怎奈销路不广，开支不能减少，以致折本”④。由于石氏是胡适的同乡，又曾住在胡适家中，他这种身份极易使人误认为他的这些说法是作为见证人

---

① 胡适语，见《又大一岁了》，《独立评论》创刊“三周年纪念特大号”（第151号），1935年5月19日。

② 胡明：《胡适传论》，人民文学出版社1996年版，第725页。

③ ［美］贾祖麟：《胡适之评传》，张振玉译，南海出版公司1992年版，第246页。

④ 石原皋：《闲话胡适》，安徽人民出版社1990年版，第142页。

的“实录”。还有胡适在《丁文江的传记》中的说法。胡适晚年在此书中回忆办理《独立评论》时说过“校对是我家中住的朋友章希吕先生负责”[①]。胡适作为当事人说了这样的话，更易使人深信不疑了。然而，这些说法却是并不可靠、并不确切的。石原皋的说法，罗尔纲先生已经指出完全是“杜撰”[②]；胡适在这里的说法也是不确切的，有问题的。

实际上，章希吕并不是《独立评论》的经理人。章希吕作为胡适的同乡和朋友，1933—1937年间曾数度住在胡适家，为胡适整理书稿和抄写等工作。因此，当时人把他称为“胡适的秘书”[③]。从章希吕本人的日记[④]可以看到，在《独立评论》存在5年中，他住在胡适家的时间大致是1933年11月至1934年9月、1935年5月至1936年12月、1937年6月至1937年8月。加起来总共才2年半的时间。[⑤] 在这两年半的时间里，他除了为胡适当“秘书”的主要任务之外，也曾参与《独立评论》的部分工作，这主要就是“末校”。而且在这两年半的时间中，1933年11月至1934年9月这一时段，他是作为上海亚东图书馆的职员到胡适家中帮助整理《胡适文存》并将书稿带回上海，与《独立评论》的工作全然无关；他于1935年5月第二次来到胡适家中时，其主要工作是“给胡适帮办书稿抄写整理等项工作”，同时兼做“《独立评论》末校”[⑥]。因此，他参与《独立评论》“末校”工作是在1935年5月以后的事情。胡适在纪念《独立评论》三周年时曾说：“我的朋友罗尔纲先生，章希吕先生，他们帮我做最后一次的校对，也都是这孩子（案：胡适对《独立评论》的昵称）应该十分感谢的。”[⑦] 在这里胡适也只说他是“帮我做最后一次的

---

① 胡适：《丁文江的传记》，安徽教育出版社1999年版，第144页。

② 罗尔纲：《读〈闲话胡适〉》，《社会科学战线》1993年第6期。

③ 见《独立评论》会计陈晋祺1955年给组织写的材料，原件藏于广东省兴宁市老干局档案室，见黎虎主编《黎昔非与〈独立评论〉》甲编《〈独立〉岁月》，学苑出版社2002年版，第44页。

④ 《章希吕日记》（1933年11月至1937年7月），载颜振吾编《胡适研究丛录》，生活·读书·新知三联书店1989年版，第248—275页。

⑤ 张太原：《〈独立评论〉经理其人其事》，《黎昔非与〈独立评论〉》，第90页。

⑥ 见《章希吕日记》的《说明》。

⑦ 胡适：《又大一岁了》，《独立评论》创刊“三周年纪念特大号”（第151号），1935年5月19日。

校对”，而且还排在罗尔纲的后面，表明其时他对这项工作的参与程度还在罗尔纲之后。至于罗尔纲，他在《独立评论》创刊之前的1931年秋离开北平回故乡工作，1934年3月回到北平“重入师门”，这时《独立评论》已经创办近两年，据他说：“我这一次再回到适之师家，不同从前抄录《铁花先生遗集》和辑录《聊斋全集》时那样，每天有一个固定的工作。祖望、思杜两弟又上学去了，适之师家没有什么工作给我做，只叫我自己看书。”① 1934年10月以后，经胡适推荐，罗尔纲则到北京大学文科研究所考古室任助理去了。虽然此后他也经常到胡适家去，但主要是辅导胡适的两个儿子及向胡适请教问题。因此，他做《独立评论》的“末校”，当是在其主要工作之余而为之。

那么，究竟谁是《独立评论》的经理人？澄清这一历史事实，不仅可以还历史以本来面目，揭示这份刊物创办的内幕，还可以从一个侧面透视胡适鲜为人知的另一面，或许对于研究这位在中国现代历史上有过重要影响人物有一定参考意义吧。

历史的事实是：《独立评论》的经理人是黎昔非，而且是唯一的与《独立评论》相始终的“忠心的看护妇”。

首先，黎昔非是应胡适的邀请去《独立评论》社工作的。

黎昔非，1902年诞生于广东省兴宁市罗岗镇甘村，1930年7月毕业于上海中国公学大学部中国文学系。时胡适任中国公学校长兼文理学院院长，故黎昔非与胡适有了师生关系。1930年8月黎昔非从上海赴北平，1931年春考取了北京大学研究院，指导教授为黄节先生，研究课题为《诗经学史》。恰巧1930年11月胡适也从上海迁平，出任北京大学文学院院长。于是黎昔非与胡适再度有了师生关系。1932年3月胡适在创办《独立评论》之初即邀请黎昔非帮助他办理这份刊物，于是他被迫中止了在北京大学研究院的学业，开始了他在《独立评论》社长达五年有余的生涯。1932年4月24日吴晗致胡适的信，为人们提供了这方面的历史证据：“今午同蒋廷黻先生谈话，他说他正在发愁，因为《独立》周报预备在下下星期出版，第一期稿件已齐，却还找不到一个合式的经理人。生

① 罗尔纲：《师门五年记·胡适琐记（增补本）》，生活·读书·新知三联书店1998年版，第37页。

因此想起五星期前同黎昔非君到协和来看先生的时候，先生曾提过此事，并问黎君愿否帮忙，就把这话告诉蒋先生，他很高兴，叫生即刻写信，请先生决定并征求昔非同意（他住银匣大丰公寓）。"① 由此可知早在3月20日，当黎昔非与吴晗一同去协和医院看望因病住院的胡适时，胡适已经在为《独立评论》物色"经理人"，并已经向黎昔非提出请他来帮忙这件事了。但是时间已经过去一个多月了，黎昔非没有答应胡适的请求去就《独立评论》"经理人"的职位，胡适等人也还没有为《独立评论》社物色到合适的"经理人"。吴晗这封信寄出之后，便有了黎昔非《自传》中所说的情况的发生。黎昔非1951年7月的《自传》中写道："一天，胡适突然派人送来一函，要我到他家谈谈。第二天我去了，他说：'我们几个朋友打算办一种杂志，你可否替我帮忙一下，房子已经租好了，你可搬到那里去。'我答应了，搬了去，只数间空房，什么都没有，连喝水都不方便，心里颇感不舒服。这样过了数礼拜，他要我准备出版发行上应准备的工作，并说，杂志名称已商定为'独立评论'——意思即是文责自负——而定期出版了。本来，我打算只干他半年至一年，藉以维持生活，期完成自己的论文便罢了，没想到那种工作这么烦忙，有时忙到连报纸都要到夜深才得闲来看，也没有想到一再推辞，直到北京沦陷前夕都还没和它完全绝了关系。"黎昔非1958年4月30日的《自传》中写道："1932年四月间，战犯胡适拟办一杂志，派人送来一信，要我到他家谈谈……他的杂志，叫做'独立评论'，每星期出版一次。稿子多是他们自己写的，外稿也由编的人选择，不给稿费。编辑多由胡适负责。他一度赴美，任鸿隽、战犯蒋廷黻也编过。他们编好送我，我负责付印及校对，复校多由他们。印好后由我负责发行。社址设在地安门内北月牙二号人家屋里，没有门市的。该杂志的基本人员，据我所知道的有：战犯胡适、蒋廷黻，此外有：翁文灏、丁文江、周炳琳、傅斯年、周贻春、吴景超、竹垚生及任鸿隽、陈衡哲等。"② 这两份自传，是黎昔

---

① 原件藏于中国社会科学院近代史研究所，又见于《人民日报》，1966年6月3日转载，以及《历史研究》1966年第3期，《评注吴晗胡适通信》。

② 黎昔非1951年7月、1958年4月30日《自传》。原件藏于广东省兴宁市教育局档案室，今据黎虎主编《黎昔非与〈独立评论〉》，学苑出版社2002年版，第438—487页。

非给组织上写的材料，这在当时是非常严肃和郑重的。由此可知，黎昔非对于是否出任《独立评论》的工作曾经是相当犹豫的，因为他到北平的目的是“想在学术上搞出点成绩”[①] 来的。

其次，黎昔非在《独立评论》社所担负的工作。

关于这个问题，主要有两种说法，一说是经理人，一说是发行人。“经理人”的说法出现最早，早在《独立评论》酝酿阶段，当时胡适所要物色的就是一位“经理人”，并最终选定黎昔非为“经理人”的，此事已见于上引 1932 年 4 月 24 日吴晗致胡适的信中。罗尔纲在《胡适琐记》一书中也说《独立评论》的“经理为黎昔非”[②]。黎昔非自己也曾这样称呼这一工作，1945 年他在昆明国立中国医药研究所史地部工作时所填《大学及独立学院教员资格审查履历表》中即谓“独立评论社经理五年”[③]。“发行人”的说法最早见于 1935 年 12 月的《重修兴宁邑馆募捐簿序》及 1936 年 9 月 1 日的《募捐簿》名单上[④]。黎昔非在 1958 年所填《履历表》及《中国共产党入党志愿书》中也写的是“发行”。[⑤] 这两者中究竟是哪一种“头衔”并不重要，重要的是他实际上承担了什么样的任务，做了哪些工作？

我们先看看《独立评论》主编胡适在当时的说法。在 1935 年纪念《独立评论》创刊三周年的总结中他是这样说的：“在这贺周岁日子，我们不要忘了这个孩子还有一位忠心的看护妇。我们创办这刊物的时候，就请黎昔非先生专管发行所的事务。说也惭愧，我是实行我的无为政治的，我在三年中，只到过发行所一次！这三年的发行，校对，杂务，全是黎昔非先生一个人支持。每到星期日发报最忙的时候，他一个忙不过来，总有他的许多青年朋友赶来尽义务，帮他卷报，封装，打包，对地址。”[⑥] 胡适在 1936

---

① 见黎昔非 1958 年 4 月 30 日《自传》，载于《黎昔非与〈独立评论〉》，第 438—461 页。

② 《师门五年记·胡适琐记（增补本）》，第 137 页。

③ 见《黎昔非与〈独立评论〉》丁编《生平事略》，第 488 页。

④ 这两件为当时北平兴宁同乡会长林钧南所写，载于《黎昔非与〈独立评论〉》甲编《〈独立〉岁月》，第 72—75 页。林钧南（1914—）广东兴宁人，1932 年 5 月至 1937 年 7 月在北京上学，先后就读于东城大同中学、辅仁大学历史系、北京大学历史系，恰与黎昔非先生办理《独立评论》时间相始终，而且双方过从甚密。

⑤ 原件收藏于广东省兴宁市教育局档案室。

⑥ 胡适：《又大一岁了》，《独立评论》创刊“三周年纪念特大号”（第 151 号），1935 年 5 月 19 日。

年总结《独立评论》四周年工作时又说："我们借这个机会谢谢黎昔非先生和章希吕先生。他们终年勤勤恳恳的管理独立评论的发行，校对，印刷的事务。他们对于这个刊物的爱护和勤劳，常常给我们绝大的精神上的鼓舞。"① 胡适这两篇总结性文章已经把黎昔非在《独立评论》社担任"经理人"的角色说得再清楚不过了。

黎昔非在办理《独立评论》期间所残存下来的一些文字材料，也印证了胡适的上述说法和评价。黎昔非致胡适的信函，现在仍有7通保存于中国近代史研究所资料室②，其中有3通是在办理《独立评论》期间所写，信笺左下侧均有"独立评论社用笺"字样，其中一通全文如下：

> 适之先生：
>
> 第六期报卅五册，照收。
>
> 送上一期三册，四期五册，七、八期各十册，乞查收。三期已无存书，—二、四所存也不过数十册—现在写信问各代派处收回一些，想是可能。
>
> 现在打算明天到前门去问问，看看如何。
>
> 赠阅的，当照寄。
>
> 敬候
>
> 早安
>
> 学生
>
> 昔非覆上
>
> 十一日早

另一通全文如下：

> 适之先生：
>
> 丁先生的原稿，那天因排字工人不在，没取回。当时即嘱印刷所的杨君保留，如要用，明早取回送上。即问

① 胡适：《独立评论的四周年》，《独立评论》，第201号。

② 这些均为未刊信件，是笔者于2001年12月在中国近代史研究所资料室查找到并拍照的。

晚安

学生

昔非呈覆

杨本贤广告部的价目，附。

这两份函件均没有显示写于哪年哪月，但依据内容第一通可以推知，应为《独立评论》创办初期的1932年8月11日。从中可以直观地看到黎昔非当时管理《独立评论》社务的一些具体情况。

黎昔非1934年12月23日的日记中，记载了在协和医院办理其夫人住院手续时与收费处工作人员的一段对话：

> 那管理收费的说是姓余。当我说我是在那里做事时，他似乎有点惊奇。有顷，他说："我是很高看《独立评论》的。"
>
> "你在那里做什么？"
>
> 这，天呀！我说什么好？被他问得没法，我含糊其词："包办一切，除编辑。"
>
> 于是那家伙毫不迟疑的赐给我一个"总管"的头衔。[①]

"包办一切，除编辑。"这是对于胡适在上述《独立评论》工作总结中说法的极其确切的概括。以上是两位当事人而且都是当时的文字，这些都是直接的、可靠的第一手资料。

我们再看看当时的一些旁证材料。

现在仍然保存于中国近代史研究所资料室的罗尔纲致胡适的信件，有几封信提到了黎昔非[②]，其中一封与《独立评论》直接有关：

> 胡师：
>
> 九月间上师一函后，至今，又三个月了。为了功课的忙碌，不曾给师请安，乞师恕我！

① 原件的影印件见《黎昔非与〈独立评论〉》，第526页。

② 笔者于2001年12月在中国近代史资料室查找到这些信件并拍成了照片。

三月来在昔非兄处寄来的独立评论上，时时得拜读吾师的言论……

学生罗尔纲敬上十二月十七日

这封信写于1932年12月17日，当时罗尔纲正在家乡广西贵县任教。从中可以知道，罗尔纲曾于9—12月份一连三个月收到黎昔非寄来的《独立评论》杂志。虽然黎昔非与罗尔纲是同学、朋友①，但将《独立评论》长期连续寄赠，似不会是黎昔非私自所为。以胡适与罗的亲密关系推测。这当是胡适吩咐寄赠的。

《独立评论》社员周炳琳在1932年11月23日致胡适的信中有这样一段话：

先生日内即将南行，若能请社中黎君今日即去取得此项空白交先生补填一纸，当较为迅捷。②

这里提到的黎君，当是黎昔非先生。

以上两件资料，都是当时留下的文字。他们或是与胡适、黎昔非关系密切的人，或是《独立评论》社员。此外，还有当时的见证人、知情人的回忆。

黎昔非在中国公学的同学、1930年代曾长期住在胡适家中的罗尔纲在《胡适琐记》一书中写道：

我于九·一八事变前几天回广西。到1934年3月才再来北京。那时《独立评论》已经出版将两年了。社址在后门慈慧殿北月牙胡同2号。经理为黎昔非，广东兴宁人，中国公学同学，同吴晗和我都是熟人。他从《独立评论》出版至抗日战争停刊时止都是他主持排印、发行工作。我每星期天都去看他。他很忙，从来没有工夫去玩。我就坐在他办公室里翻看那么交换来的乱七杂八的刊物，竟然有

① 《师门五年记·胡适琐记（增补本）》，第137页。

② 中国社会科学院近代史研究所中华民国史研究组编：《胡适来往书信选》（上），中华书局1979年版，第142页。

> 一篇启发了我后来在中央研究院以“兵为将有”作主题来研究有清一代的兵制的。北平沦陷后，黎昔非同吴晗和我一同在天津南归。[①]

黎昔非的同乡、朋友，1932年5月至1937年7月期间先后在北平大同中学、辅仁大学历史系、北京大学历史系上学的林钧南，在1998年8—10月给笔者的四封信中回忆说：“我当时还在补习，有时间抢先看《评论》等，所以内幕也清楚。”[②]“晚上经常到《独立评论》社与令先尊和晋祺[③]聊天。”[④]“他（黎昔非）全心全意在搞《评论》的除编辑以外的所有工作，如财务、校对、发行等。”[⑤]“创办初期，只有昔非办公，另有工友老宋。胡适编好后，即派人送给昔非，由昔非送到印刷所。然后经过两次校对，才正式出版。出版后，本市的由老宋送去，外地的还是昔非分别包扎好叫老宋送邮局。所以他是总其成的，包括财务、校对、发行等在内。1933年后[⑥]，同乡（陈）晋祺到北平，才由昔非提出让晋祺任财务人员，经胡先生同意才到社的。”[⑦]章希吕先生“不在《独立评论》社住宿和吃饭，文化程度不高，没有合适的工作，可能是胡先生叫他帮忙校对，但是他校对过的，令先尊不放心，还要亲自再校对。记得晋祺有时也参加校对，令先尊同样不放心，一定要自己再校对。所以，当时的《评论》印出来，是极少有错字的”[⑧]。“我听晋祺说，某次校对《独评》，他和章（希吕）先生已经校对过了，而昔非还要亲自校对，自找麻烦。我听了后，劝告昔非兄不必过于操劳……而令尊却说，他们粗心大意，

---

① 《师门五年记·胡适琐记（增补本）》，第137页。

② 林钧南1998年8月11日致黎虎信（第3通），见《黎昔非与〈独立评论〉》，第57页。

③ 即陈晋祺，陈晋祺为黎昔非同乡，20世纪30年代初在上海求学，因参加上海学生请愿团冲击南京国民政府的学生运动而被校方开除，后于1935年春来北平找黎昔非先生，经黎昔非先生向胡适先生推荐，得到同意在《独立评论》社任职，直至1937年4月离平。参见《黎昔非与〈独立评论〉》，第61页。

④ 林钧南1998年8月20日致黎虎信（第4通），见《黎昔非与〈独立评论〉》，第61页。

⑤ 林钧南1998年8月20日致黎虎信（第4通），见《黎昔非与〈独立评论〉》，第60页。

⑥ 此处回忆有误，陈晋祺参加《独立评论》社工作是在1935年春。

⑦ 林钧南1998年8月11日致黎虎信（第3通），见《黎昔非与〈独立评论〉》，第57—58页。

⑧ 林钧南1998年9月4日致黎虎信（第5通），见《黎昔非与〈独立评论〉》，第63页。

我非亲自校对不可。"[①]

上述人士都是黎昔非当年办理《独立评论》的目击者，他们的回忆，从不同角度、多层面地反映了黎昔非与《独立评论》的关系，与上述原始资料相互印证、补充，他们不论是在大的方面，还是一些很具体的细节方面，都完全一致，给人若合符节之感。这些资料，大体反映了黎昔非在《独立评论》所承提的任务和工作的情形。

从上述资料中，我们可以知道如下几个方面的历史事实。

第一，《独立评论》社是有一个专门的、常设的办公场所和机构的。

这个办公场所和机构是在后门慈慧殿北月牙胡同 2 号租来的一处民房里，这就是每期《独立评论》上都必登的那个"社址"的所在地。这里是与胡适和其他作者，与印刷所、邮局、银行，与全国各地乃至国外的读者、订户和寄售处、代派处联系的一个枢纽。

第二，这个专门的、常设的办公场所和机构的负责人就是黎昔非。

黎昔非从《独立评论》筹备之始直至 1937 年"七七"事变之后停刊为止，都是这个机构的负责人，而且是《独立评论》中唯一的"专职干部"。

第三，黎昔非在《独立评论》的工作，是除编辑以外的其他一切事务。

当时《独立评论》社的运作情况大体是这样的：胡适"每星期有一晚编辑《独立评论》"[②]。编好之后即至社中。黎昔非在《自传》中说："他们编好送我，我负责付印及校对，复校多由他们。印好后由我负责发行。"[③] 由此可知，胡适组稿并在家中把稿子编辑好之后，此后的工作基本上就是黎昔非的了，一个星期之后，一份新出版的《独立评论》就摆在了胡适的案头并发往全国乃至世界各地了。说"基本上"，是因为其中还有"复校"一环还需经胡适之手。

关于"复校"这一环节，大体有三种情况：多数情况下是由胡适等编辑者做最后的复校，章希吕或罗尔纲住在胡适家中时，复校一般是由他们替胡适代劳的；章、罗二先生不在胡适家中时，则由胡适本人或其他编辑者复校了；但也有因故而免去这一环节的时候，如胡适外出的同

---

① 林钧南 1998 年 10 月 14 日致黎虎信（第 6 通），见《黎昔非与〈独立评论〉》，第 65 页。

② 《胡适来往书信选》（中），第 297 页。

③ 黎昔非 1958 年 4 月 30 日《自传》，见《黎昔非与〈独立评论〉》，第 469 页。

时而无人代替他复校时，这种情况下则连复校也由黎昔非负责了，此即“复校多由他们”的意思。

第四，黎昔非毕生都没有和《独立评论》“绝了关系”。

本来，黎昔非应允出掌《独立评论》经理人的初衷是希望以一种半工半读性质的工作，一边工作以维持生活，一边完成自己的研究生论文。但是，这项繁重的工作对他的研究工作造成了极大的影响。于是，黎昔非曾一再向胡适提出辞职的请求。但是，这一请求一直没能得以实现，而是迁延至《独立评论》的终结。

何以会迁延如此之久呢？对此，黎昔非的两份《自传》有这样一些说明，他说：“再三推却，都以不易找到相当接替的人而被留住了！”①“这种杂志发行工作，最初我以为很简单，每天不用花几小时尽可对付，后来的事实证明，它对于我的研究工作是有极大妨碍的，几次欲辞掉不干，终于为生活所关而未果。”②

从这段文字不难看出黎昔非心境的无奈和痛苦。无怪乎黎昔非的同乡、同学、密友，1932—1933 年曾在北平共同创办《昙华》文艺半月刊③的丁白清于 1958 年给组织的证明材料中说：“我知道他当时很痛苦，又不敢走。”④

直到 1937 年夏胡适才终于批准他的请辞，被北京大学研究院聘为助理研究员。然而正当他满怀激情准备继续其渴求已久的研究工作的时候，“七七”事变打破了刚刚出现的希望。具有戏剧性的是，同为胡适中国公学学生的黎昔非、罗尔纲、吴晗三位同学，均于 1930 年先后从上海来到北平，而且均与胡适保持着密切关系，而他们三人之间在北平期间又过从甚密。1937 年“七七”事变后，恰巧他们三人又一起结伴南下，不过，这时罗尔纲是前去长沙中央研究院社会科学研究所任职，吴晗是前往昆

① 黎昔非 1951 年 7 月 3《自传》，见《黎昔非与〈独立评论〉》，第 444 页。

② 黎昔非 1958 年 4 月 30 日《自传》，见《黎昔非与〈独立评论〉》，第 470 页。

③ 关于《昙华》半月刊情况，见丁白清《黎昔非学友二三事》，《黎昔非与〈独立评论〉》，第 48 页。按，丁白清此文即 1958 年 5 月 24 日写给组织上的证明材料，其影印件见《黎昔非与〈独立评论〉》，第 49—51 页。

④ 丁白清：《黎昔非学友二三事》，《黎昔非与〈独立评论〉》，第 48 页。按，丁白清此文即 1958 年 5 月 24 日写给组织上的证明材料，其影印件见《黎昔非与〈独立评论〉》，第 49—51 页。

明就任云南大学教授，而黎昔非只有回老家一条道路。

黎昔非回到老家教了7年中学后，经闻一多介绍到昆明国立中国医药研究所史地部去工作。从1944年至1945年先后给胡适发去3封信,[①]其内容主要有二：一是表示希望能介绍一个专业对口的工作单位，以便他的研究工作；二是请求为他写一纸证明，证明他曾有过北大研究院的学历，因为这时他已经通过了铨叙部的大学教员资格审查，只需补上这样一纸证明即可获得大学教员资格了。但是，不知什么原因这3封信却如石沉大海，杳如黄鹤。就这样连这最后一次弥补的机会也失去了，于是他不得不再次卷起铺盖回老家了。

事情远未就此为止。黎昔非与胡适及《独立评论》的关系，在政治上给他带来的负面影响，也许比在学术上对他的影响还要严重得多。如所周知，解放后胡适一直是被批判的对象，因而黎昔非在历次政治运动中和政治学习中都需要交待他与胡适及《独立评论》的关系，如影随形，不得解脱。这成了他背负一生的唯一的“历史问题”。1966年6月3日《人民日报》发表了史绍宾“吴晗投靠胡适的铁证”通栏大标题文章，公布了一批吴晗致胡适的信件，其中就有上引吴晗1932年4月24日的那封信，《人民日报》编者将胡适请黎昔非担任《独立评论》经理人的那段话全部印成黑体字，而且加了黑体字的按语：“吴晗能够参与机密，为这个反动刊物推荐‘合式的经理人’，显然已是胡适进行反革命活动的一名伙计。”这天的《人民日报》面世之后，黎昔非就被打成“三家村黑帮”，在受尽三年非人的凌辱和折磨之后含冤辞世。

今天，《独立评论》在中国现代历史上的作用和意义已经得到了肯定，那么，黎昔非虽然为《独立评论》而牺牲了自己的毕生，但是这一牺牲是有意义的，人们在肯定《独立评论》乃至胡适为中国文化事业的贡献时，不是也应当肯定黎昔非在其中所作出的贡献吗？

（原刊《社会科学战线》2003年第3期。今据原刊文整理。原刊文为尾注，今按《黎虎文集》注释标准，统一改为页下注。李文才敬识）

---

① 此三函载于耿云志主编《胡适遗稿及秘藏书信》第39册，黄山书社1994年版。

关于《黎昔非先生与〈独立评论〉》的两点说明

拜读了耿云志先生的大作《黎昔非先生与〈独立评论〉》[①] 之后，感到其中与我个人有关的一些事实有说明、澄清的必要，谨请借贵刊一角惠以刊布。

一、文章说："最近，昔非先生的哲嗣，北京师范大学的黎虎教授突然来信并寄一包复印的材料，要我为纪念其先父百岁诞辰写一篇文章，而且题目都给我定好了，就叫做《黎昔非先生与〈独立评论〉》。"

所称"题目都给我定好了，就叫做《黎昔非先生与〈独立评论〉》"，并无其事。

此事的实际情况是这样的：我为了编纂《黎昔非与〈独立评论〉》一书（学苑出版社 2002 年版），于 2001 年夏曾向北京师范大学历史系一位从事中国现代史研究的老先生请教当今研究胡适的情况，交谈过程中他推荐说耿云志先生是研究这个问题的，可以请他写一篇。但我与耿先生不认识，于是请老先生代向耿先生致意，问他能否为此书写篇文章。几天后老先生来电话告诉我："耿先生说，他对这个问题一点也不了解，没有一点材料，没法写。"过了半个月左右，老先生又来电话说："耿先生来电话说他找到了黎昔非给胡适的三封信，在他主编的《胡适遗稿及秘藏书信》中。"即 1944—1945 年黎昔非在昆明致胡适的三封信。我在《黎昔非与〈独立评论〉》一书的《后记》中对于耿先生表示感谢之忱就是指这件事。2001 年 12 月我到中国社科院近代史研究所查找材料时，研究所中的同志又建议我约请耿先生为本书写稿，于是 2001 年 12 月 23 日

---

① 耿云志：《黎昔非先生与〈独立评论〉》，《安徽史学》2003 年第 1 期。

我直接给耿先生写了一封信，请他为此书写稿，并附一包材料。此事前后历时半年，并不算“突然”。这封信原稿尚存。信中这样写道：“此书以黎昔非与《独立评论》为主线，同时评述他在其他方面的事迹。现在，他的《诗经》研究及读书札记方面，已经请定……等先生；他主办的《昙华》文艺半月刊，已请定……有关教授；他的日记已请定……等单位先生撰文。但关于他与《独立评论》的关系是本书最主要方面，尚付阙如。先生是胡适与《独立评论》研究权威，久仰大名，故冒昧相求……赐稿字数不限，于二月底掷下即可。”信中所表述的意思应该是很清楚的，是约请不同方面的专家撰写不同方面的问题，没有给专家们定题目的意思。事实上我也没有给任何一位专家定过题目，同样也没有给耿先生定过题目，更不用说“题目都给我定好了，就叫做《黎昔非先生与〈独立评论〉》”。耿先生是研究中国近代史的，所以约请他写有关黎昔非与《独立评论》方面的文章，而没有约请他撰写有关《诗经》或文学创作等方面问题的文章，这应当是很自然的事情。事实上现在已经出版的《黎昔非与〈独立评论〉》一书中所有专家写的文章虽然具体题目各异，但都是他们自己所定的，没有任何一位专家的题目是由我所定的。

二、文章说：“我翻阅过黎虎教授所寄的一包材料，从新发现的昔非先生写于50年代的两份《自传》，以及他的几位朋友所写的忆述文字，已大致可以了解昔非先生的生平概况……但是，他在《独立评论》的工作和事迹，仍是没有什么具体的记载……在无可如何的情况下，我翻阅了《独立评论》的每一篇《编后记》，胡适1932—1937年的日记，胡适所写《丁文江的传记》中关于《独立评论》的一章以及这一时期的有关书信等。实际上所得材料仍甚少。我这篇文章即是根据这很少的材料写出来的。”

这段文字表述的意思是：我给他的材料只是有关黎昔非生平概况方面的，而并没有关于黎昔非“在《独立评论》的工作和事迹”方面的材料，这方面的材料是他自己在翻阅了《独立评论》的《编后记》等资料之后所得才写成此文的。

关于此事的实际情况是：我给耿先生送材料不是一次而是先后两次。第一次寄的材料不仅有黎昔非《自传》《日记》和他的几位朋友有关回忆的档案材料，还有胡适在《独立评论》三周年特大号上的《又大一岁了》、四周年特大号上的《独立评论的四周年》，胡适1931年日记中两处关于黎昔非的记载，含有胡适拟邀黎昔非担任《独立评论》经理人内容的吴晗1932年4月24日致胡适信，罗尔纲《胡适琐记》中有关黎昔非的记载等材料的复印件，以及北京师范大学历史系张太原博士撰写的《谁是〈独立评论〉的经理人?》（两万余字）一文打印稿，等等。其中胡适在《独立评论》三、四周年纪念特大号上的两篇文章是证明黎昔非与《独立评论》关系的关键性材料，是关于黎昔非"在《独立评论》的工作和事迹"方面的第一手资料，是张太原同志首先发现的。他是在翻阅了全部《独立评论》之后才找到的，下了很大功夫，来之不易。这个情况我也曾告诉了耿先生。张太原写的《谁是〈独立评论〉的经理人?》一文在学术界首次引用了胡适上述两篇文章中有关黎昔非的记载，从而有力地证明了黎昔非与《独立评论》的关系。这两条材料在张太原同志运用之前从未有人引用过，是学术界首次披露并证明黎昔非与《独立评论》密切关系的重要资料。耿先生在这篇《黎昔非先生与〈独立评论〉》文章中也引用了上述胡适在《独立评论》三、四周年特大号上的两篇文章，就是张太原同志所发现并在其文章中首次引用的重要资料。

我在中国社科院近代史研究所查找资料期间，后来见到了耿先生（第一次见面），并告诉他，我又发现了几封有关黎昔非的信件，其中有黎昔非在中国公学期间致胡适信一件、在办理《独立评论》期间致胡适信三件，以及罗尔纲致胡适的几封信中涉及黎昔非和《独立评论》等情况。他听了后说："发现有什么新资料请你也复印一份给我。"于是我后来又将在中国社科院近代史研究所发现的这些材料拍照之后复印寄给了耿先生，其中就包括耿先生主编的《胡适遗稿及秘藏书信》所未收的四封黎昔非致胡适信等，并在致耿先生的信中分析指出其中的三封信应是黎昔非在办理《独立评论》期间所写，尤其着重分析指出署为"十一日早"的这封信应是1932年8月11日所写。这三封信是了解黎昔非在《独立评论》社工作具体情况的直接的重要资料，耿先生在这篇《黎昔非先生与〈独立评论〉》文章中引用了其中署为"十一日早"的那封信，就是我给他的上述复印材料中的一件。耿先生文中说"这封信大约是《独立评论》创刊初期写的"，看来他大体是同意我对此信时间的分析的。而在耿先生所翻阅的"《独立评论》的每一篇《编后记》，胡适1932—

1937 年的日记，胡适所写《丁文江的传记》中关于《独立评论》的一章”中关于黎昔非“在《独立评论》的工作和事迹”的材料不是“甚少”，而是根本就没有。至于耿先生说他还翻阅过“这一时期的有关书信等”不知具体何所指？因为有关书信中涉及黎昔非的除了上述我给耿先生所寄去的几件及 1944—1945 年的三封信之外，到目前为止尚未发现还有其他。

以上为有关事实的基本情况，谨此说明。

（原刊《安徽史学》2004 年第 3 期。今据原刊文整理。）

历史的困惑与复原

——《黎昔非与〈独立评论〉》的前前后后

2002年适值在中国现代历史上发生过重大影响的《独立评论》创刊70周年（1932年5月22日创刊）、与《独立评论》相始终的“忠心的看护妇”（胡适语，见《又大一岁了》，《独立评论》第151号）——家父黎昔非诞辰100周年（黎昔非诞生于1902年5月31日，旧历4月24日），当年10月《黎昔非与〈独立评论〉》[①] 由学苑出版社出版发行，中国现代文化史上一个鲜为人知的名字——黎昔非进入人们的视野，一桩尘封的历史真相随之显露。

《黎昔非与〈独立评论〉》是一本什么样的书？它的编撰、出版的前前后后有些什么启示值得关注呢？

一　历史的困惑——《黎昔非与〈独立评论〉》的编撰

1966年6月3日《人民日报》发表了史绍宾《吴晗投靠胡适的铁证》通栏大标题文章，其中公布了1932年4月24日吴晗致胡适的一封信：

> 今午同蒋廷黻先生谈话，他说他正在发愁，因为《独立》周报预备在下下星期出版，第一期稿件已齐，却还找不到一个合式的经理人。生因此想起五星期前同黎昔非君到协和来看先生的时候，先生曾提过此事，并问黎君愿否帮忙，就把这话告诉蒋先生，他很高兴，叫生即刻写信，请先生决定并征求昔非同意（他住银匣大丰公寓）。

---

① 黎虎主编：《黎昔非与〈独立评论〉》，学苑出版社2002年版。

《人民日报》编者将胡适邀请黎昔非担任《独立评论》经理人的那段话全部印成黑体字，而且加了黑体字的按语："吴晗能够参与机密，为这个反动刊物推荐'合式的经理人'，显然已是胡适进行反革命活动的一名伙计。"史绍宾这篇文章掀开了黎昔非的故乡广东省兴宁县的"文化大革命"，他立即遭到揪斗、抄家，被打成"三家村黑帮""反革命分子"，成了全县第一个揪斗对象，而且是"重点对象"。在受尽3年非人的凌辱和折磨之后含冤辞世。

僻处岭南的黎昔非何以被株连而遭此飞来横祸？黎昔非1930年7月毕业于胡适任校长的上海中国公学大学部中国文学系，故他们有了师生关系。1931年春黎昔非考取了北京大学研究院研究生，恰巧1930年11月胡适也从上海迁平，出任北京大学文学院院长，于是黎昔非与胡适再度有了师生关系。1932年4月胡适邀请黎昔非帮助他办理《独立评论》，上文所揭就是黎昔非在中国公学的低年级同学、时在清华上学的吴晗当时为斡旋黎昔非出任《独立评论》"经理人"而致胡适的信函。他的"经理人"工作主要是校对、发行以及全部社务工作，由于这个工作极其繁忙，对他的研究生学业妨碍极大，于是他一再向胡适提出辞职，但均以"找不到合式的人"而被推辞，迁延至"七七"事变《独立评论》终刊。嗣后他即与其同班同学、曾任胡适家庭教师的罗尔纲以及吴晗三人结伴南行，罗尔纲前往中央研究院、吴晗前往云南大学任职，三位中国公学同学中唯一读了研究生的黎昔非却回到故乡任中学教师。解放后，黎昔非继续在家乡任中学教师，并加入了中国共产党。他唯一的"历史问题"就是这段《独立评论》的经历。至于与吴晗，解放后就没有任何联系了。党的十一届三中全会拨乱反正的春风吹进粤东的重峦叠嶂，时任广东省委书记的习仲勋同志对1979年8月24日《人民日报·群众来信摘编·增刊》第52期《平反受"三家村"株连的冤案，阻力在哪?》这份黎昔非子女的上诉信作了批示，于是1979年11月26日兴宁市召开了黎昔非的平反昭雪大会，推倒了横加在他身上的一切不实之词。

如果说随着党的拨乱反正政策的胜利，这一历史困惑得以消弭的话，那么另一桩历史的困惑又随之而生。《独立评论》创刊70周年、家父黎昔非诞辰100周年的日子即将来临，把我们所保存的家父历经劫难而孑遗的一些资料整理出来，辑为一书，自然提上日程。这不仅保存了家父个人的，而且于中国现代文化史亦有所裨益的珍贵资料，深惧事易时移，蠹蚀灰灭。于是我着手搜集整理相关资料。

随着编撰工作的深入，我的困惑与日俱增。我儿时就从家母那里知道家父为胡适办理《独立评论》的事情，他们1933—1934年在北平结婚，她是这段历史的见证人；待我上学时又从一些中学老师那里听到家父与胡适关系以及胡适曾为家父母担任证婚人等说法，因此我一直对于胡适有一种亲近如同亲人般的感觉。而“文化大革命”期间，家父又因为胡适和《独立评论》的问题而遭到迫害，所以在家乡，家父与胡适和《独立评论》的关系可谓妇孺皆知。我以为学术界对此也应当是不存疑义的。但是，实际情况大大出乎我的意料。由于我研究的是中国古代史，对于现代史自然较少关注。当翻阅学术界关于胡适和《独立评论》的论著时，我才发现不仅没有一字提到黎昔非，而且公然说协助胡适办理《独立评论》的是章希吕或罗尔纲等人，或者干脆说《独立评论》根本不存在一个社务部门，如果有什么社务工作的话，也是胡适躬亲其事，不过偶尔找人帮帮忙而已；不仅如此，在胡适本人的文字中也难觅黎昔非的踪影。胡适的日记中除了黎昔非出任《独立评论》经理人之前的1931年曾经两处记载了他的事情之外，1932年加入《独立评论》之后便只字皆无了；胡适在1956年出版的《丁文江的传记》中回忆《独立评论》创办历史时也只是含糊其辞地说“校对是我家中住的朋友章希吕先生负责”云云，只字不提黎昔非。再查《独立评论》的封面、封底、扉页以及《编后记》等中也都找不到关于黎昔非的片言只字……显然，在从胡适到一些学者的笔下，历史的真相被掩盖了。

随着资料搜集的日益丰富和深入，一个令人饶有兴味的现象亦随之而产生，那就是我以前从家母和乡人中所听到的情况不断得到历史资料的印证，而且处处吻合。一个感悟油然而生：凡是符合历史事实的问题，则各种各样的新旧历史资料（口述的、文字的）链条均能够环环相扣，若合符契，左右逢源，无远弗届。但是，学术界占统治地位的历史表述却是与历史事实如此大相径庭，而我所面对的是已逝的和在世的权威，本专业、本课题的专家、教授、研究员，乃至一些海外名流、学者。

在这种情况下，我确定了编撰这本书的两个基本原则：第一个基本原则，就是一切从历史事实出发，即用第一手资料说话。所谓第一手资料，包括当事人和当时人的文字、手稿、书信、日记和图片等。当事人主要有两位，一位是胡适。在编撰这本书过程中发现了胡适在《独立评论》创刊三周年特大号（1935 年第 151 号）上发表的《又大一岁了》中的一段话：

> 在这贺周岁的日子，我们不要忘记了这个孩子还有一位忠心的看护妇。我们创办这刊物的时候，就请黎昔非先生专管发行所的事务。说也惭愧，我是实行我的无为政治的，我在三年之中，只到过发行所一次！这三年的发行，校对，杂务，全是黎昔非先生一个人支持。每到星期日发报最忙的时候，他一个人忙不过来，总有他的许多青年朋友赶来尽义务，帮他卷报，装封，打包，对住址。

这条原始资料，历来写胡适和《独立评论》问题者从未运用。它的发现，不仅颠覆了以往学术界的种种不实之词，以及胡适本人在后来对这个问题的遮盖、掩饰，从而得以复原历史的本来面目。

另一位当事人就是黎昔非本人。例如至今保存于中国社会科学院近代史研究所的黎昔非在《独立评论》期间致胡适的关于社务工作的三个便笺，1944—1945 年致胡适的三封信，以及我们所保存的他在办理《独立评论》期间的日记、1951 年 7 月、1958 年 4 月 30 日写给组织上的两篇自传……这些资料不仅与上述胡适的相关文字相互印证，而且也被其他相关资料证明是确凿无疑的。

所谓当时人，就是 1932 年至 1937 年黎昔非在《独立评论》工作期间的目击者、知情人，包括他的同学如罗尔纲等，他的同乡如林钧南、丁白清等，他在《独立评论》的同事、同乡陈晋祺等，当然还有共同走过这段历程的家母。他们当时的文字和后来的回忆，无不与当事人的记载吻合，起到了相辅相成、相得益彰的作用。

第二个基本原则，就是尽可能不加个人的感情色彩和评判。由于越来越多的资料揭示了家父与胡适、与《独立评论》关系的真相，于是幼小心灵中存留下来的亲近感完全破灭；又由于我与书中主人公的父子关系，因此心中的义愤是不可避免的。但是，理智和多年治史的训练告诉我，在这种情况下更需要冷静，于是我决定主要是把客观的历史资料摆出来，而由撰稿人、读者根据历史事实做出自己的评判。

二 历史的复原——《黎昔非与〈独立评论〉》出版以后

《黎昔非与〈独立评论〉》出版以后，其反响之强烈和广泛虽然事先有所估计，但还是超出了我的预料。这种反响主要来自两个方面。

一个方面是《黎昔非与〈独立评论〉》一书中的诸位撰稿人。由于黎昔非其人其事不为学术界所知，而有关他的资料涉及面又比较广泛，除了与胡适、《独立评论》的关系之外，还有从未公布过的他的学术研究和文学创作等方面的资料，如他的一些《诗经》研究遗稿，他创办《昙华》文艺半月刊等，这些资料于《诗经》研究和20世纪30年代文学史研究均有一定价值。于是需要约请有关专家、学者评论这些遗稿和资料，以裨广大读者进一步解读。为此，我将手头掌握的这些资料复印给有关撰稿人。当他们看过有关资料之后，无不为之动容，都表示乐于为这本书撰稿，于是珠玑鸿文络绎见赐。

另一方面是这本书出版之后广大读者和有关专家学者的热烈反响。《黎昔非与〈独立评论〉》出版之后，各种评介、论述黎昔非与《独立评论》的文章陆续出现，逐渐形成一个热潮，持续至今。据不完全统计，到目前为止相关文章大约已有五六十篇之多，它们包括学术论文、书评、杂文、综述、介绍、资料等，网络上面的文章更是不计其数，一时难以完全统计。

从众多撰稿人和广大读者、专家学者的反应中，表明他们对于历史真相的复原和所做出的历史评判，有如下一些共识。

第一，《独立评论》同当时其他大型刊物一样也是有一个社务部门的，这个社务部门就是被称为“发行所”的单位。民国时期的大报馆、书局普遍有了一套编辑、印刷、出版、发行的出版体制，如20世纪20年代的《新闻报》，其组织结构大致分为营业部、编辑部、服务部和发行部，在各部门之下还设分部各司其职。[①]《独立评论》的“发行所”，实际上就是囊括了编辑部之外的其他社务部门，负责《独立评论》的出版、印刷、发行乃至如经营部之下的广告、代派、订阅等业务。并非如有的

---

① 戈公振：《中国报学史》，生活·读书·新知三联书店1955年版，第199、266页。

学者笔下《独立评论》并不存在一个社务部门，有关社务是由胡适躬亲为之的，或者如胡适所轻描淡写的只是住在他家的章希吕帮帮忙即可。历史事实是："《独立评论》社除了以胡适为首的编辑部外，还存在着以黎昔非为首的社务部——发行所。编辑部和发行所组成了《独立评论》社的两翼两轮，共同推动《独立评论》取得了成功。"[①]

第二，《独立评论》社务部门的负责人是黎昔非。《独立评论》筹备之时胡适即邀请黎昔非担任"经理人"。由于黎昔非的辛勤、负责和超负荷工作，《独立评论》从最初每期印刷2000册，逐步增至14000册，发行至全国各地乃至欧美等国家和地区。随着销路增加，一年多以后社员等捐款便停止了，而且有了结余。1935年已有"银行存款约七八千元"[②]。著名报人戈公振认为报刊之成功端赖经理人，经理人为"一馆之领袖"，需"编辑、营业、印刷"多方面的综合才能方能胜任[③]。《独立评论》的成功，与其有了黎昔非这样得力的经理人密不可分。历史事实是，《独立评论》的社务并非如一些文章所说是章希吕或罗尔纲等人承担的。

第三，《独立评论》的成功是胡适与黎昔非通力合作的产物。《独立评论》由于有了以胡适为首的编辑部和与以黎昔非为首的社务部门，两个得力的部门密切合作，从而取得了成功，两者缺一不可。诚如唐志勇所说："《独立评论》之所以办得如此成功，过去只知道胡适等编辑和撰稿人，而不知道还有黎昔非的作用。黎昔非出任该刊经理人，直接关系着《独立评论》的顺利创刊、高质量的出版发行和保质保量、善始善终地存在了5年多时间，表明《独立评论》的成功是胡适等与黎昔非通力合作的产物。""对于《独立评论》的成功，黎昔非的贡献并不亚于胡适等人。"[④] 因此，"在肯定《独立评论》乃至胡适为中国文化事业的贡献时，也应当肯定黎昔非在其中所做出的牺牲和贡献"[⑤]。

---

① 马寒梅：《论〈独立评论〉的另一个核心——黎昔非主持的发行所》，《北京社会科学》2007年第6期。

② 陈晋祺：《我与〈独立评论〉的关系》，《黎昔非与〈独立评论〉》，第44页。

③ 《中国报学史》，第245页。

④ 唐志勇：《〈黎昔非与《独立评论》〉的史料价值》，《江汉论坛》2005年第6期。

⑤ 黄波粼：《近三十年来国内〈独立评论〉研究综述》，《民国档案》2008年第4期。

第四，胡适与黎昔非的个人品格在《独立评论》问题上形成鲜明对照。学者们一方面高度评价和赞扬黎昔非的品格，“这些材料给出的事实真相是：黎昔非有大志于学术研究，始终并不情愿做《独立评论》那样的事务性工作。他之所以始终没有离开《独立评论》，主要在于‘不易找到相当接替的人’（笔者按：此为胡适拒绝黎昔非辞职所说的话）。他是为了《独立评论》的出版发行不会因他离开受到影响而留下来的。正是由于他牺牲了自己做学术研究的大好时光，才使《独立评论》得以保质保量、善始善终地出版发行了5年多时间”[①]。“尤其是该刊的经理人——胡适的学生黎昔非默默无闻、事无巨细、甘于奉献，使《独立评论》高质出版发行、保质保量、善始善终地存在了5年多时间。而他自己的学业因此受到很大影响，‘文革’中也因与胡适和《独立评论》的特殊关系而受到无穷迫害，含冤而逝。可以说，黎昔非为《独立评论》而牺牲了自己的毕生。”[②] 另一方面学者们对于胡适在对待黎昔非和《独立评论》问题上的一些表现提出批评和谴责。有的学者指出：“他与胡适的关系又让我们看到胡适性格的另一面。”“从1933年开始黎昔非多次提出卸任，要求把主要精力投入到学业当中去，都遭到胡适的拒绝。迫于压力，黎昔非提了几次之后，终于不敢再提了，以致放弃自己的研究生学业。黎昔非为《独立评论》付出了沉重代价，这对于他是非常不公的！如果相比较于胡适的另两个学生，这种不公就让人感到不解而终于心里也打抱不平了。”“大家都知道胡适对人慷慨热情，连一个从未谋面的人只要夸耀他几句，他也乐于帮忙，成人之美，如为他人写学历证明、介绍工作等，故时人都说‘我的朋友胡适之’。其实这里面不乏表面的热情，并有虚荣心作怪在里面。若继续考察黎昔非与胡适的交往，胡适这种性格弱点更是暴露无遗！”[③]

黎昔非与胡适的关系及其悲剧命运，除了胡适个人性格原因之外，也是那个特定时代社会变动的反映，它“折射了社会阶层的流动及胡适等社会精英的成功在某种程度上是建构在那些（由普通民众走向社会中

① 唐志勇：《〈黎昔非与《独立评论》〉的史料价值》，《江汉论坛》2005年第6期。
② 黄波粼：《近三十年来国内〈独立评论〉研究综述》，《民国档案》2008年第4期。
③ 眉睫：《从黎昔非的命运看胡适性格的另一面》，《粤海风》2007年第6期。

间阶层）普通知识分子艰辛的劳作甚至是被迫默默无闻的‘奉献’基础上的。黎昔非不平凡的人生经历与社会文化氛围，为全面、深刻考察处在动荡的社会嬗变历程中的近代自由知识分子群体成功的背后不被人注意的（甚至是有意被掩盖）另一面提供了独特视角”①。

这些共识，表明被掩盖、歪曲的历史得以还原其真相，这是历史公正性的体现和胜利。直书与曲笔是贯穿于中国史学中的一条主线，虽然曲笔者代有其人或可以得逞于一时，但是直书始终是中国史学的主流而且是最终的胜利者，这是任何人也改变不了的历史定律。

（原刊《博览群书》2010 年第 8 期。今据原刊文整理，唯原刊文为正文夹注，今按《黎虎文集》注释格式，统一为页下注。李文才敬识。）

---

① 王天根：《从〈独立评论〉经理到〈昙华〉主编的黎昔非》，《徐州师范大学学报》2006 年第 2 期。

双亲旧事

近年在搜集家父的资料过程中，他的音容笑貌时时浮现在我的眼前。而回忆家父，又总是与家母不可分割。虽然在这几十年间，历尽人世沧桑，五味杂陈，但是在我的记忆中，与双亲相处的日子，除了人祸天灾带来的苦痛之外，都是甜蜜、温馨的美好岁月。这些旧事像一幕幕影像的片断，纷至沓来。

虬根灯映

我对童年的记忆，最早可以追溯到未满周岁时。有一天傍晚，我大概是坐在童车里，被推到一个地上布满拳曲的粗大树根的庭院中，从屋里斜射出来灯光映照下，那虬根明暗的轮廓格外鲜明突出，因而给我留下了极其深刻的印象。有个小男孩在童车跟前拿着玩具兴高采烈地逗我玩，这无疑就是当时已二周岁多的我的哥哥了。不久又出现了一位穿白衬衣的青年也来逗了我一会儿，日后我的感觉他不是我的父亲而是别的什么人。这是我对于这个新的世界所留下的第一幕记忆，而第一位留下记忆的亲人还不是父母而是哥哥。但我一直不知道这一幕情景究竟发生于何时何地。大约是在七八十年代之交，家母住在我家时，有一天我将这幕情景向她作了描述，询问这是发生在哪里的事情？母亲一听，不假思索地说那是在潘家河沿兴宁会馆，我们所住的院子里有一棵大榆树，那树根就是这样裸露着的。1935 年年底至 1937 年“七七”事变后离开北平之前，我们家就住在兴宁会馆。这次谈话之后不久，有一天下午，妈妈说想去潘家河沿看看。我们在菜市口下车以后，她就一路寻找，居然很顺利地找到了那个地方。进了院门，有一棵大槐树，再进去一个院子，一座北房的门外有一棵大榆树。妈妈告诉我当年我们就住在这座房子里，你所说的就是这棵树。我仔细打量了这个庭院，觉得那虬根没有我记忆中那么粗大，分布面积也没有那么宽广。我是 1936 年 8 月 22 日出生的，[①] 那么这应该是我们于 1937 年 7 月 27 日（农历六月二十日）离开北平之前，而且是在夏天发生的事情，也就是我未满周岁，大约 10—11 个月时的事情。据中外儿童心理学家的研究，认为一个人对于童年的所谓长时记忆最早可以追溯到三岁，颇疑这个结论的正确性。

夜航与山间行车

我对童年的第二桩记忆，是有一天夜里，我们在一艘船上，后面也跟着有船，星火点点，不久后面的船放起了鞭炮。据家母告知当年我们从北平回广东兴宁的路线，是到了广东以后从潮州坐船溯韩江而上至梅县的松口镇下船，再乘汽车回兴宁。那么这可能是我们回到广东之后，在韩江上夜航的情景？因为回到故乡以后的童年时代，我就再也没有过乘船的经历了。此外，在山间公路上乘汽车的情景，我也还有一些印象，记得是母亲抱着我，坐在司机旁边。这是继哥哥之后我对第二位亲人留下的最早记忆。那时的汽车喇叭是由长长的喇叭口与后部一个红色的橡皮球囊构成，需要时司机伸手去捏，从而发出尖锐的响声。有一天下午汽车在爬一个坡时，与对面开来的汽车恰在坡顶突然相遇，司机和乘客们都紧张地惊叫了起来。这大概是在舍舟登陆之后，在兴梅一带山区行车的情景。据家母说，我们在路上整整走了一个月，那么抵达故乡时当是 8 月 27 日左右。我的周岁大概就是在这里山区公路的颠簸中度过的。

罗岗圩

据家母说，当我们回到广东兴宁时已经一分钱也没有了，是跟我的伯父借了一些钱以维持生活的。我们当时没有直接回老家甘村，而是住在离甘村十余里的罗岗圩住了下来。据家母说在这里只住了几个月，可

---

① 我以往在填写出生年、月、日时，填的是 1936 年 8 月 25 日。记得那是我来北京上学前夕向家父母询问这个问题时，家父母回忆并商量了一下，说："就填 8 月 25 日吧。"从此我就一直是这样填的。直到去年从协和医院找出我的出生记录时，我才知道确切的时间是：8 月 22 日下午 12 时。参见《黎昔非与〈独立评论〉》，第 614—615 页。

是我的感觉是住了很久，这个时期我留下的记忆已经很多了。

“火绞局”　我们在罗岗圩租住的房子叫“火绞局”，座北朝南，供人出入的斗门是朝东开的。这座建筑高大轩敞，似是一个废置的碾米厂，记得有一次我跟几个小朋友爬到楼上，俯视下面有一个很大的铁皮漏斗和连着巨轮的宽大的皮带。

麻雀　有一天上午在“火绞局”院子里，妈妈说：“这个屋檐上有麻雀。”我当时对“麻雀”这个词感到很陌生，很怪异，不知道是指什么东西。又有一天，妈妈从院子里捡起一个带黑花的小圆蛋，高兴地给我看，说是“麻雀蛋”。这时仍然对“麻雀”感到很神秘。

“牛筋糕”与面饼　有一天妈妈带着我和哥哥在“火绞局”附近一个草坪上玩，阳光和煦，绿草如茵，草坪周围是茂密的矮树林。一会儿从树丛中出来一个小贩，卖的是用箬叶包裹的牛筋糕，母亲买了一些给我们吃，觉得很好吃。一会儿爸爸来找我们，戴着一顶呢子礼帽，脸带慈祥的微笑，给人以英气勃勃的感觉。这是我小时候他留给我最深刻的印象。这次是我对爸爸留下的最早的印象。还有一次，全家去一处山间游玩，妈妈事先烙好了面饼带着，到了那里围坐吃时，闻着那凉凉的面饼有一股特殊的清香。

作客农舍“禾坪”①　妈妈有时也带着我和哥哥去附近农民那里串门，有一天下午在一个“禾坪”里，不少农村妇女围在一起干农活，妈妈和她们在聊天。我的感觉是与她们已经比较熟悉了，她们很热情，让我吃蕃薯②干，还叫我自己进屋里去拿。我进到一个黑暗的房间，里面堆得乱七八糟，艰难地找到那个存放蕃薯干的箩筐，费力地翻找着，有一个破墙洞可以看见禾坪里干活的阿姨们，午后的斜阳异常明亮。

罗江饭店　“火绞局”门外是一个铺着大河光石的方形场院，东北方有一座小山包，山包北边就是罗岗圩那条大街。甘村“土围里”一位族人黎汉雄在街上开了一间饭店，叫做罗江饭店。站在那

---

① 客家民居的大门外照例都有宽敞的晒谷场，称为“禾坪”。

② 蕃薯，即北京人所称的白薯。

座小山包上可以俯视罗江饭店和其他店铺后门的一排茅坑。黎汉雄的儿子叫远帝，与我年龄差不多，是我最熟悉的小伙伴，我们常在那小山包上玩。远帝的姐姐叫雅帝，有一天傍晚她带领我和哥哥去圩头附近的汽车站看汽车，待汽车进站时，我们就急忙躲避，爬到一堆木板上。有一次我一个人跑到罗江饭店门口，几个伙计正在热油锅里炸食品，他们边干活边逗我乐，一个伙计拿了一块刚炸好的“摺粽”① 给我吃，我记得很清楚：我的脏手在“摺粽”上还沾了一些黑迹。一会儿妈妈找来把我领回家去了。

“牛寮背”看演出　罗岗圩北面有一座矮山，山坡上有一个开阔的广场，举凡集会、演出等群众性大型活动都在那里举行，人们把那一带叫“牛寮背”。有几次在父母怀抱中看演出的印象。有一天下午，我们坐在观众席上，斜阳照射在东边的舞台上，一位身穿黑色衣服，头戴“直帕”② 的妇女，遭日本鬼子强暴，悲愤欲绝，后又被日军枪杀的戏。当时用鞭炮作为开枪的效果，我吓得哭了起来。还有一次是我骑在爸爸双肩上，从人群外围观看演出。

落水　“火绞局”门外场院东南角有一个小水坑，有一天哥哥发现那里有一条草花蛇，他拿棍子去打。这个水坑旁有一条路朝东南方通往田塅③里，不远处有一座高大的建筑，那有点像哥特式的楼尖上有一只展翅的雄鹰塑像，那里就是“钟家祠”，当时兴宁一中罗岗分教处就设在里面。有一天下午爸爸带我去那里找刘在海先生，他当时在那里教书。刘先生曾与家父在北平合作创办《昙华》半月刊，1935 年底家母携家兄回广东时，就是与刘先生、曾绮春先生结伴同行的，刘先生就在那时留下而没有回北平了。进了钟家祠后，爸爸领着我迈着大步跨越天井角，我也学着跨越，第一次成功了，很高兴，但是到了第二个天井在跨越时，不小心掉到了下去，雨后的天井里积满了雨水，我成了落汤鸡，大哭起来。爸爸领着我上了刘在海老师住的那只苍鹰底下的楼房时，我还未止住哭，刘老师一

---

① “摺粽”，客家语，是用江米炸成的长方形粽子，当地常见小吃。

② “直帕”，客家语，客家妇女常戴的一种头巾。

③ 田塅，客家语，指辟为农田的宽阔平原。

边哈哈大笑一边给我削水果。十几年之后，大约1952—1953年左右，我已在兴宁一中上高中，有一天下午下课后我回到家里，只见刘在海先生到了我们家，他正在跟家父诉说着，彭丽天老师也来了，从他们的谈话中我得知刘先生被划为漏网地主，有事外出，路过县城。刘先生反复说："我这次是扫地出门的。"妈妈赶紧给他做饭吃，当刘先生正在狼吞虎咽时，站在一旁的丽天老师关切地说："别吃得太撑了。"他们都是在北平时期就过从甚密的老朋友了，充满着亲密无间的气氛。晚饭之后，刘先生说要上街，爸爸让我陪他去。他先买了一些牙膏、牙刷之类的洗漱用品，到了电影院门口，他说想看电影，我当时觉得他经济上困难，因此自告奋勇要替他买票，他也没有拒绝，我买好了票给他，就回去上晚自习了。后来他到那里去了，结果如何，我就都不得而知了。

丕显围

从罗岗到甘村鸭池塘的老家有十几里，且多为山路，记得我们从罗岗回甘村居住的那天，路上有人抱我，也让我自己走走路。我摔了一跤，有一位前来接我们的族人到路边折了一根树枝替我拍土。据谱乘记载，甘村黎氏由十一世祖考守庄公开基，建长兴围（俗称"土围里"），我们这一支由十七世逢源公建居安围，家父即诞生于居安围。至我的祖父另建丕显围，据说始建于1907年。我稍长，看见丕显围正堂东边墙上挂着一幅炭画半身像，画中人身着对襟服装，瘦削，父亲告知这是我祖父的画像。屋名"丕显围"是家父在北平上学时起的，同时拟了"丕振民气，显扬国光"一副对联，将它们一并书写好寄回去的。粤东典型的客家民居是"三堂两横"，丕显围属小型居宅，只有上下两堂。我们回去时这个屋尚未盖完，大概盖了四分之三，只有东边一个角楼，西边角楼未建起。东边住着我伯父一家，以及我的祖母（祖父已去世）。我们住在西边。房子虽新，但很简陋，墙壁还露出土坯，天井没有砌砖，下雨时屋檐水把天井边沿冲出一道道深泥沟。几年之后，才请了村中一位木匠兼泥瓦匠的师傅叫王长寿的来修缮，粉刷了墙壁，安了新的门窗，做了"棚"①，

① 棚，储藏谷物、杂品的仓楼。

用“火砖”砌了天井，添置了一些家具，聊可安居。我们就在这里度过了青少年时期。

成了地道的客家人

家母从北方来到南方，而且是从繁华的大都市一下子来到岭南的深山穷谷之中，那么她能适应吗？她是如何适应的呢？

回到兴宁后，立即面临着如何维持生计的紧迫问题。在家父担任中学教师的同时，家母如何安排呢？据家母回忆说，当年到了罗岗之后，曾有朋友推荐她去担任小学教师，因为她不仅有高中文化程度，而且曾经有过一年小学教师的经历。但是家母只能讲普通话，不会讲客家话，而当时在那里一般都听不懂普通话，鉴于这种情况，家母觉得还是不去教书，主动提出在家务农，照管家庭。回到甘村之后，妈妈就不仅负责操持家务，抚育孩子，而且还要下地种田以补贴家庭经济。这个地方对于处在抗日烽火中的外部世界来说无疑是个世外桃源，但是由于贫穷落后，其生活是异常艰辛的。这里从生产到生活，全靠肩挑背扛。我们家有一些菜园、旱地和水田。最初妈妈一个人忙不过来，菜园和旱地自己种，水田则由族叔代为耕种。妈妈与客家妇女一样，脱下鞋袜，打着赤脚，揹着孩子，挑着粪桶、畚箕①出入于田间地头。这完全是一副客家农村妇女的形象。随着妈妈对于各种农活的熟悉和熟练，于是过了几年我们又养起了鱼塘。喂鱼的草料主要靠全家动员去捞，有时也请人来打。鱼塘在几里地外，管理很麻烦，鱼儿长大时还得有人在“鱼寮”中值班看守。我们小时候经常被派去看守。从购买鱼苗到长大之后的出卖，都很辛苦。后来又把水稻田也要了回来自己耕种，除了驶牛犁田等技术性较强的农活之外，大部分农活是妈妈承担，我们兄弟几个也参加，举凡育秧、耘田、收割等，都是自己干，农忙时还须请一些人帮忙。经过几年的磨练，妈妈已成了一个很能干的客家劳动妇女了。

妈妈不仅学习客家农民的各种劳动和生活的方式、技能，而且还善于因陋就简进行一些“创新”，例如这里的农民都用草木灰作为肥料。他

① 畚箕，竹编侈口浅筐。

们到离村很远的深山割“鲁枝”[①] 以为燃料，妈妈一个人忙不过来，只得买煤作燃料。这样就产生了一个问题，这里的旱地在种黄豆等作物时都习惯用“鲁枝”草木灰烬作为肥料，在挖好的小坑中撒上豆种，再抓一把草木灰盖上。而我们没有这种灰肥，于是妈妈想了一个办法，用煤灰渣代替。村民对此多不以为然，说黄豆会长不好的。但是，待到收获季节，我们的黄豆照样获得丰收，于是他们不仅信服了，而且还翘起拇指夸奖她能干。

由于妈妈的辛勤劳动，我们也跟乡邻一样能够吃到自种的番薯、黄豆等五谷杂粮和各种新鲜蔬菜。

妈妈对于客家农村的家务活也掌握得很快，日常生活方面，如养猪、砻谷[②]、踏米[③]、晒蕃薯干、做豆豉、擦咸菜、磨豆腐等；过年过节时，如踏甜粄[④]、打黄粄[⑤]、煎煎堆[⑥]、炙老酒[⑦]、腌腊味等，样样都学会了，而且做得很地道。至于酿豆腐之类的客家饭菜更是不在话下之事。总之，客家风味的食品我们几乎都吃过的。

妈妈的吃苦耐劳，得到了乡邻的称赞，我常听她们夸奖妈妈说：“何嫂真了不起，比我们还能干！”妈妈除了口音有点特别之外，各方面都与客家妇女已经没有什么区别。今天，每当读到一些称赞客家妇女吃苦耐劳美德的论著时，我觉得这固然是不争的事实，但这是那里的客观环境条件使然，家母这种“客家化”的事实似可证明这一点，同时也表明中国人民不论南北都同样具有这种吃苦耐劳的特质。

坚强的女性

妈妈很快就适应并且成了地道的客家农村劳动妇女这一事实，已经充分表明了她那坚强的性格和过人的毅力。短短的几年中，妈妈实现了

---

① 鲁枝，客家语，一种蕨类植物。

② 砻谷，以砻去掉稻壳。

③ 踏米，客家语，用脚踩碓以舂米。

④ 踏甜粄，糯米经浸泡、舂粉，蒸成年糕。

⑤ 打黄粄，将一种当地特有珍稀稻米蒸熟，拌以野生“黄果”汁打成黄色年糕。

⑥ 煎堆，类似北京的麻团的一种油炸甜食。

⑦ 炙老酒，糯米蒸熟发酵取酒酿兑水，入陶瓮，以稻壳慢火炙熟。

从城里人到农村人、从知识分子到农民、从北方人到南方人的转变。在这个过程中，她所要承受的艰难困苦是非常多、非常巨大的。她从小就生活在北平这样的大都市，而且一直没有离开过父母，为了我们这个家庭，她不得不远离故乡和亲人，远徙岭南深山穷谷之中。当时北平已被日本侵占，与家人的联系中断，音讯全无。她在精神上的痛苦是可想而知的。大约在1944年的夏天，有一天中午，妈妈一边抹着眼泪一边对我说："你姥姥去世了。"她又说："前些日子我还梦见你姥姥，她好像掉到水里起来的，全身湿漉漉的，没想到现在就得到这个消息。"这当然不是真有什么梦兆，而是她心里日夜在思念远方故乡和亲人的反映。最近我向鹗弟提起这件事，鹗弟说他也还记得这件事："有一天傍晚，妈妈在厨房里，一边看信一边哭，我走过去，妈妈跟我说：'你姥姥去世了。'"我没有见到妈妈看信的情况，这样看来我是在第二天才被告知的。这大概是妈妈来到广东之后接到的第一封信吧？最近我就此事询问妈妈，妈妈说："当时是你表哥写信寄到罗岗中学，才转到我手里的。你姥姥是吃了日本人的三合面，拉肚子而去世的。当时日本人要烧她，家里人不让，偷偷装在棺材里，埋到苇塘（即龙潭湖）里，后来才改葬的。"现在想起来，当时我的父亲正在昆明，而我们都还是小孩，没有人可以安慰她，分担她的悲痛，她只能一个人来忍受。而最小的妹妹也是在爸爸去昆明之后不久诞生的，连分娩等方面的事情也都是她自己料理自己的。也是爸爸在云南的时期，1945年夏天家乡发生了一场特大洪水，淹死了很多人，全村一片茫茫。第二天早上，我站在屋东南的"莫摩岭"上观看被洪水淹没的村庄。不久，看见妈妈在山脚下的河边张望，她看见上游的木桥已被洪水冲垮，于是就绕到下游的那座未被冲垮的大石桥那里，这下我明白了，妈妈是要到河对岸去查看我们的养鱼塘。妈妈战战兢兢地、一步一滑地从洪流汹涌的大石桥上慢慢走过。这时大水虽然已经退去不少了，但是仍然满地积水和淤泥，有些路段还需要涉水而过。当时整个田垌里就妈妈一个人在那里走，这实在是冒着生命危险的事情啊。妈妈回来告诉我们，我们的鱼塘全部被淹没，也不知冲走了多少鱼。还是爸爸在昆明的期间，有一次妈妈要到县城去办事。从甘村到县城有六七十里路，妈妈为了早去早回，便赶了个大清早上路。那个时候农村没有时钟，只能凭天色和经验判断时间。那天是阴天，看不清早晚，以为快要天亮了。事后妈妈告诉我们说，谁知道过了“十二斤岭”到了坪洋才听到鸡啼。这就意味着妈妈是在黑夜中翻越“十二斤岭”的。我听了以后不禁毛骨悚然，因为“十二斤岭”是甘村和坪洋之间一段十几里路的分水岭，那是一段很陡很长的山径，浓荫蔽天，渺无人烟，经常有土匪剪径，[①] 白天路过此地都让人提心吊胆，何况是在半夜三更呢!

农会副主任

最为难能可贵的是，妈妈对于农业劳动和劳动人民所持的态度。她不以农业劳动为耻，而是以作为一个农民而自豪，也不以城市人或知识分子的态度傲视农民，而是与贫苦农民打成一片。妈妈不仅很快听懂了客家方言，而且学会了讲客家话，虽然还带着浓重的北京口音，但当地人都能够听懂了。我们家庭的生活虽然也很困难，但妈妈对于那些贫苦农民总是热心帮助，周穷济急，有求必应。小时候常见乡邻（多为妇女）来家向妈妈借米、借钱或别的什么，而这种所谓“借”并不是真正的借贷关系，而是给予别人帮助的一种好听的说法。因此，妈妈在群众中的威信颇高。解放后，妈妈被任命为农会副主任就是这种情况的集中体现。农会负责管理农村各项事务，工作很繁重、琐碎，实际上是一个农村基层政权机构。妈妈全身心地投入这个工作之中，没白没黑地工作，尤其是在领导土地改革那段时间，经常不能回家，那时我们几个较大的孩子已在外面上学，于是妈妈把最小的妹妹带着，只剩下四弟一人在家，四弟当时也不过八九岁，完全由他自己照料自己。妈妈就是这样一心扑在工作上的。

农民代表

解放初我在罗岗镇上的兴宁县立二中上学，爸爸也在那里教书。有一天下午全校师生员工集合整队到“牛寮背”去参加全罗岗区的土地改革动员大会。到了那里只见会场正中搭了一个大的主席台，人头攒动，彩旗飘扬，全区各地农民敲锣打鼓而来。会议先由区长讲话，其次是“土改”工作团团长讲话，接着会议主席宣布：“下面请农民代表、罗西

---

① 按，“剪径”，即土匪拦路抢劫之意。

乡农会副主席何昕同志讲话。”我事先没有看到妈妈在会场里，更不可能知道还有她讲话，一点思想准备也没有，既吃惊又感到光荣。这时只见妈妈把平时戴的斗笠摘下拿在手中，落落大方地走上主席台，操着带有北方口音的客家话讲话。同学们都回过头来笑着看我。爸爸与老师们一起站在学生队伍后面，我回头看见老师和同学们也在冲着他笑。事后好长时间，这件事还是校园中师生谈论的一个话题。这次会议共有三个人讲话，妈妈是代表全区农民讲话的，这无疑是新政权和广大农民对她的信任，也是她已经融入客家社会并成了地道客家农民的反映。

青县小学

在我的手头保存着一张妈妈当年在河北省青县小学教书时留下的照片。这张照片是我从舅舅家中存放的家父母当年在北平留下的物品中找到的，我曾将它寄回给妈妈看，由此勾起了她一连串的回忆。

家母1910年3月22日（旧历2月12日）诞生于北京左安门内头条，我的姥姥是十八里店老韩村人。从小学到初中，妈妈都是在左安门附近的慕真学校上学。慕真是个完全中学，从幼儿园、小学、初中直至高中。由于慕真是个教会学校，所以规定学生每星期天都要参加做礼拜。妈妈说：开始时她也跟着做，闭着眼睛求上帝给碗饭吃，但是睁开眼睛还是要靠自己双手去做才有饭吃，就不愿意去做了。校长知道以后就找她谈话，为了不违反学校的规定，只好继续去做。慕真中学负责管理几个小学，河北省青县小学是其中的一个。慕真的校长每年要轮流到各个学校去视察，到青县教会小学视察时发现原有的两个老师不尽职，学生都跑光了，于是校长就推荐正好初中毕业的家母去那里教书。学校里就她一个老师，所以要教全部课程。我小时候家母曾经给我讲过在这里教书的一些情况，她说，刚去到那里，看见孩子们很多长了疮疖，于是自己花钱买了药水给他们洗，一个个都给治好了。由于她教得好，连农村的小孩都坐船来这里上学。

这张照片就是她在那里教书时候留下的。妈妈站在左边，身穿白色旗袍、长筒袜子，双手扶着一个小女孩，据妈妈回忆，这个小女孩与前排第三个穿白上衣、花裤子、短头发的小姑娘是姐妹俩，姐姐叫周路德，小的记不住了，她们是周牧师的女儿。

2001 年 11 月 10 日，犬子黎杨驾车与我一起专程去了一趟河北青县，通过青县教育局和走访许多老年人，在他们热心帮助之下，终于搞清楚了当年的青县教会小学，就设在青县教堂里面，一些老人从照片后面的花墙也认出那是当年教堂里的建筑。其地点就在青县西街。现在这个教堂已经拆除，旧址上面已经盖起了私人所有的房子。

家母从 1932 年到 1933 年在那里教了一年书，校长还要继续给她下聘书，但是妈妈想继续上学，就没有接受续聘而是回来上高中，先后就读于北京女一中和华北女一中。

生活重担

回到丕显围之后，生活的重担也开始逐渐加在我们幼嫩的肩上了。这时母亲在家照管我们，父亲则在外教书，星期六才能回家。那时生活相当艰辛，我记得常常因母亲忙于农活而不能及时做饭，饿得我哭起来。我还帮着揹弟弟，觉得非常沉重，有时到了哭起来的地步。然而随着时间的推移，生活的重担有增无减，我们弟兄小小年纪，就要参加各种家务劳动。负责为家中抬水是我们小时的一项任务。我们家附近有一口井，但老是没有水，只能到小河里去取水。小河在山后，因此每天需翻过山岗到小河里抬水，一次一桶，木桶本身已经很重，因此只能抬半桶水，抬不远就要放下休息一阵，来回几次才够用，这成了我们不堪重负的压力。随着我们慢慢长大，逐渐改为抬满一桶水，后来又改为挑水。买煤也是我们负责的任务之一，这要到几里地之外的“炭窿”① 去。最初也是两个人抬一筐，后来，才变为一人挑一担。同时我们也跟着母亲下地干活，挑炉灰、种黄豆、锄地、割禾、晒谷……后来又养了一池塘鱼，我们弟兄几个常常去捞鱼草。平日的家务，如踏米、喂猪、做饭，几乎无所不为。因为有了这些磨练，我们几个兄弟的生活自立能力和吃苦耐劳的精神都得到了锻炼，这对于我们日后的生活颇有裨益。

勤奋好学的青少年

爸爸很少谈他自己，跟我们谈得比较多的一个话题是他在青少年时

---

① “炭窿”，客家语，指乡间小煤窑。

期勤奋好学的情况。他小时即心无旁骛，目不窥园，一心向学。常读书至次日凌晨，鸡啼几遍之后才睡觉，冬天脚冻得睡下很久以后还是凉的，快天亮时才暖和过来。他在小学学习时常受到老师的称赞，不过有一次他写的七言绝句中有一句是“碧水青畴映翠霞”，老师改为“碧水青畴套翠霞”，师生间曾就此字有过一番争论。后来他到梅州上学，有一次回家旅宿于客舍，有一学究在那里谈古论今，很瞧不起周围旅客，爸爸就他所谈的问题引经据典，侃侃而谈，令他刮目相看。

《唐以前的七言诗》

我小时候，有一次爸爸在上厅整理他从北平带回来的物品，我在旁边看，记得有一本他在上海中国公学大学毕业时的像册、同学录，他们都头戴学士帽，有的科系学生多，有的科系好像只有一、两个学生。还有一张国立北京大学的聘书，上面盖有校长蒋梦龄的图章，内容记不清楚了，现在看来可能就是 1937 年夏被聘为北大研究院助理研究员的那份聘书。在那次，我还看见他的一些手稿，其中有一篇题为《唐以前的七言诗》，我还记得，是用红格稿纸，竖行，毛笔工整书写，爸爸还将开头部分念给我听，可惜现已记不得大意了。给我的感觉这是一篇下了不小功夫的精品，他自己还是比较满意的。去年我在国家图书馆查到《中国文学季刊》第三号目录中登有这篇文，果然是叫《唐以前的七言诗》，这证明我的记忆是准确的。只可惜《中国文学季刊》第三号没有找到，这个损失恐怕已经无法挽回了。

胡适参加婚礼

家母告诉我：家母与家父是通过朱圣果、徐瑞芳夫妇介绍的。徐瑞芳是家母在慕真学校的同学，广州人，伯父在开滦煤矿当经理。后来她与朱圣果结婚，而朱圣果是兴宁人，是家父的同学、朋友。家父母是在 1933—1934 年之际结婚的，据家母回忆：那天下午举行婚礼，地点在北海董事会，从北海后门进去左手，那里很清静，是在一座办公的大房子里，那天胡适来了，还有房东。摆席时已经掌灯，胡适、你爸爸、我、房东四人在一桌。胡适讲了话。娘家没有人参加，送了一桌酒席到左安门去。婚礼之后跟你爸爸一起去胡适家拜见胡适和江冬秀夫人。以后江冬秀夫人常常来家看我们，她还来看过你姥姥，你哥哥出生后，她到咱家来看过，满月时还在一起吃饭，吴晗也曾参加。

关于《独立评论》

据家母说：结婚前《独立评论》给你爸爸每个月三十多元工资，我们结婚以后加了十元，每月四十多元。需要省吃俭用。你爸爸每天都到《独立评论》上班，很忙，胡适把稿子编好后，由你爸爸送印刷所，排出清样后，由你爸爸校对，校对好后送给胡适，胡适审查同意后再拿回送到印刷所，印好以后由你爸爸负责发行，每星期日都要往外送刊物，不少兴宁籍大学生也来帮忙送。社里有一个看门的，还负责做饭、买物等杂役。

你爸有时间就到北京图书馆看书，写论文。本来胡适已经同意他到北大研究所工作。“七七”事变前二十多天，他去北大把论文送给胡适，事变发生后就去不成了。罗尔纲也住在后门一个胡同。你爸爸与罗尔纲一起研究太平天国，还有吴晗。你爸爸在《益世报》等处发表论文，一万字三十块钱稿费。1935 年形势紧张，我带着黎导从油漆作走的，与刘在海、曾滃春一起走的，黎导还不会走路，到了潮州，当时朱圣果、徐瑞芳夫妇在那里，朱圣果在韩山师范教书。就留下你爸爸一个人在北平，他一个人跑方便。后来形势好转，你爸爸就到潮州来接我们，先带我们到罗冈，在一间杂货店里，见到你伯父和奶奶，我们没有住下就回潮州去了，两三个月就回到北平来了，回来后就住到潘家河沿兴宁会馆去了，那里不收房钱。

沈从文等人的信

我到北京上学以后，曾经在舅舅家里所藏爸爸离开北平时留下的物品中，见到一些爸爸当年的信件，大约有十几封，现在我还记得的只有蒋廷黼、丁文江和沈从文三个人的来信，其他人的信我就记不住名字了。蒋、丁二人的信比较短，竖行信笺，字较大，都是关于《独立评论》编辑出版方面的事情，具体内容已经记不住了。只有沈从文先生的信我的印象比较深刻，他的信比别人的都要长得多，是用稿纸写的，字比较小，密密麻麻，好几页纸，不像其他人的信那么简短。第一页的内容我还能记住一些，是问北平这里的气候如何，他那里已经比较寒冷，需要穿棉衣了云云。我当时的感觉有两点，一是沈先生写得很细腻，二是他与家父关系很亲密，无话不谈。

“吾其惫矣”

1955年我从广东来到北京师大历史系上学后，曾在二舅家中看到爸爸于1937年“七七”事变离开北平时留下的一本记载我从1936年8月22日出生至离开北平前的专题日记，这本日记的篇幅比记载家兄的那本日记小得多，大概这时爸爸更忙了，家族负担也更重了，已经不可能像两年前有那么多时间来写日记了。现在我还能记得的只有两个内容：一个是爸爸将我戏称为“酒醉宝”[①]，因为我出生以后脸色特别红。另一个内容是：有一天他下班回家的路上，由于非常疲惫，精神有点恍惚，低头赶路之中，差一点被汽车撞着，情形相当危险。事后他边走边想：我这是干什么呢？我这究竟是为了什么呢？为谁辛苦为谁忙呢？并发出了“吾其惫矣”（这四个字我记得特别牢）的感叹。由于这段记载与整部日记中充满欢愉、温馨气氛的内容很不协调，而且是字数最多的一段，故而给我留下了极其深刻的印象，至今记忆犹新。这段记载的位置大约在这本日记的后半部分，那么其时间应当是在1936年底或1937年初。我当时看了后，不理解他的心境何以如此恶劣，不明白因为什么事情而如此苦闷。

沦陷后的北平

爸爸很少与我们讲他过去的经历，我印象最深的只有一次，那是1963年寒假，我与当时在北大四年级上学的三弟黎鹗回老家过年，有一次聊天时，爸爸谈到“七七”事变之后在北平的情况，说：“当时日军进北平城时，一副胜利者的蛮横态度，坦克车开进来时肆无忌惮，把马路掀起一层地皮，看了以后十分气愤，当时我手里要是有手榴弹的话，我就要狠狠地扔过去的！”说到此处时，他双眼噙着泪水，我很少见他有这么感情激动的时候。

---

① “酒醉宝”，客家话，指因嗜酒而经常脸色通红的人。

逃难

家母在追忆离开北平前后的情况时说：因为《独立评论》是抗日的，你爸爸在“七七”事变前就开始烧材料，烧了一个星期。“七七”事变后，铁路破坏了，你爸爸打算如果走不了，就摆地摊卖花生、瓜子等维持生活。不久听说日本人要抓他，因此不得不紧急逃离北平。铁路修好后，我们坐第一趟火车走的。后来当我到北京上学时，舅父也曾对我说：当时日本人要抓你爸爸，他夜里回来，急忙收拾了简单的行李就带着全家走了。离开时你爸爸扮作商人，在前门火车站，日本军人在检票口端着刺刀，气氛非常紧张，进站时，日军用刺刀对着你爸爸吆喝：“干什么的!”你爸爸说是做生意的，这才放进站的。我问母亲为什么走天津，她说因为当时天津为日本占领，去天津日本人就不大怀疑。到了天津，有人接应，旅馆不让住，说你们带着妇女、小孩，容易引起日本人注意，被抓去就麻烦了，所以住到英租界，睡在地板上。在英租界遇见了罗尔纲、吴晗。同行的除罗尔纲、吴晗外，还有一个人，那个人是国民党，在国民党那里做官。① 我们一起坐船到烟台，坐统舱，最底下的一层，睡在席子上，我晕船吐了，你们都不吐，没有事。从烟台再坐汽车，是维徐②公路，经过济南，徐州。吴晗还帮忙抱着你。吴晗可能是在徐州分的手，他要坐船从越南到昆明去。后来到了郑州、武汉，在武汉用轮渡，一节一节车厢渡过去的。在衡阳与罗尔纲分的手，他们从衡阳去广西。当时我们没有钱了，跟罗尔纲借，住在旅馆里等，他回家以后寄来的钱。借了二十块钱，到现在还没有还。从衡阳到了广东，从潮州坐船到松口下的船，从松口坐汽车到五华，再坐车到兴宁，到罗岗。从北平到罗岗，正好走了一个月。我们回去后一分钱也没有了，在罗岗住下，你爸爸跟你伯父借的钱。如果按照罗尔纲先生的回忆，家父与他是在汉口分手的，也就意味着我们全家是靠向罗先生借来的二十元钱（据家母回忆）走完从汉口到兴宁的旅程的，途中如何节俭是可想而知的。

---

① 据罗尔纲先生回忆，还有谷霁光先生同行。参见《读〈闲话胡适〉》，《黎昔非与〈独立评论〉》，第 40 页。

② “维徐”二字是按家母的话音记下的，确切的字眼是什么，问了几次均未搞清楚。

小时不懂事，不知道逃难的路上有多么艰难险阻，父母亲为此吃了多少苦头。不说他们所带盘缠根本就不敷应用回到老家，仅就所携带的两个婴幼儿及行李而言也是极其沉重的负担，那时哥哥两岁半，勉强可以自己走路，我才十一个月，还需要父母怀抱着。所携带的行李，仅后来我还见到过的就有一只大皮箱，四口人的衣服（我小时常见爸爸冬天穿的那件呢子短大衣就很厚重，有一次我看见妈妈在丕显围门口晾晒着一大片的儿童衣物），被褥（一条很厚的牛毛毡）以及必备的日用品（有一只大而厚重的白搪瓷缸，我到北京上学时还带着它用）等。在这兵荒马乱之中我们能够平安回到故乡，实在是不幸中的万幸了，而父母为此做出的牺牲和给予我们的恩典是用什么言语也无法表达其万一的啊！

为了你们而牺牲自己

小时候妈妈曾经不止一次跟我们说：回到兴宁以后，你爸爸就出不去了，他是为了你们而牺牲自己的。的确如此，当我们回到家乡时已经身无分文，而当时学校即将开学，得到聘书已经不可能了，因此爸爸有半年时间没有工作，是向我伯父借了一些钱维持生活的。真可谓两袖清风，无家无业。由此可见在北平的五年，家父的薪金只够勉强维持生活，而不可能有任何积蓄，出走之前《独立评论》社没有给他钱，他更没有向《独立评论》社要钱，难怪逃难到半路上就没有钱了，是靠着借来的20元钱走完后半段旅程的。本来家父在离开北平之前已经应聘为北京大学的助理研究员，如果回到家乡后他手中还有一点剩余钱的话，也还有可能外出去寻找出路的吧？这时，经济上的这种极度拮据是束缚他手脚的最主要因素。也正因为这个缘故，家父也就不可能立即安顿好这个新家而只身外出，加以家母是北方人，语言不通，人生地不熟，还有两个婴幼儿，没有任何生活来源，以家父那样一贯的负责任的性格，他也不可能扔下生活无着的妇孺而外出寻找自己的出路的。家父1951年《自传》说："我因妻儿牵累，不得不而回家来了，自此即为经济所困，不能外出，于是和北大研究院脱了节。"现在读了家父的自述，才进一步明白了家母那句话的含义。回到家乡七年之后的1944年，家父经闻一多先生的介绍到昆明的一个研究所去就职，我还记得当时家父为了筹备赴昆明的路费，曾经到处找人商量借钱的一些情景，是向族"尝"借的稻谷，听大人们在商量一担稻谷多少利息等问题。到了这时，一是这个家庭已经安顿好了，家母已经适应了南方的生产和生活，二是昆明的工作职位已定，薪金有了保证，就任之后就可以寄钱回来还清所借路费。家父这时才得以再度远行，去寻求他最后的一线希望。

借《辞源》

有一天下午我正在"禾坪"里玩，爸爸从屋里出来跟我说："你到思道先生那里去拿本《辞源》，我已经跟他说好了的。"思道先生住的正天围离我们家大约一里地左右。我到了那里说明来意，他就到一个房间里，从堆满衣被等杂物的下面翻了半天才找出那书来。我们的家乡是个穷乡僻壤，村里的文化人只有几位小学教师，思道先生做什么事我不清楚，只知他是族中斯文，每有醮地①之类的祭祀，典礼时都是由他司仪。他有一本《辞源》实属稀罕，大概爸爸是经过一番打听才得知谁人有这么一本书的。爸爸教书的中学里图书当然要多一些，但也不过是一些常见的普通读物。由此不难想象家乡那种文化环境，爸爸所搞的研究课题是根本没有条件进行的。

真正的学者

我从小对父亲最深刻的印象就是他那渊博的学识，我总觉得在他那聪颖、睿智的眼神中潜藏着深邃的智慧和学问。我们在学习或阅读课外书籍中碰到的问题，他都能即时给以圆满的解答。记得有一次星期六下午，从二中返家的路上，爸爸询问我哥哥的功课时，我哥哥提出关于语文课上的问题，是戴复古的一首诗，父亲立即给哥哥详细解说了这位作者及该诗中的一些问题。每逢放暑假时，爸爸总喜欢躺在"竹床"上看书，任夏日的清风吹拂。记得有一阵子他老在看一本很厚的书，灰色硬纸封面，密密麻麻的铅印字。我很好奇，翻了翻不知所云，就问爸爸：这都是什么意思呀？爸爸立即放下书让我指，于是我随便指了一段，爸爸就一字一句给我讲解。至今我还记得那首诗的第一句是"清谈终日对村尊"，其他就记不得了。我从小喜欢唐诗，有时难免吟几句，颇令二中

---

① 醮（jiào）地，客家语，祭祀祖坟。

的师生惊讶，这个情况传到爸爸耳中，于是爸爸便让我谈谈读唐诗的情况，我说了一些情况后，父亲让我背一首给他听听，我特意挑了一首比较偏僻的诗，我有些结巴之处，爸爸立即替我接下去，并分析了这首诗。然后爸爸又给我讲了一些关于唐诗问题。上大学时，我喜欢写点古诗，自认为不错的就寄回去给爸爸看，最先他没有说什么，寄得多了，有一次他给我写了一封长信，详细讲解了做古诗的基本知识，从立意到韵辙、平仄等许多诗词格律问题。看了这封信之后，我再也不敢轻易写古诗了。大概在我念高中时，有一次爸爸跟我谈做学问的事，他说做学问“要有气吞全球的气概”。这句话给我很深的影响，我一直记在心中。我体会他的意思是，做学问时要站在最高处来俯视你所确定的研究领域和课题，要以最高的标准来要求自己。我虽然离他的要求还很远，但这句话却一直是激励我前进的一个动力。在我的大学阶段，爸爸经常给我写信，而且都很长，大部分内容都是谈怎样做学问的问题，要求我在“发轫之初”（这个词就是首次从爸爸的信中读到的）应当如何做，等等，这些谆谆教诲给了我深刻的潜移默化的影响。从小在我的心目中爸爸就是一个学者，从学问到品德都是真正的学者，而且不是一般的学者，随着年龄的增长，阅历的丰富，以及我对爸爸生平事迹的日益了解，这个观念不仅没有削弱，反而更为加强了。每当我得到一些学术上的所谓“成就”“职称”或“荣誉”时，只要一想起爸爸就有一股无尽的遗憾涌上心头，因为他应当得到的何止这些！

宁愿当中学教员

虽然爸爸在学术上的抱负是很大的，但是他决不图虚名。我小时候有时听见父母在谈论，说有些大学有意聘请爸爸去教书，爸爸对此并不轻易动心，说宁愿当中学教师，也不愿到名声不好的大学去教书。据家母说：抗战胜利后西南联大迁回北平后，有一个共产党培养的、在国民党部队里工作的进步作家给爸爸写信，让他回北平的研究所工作，他不愿意去。妈妈说：这个作家的名字我已记不清楚了。他被褐怀玉，栖迟丘园，在我们的心目中是一座仰之弥高的丰碑！

十年旧棉衣

1945—1949 年，是我们家的生活最困难的时期。全家七口人，四个兄弟、一个妹妹，吃饭都成了问题，我哥哥曾经不得不辍学一段时间。爸爸从北平带回来的衣服，如他冬天常穿的驼色短呢大衣、棕色皮鞋、毡帽等都已破旧或已弃置，换上的土布衣服也常常是带补丁的了。我们兄妹们也是破衣烂衫，冬天也穿不上鞋子，常常打赤脚。那是在兴宁二中上学时，有一天下午下课后我回到父亲的房间里，他正在案前沉思，见我进来后他说了这么一段话：有个古人曾经感叹自己一件棉衣穿了十年而不得换，我现在的棉衣已经过了十年了。当时爸爸说了这个古人的名字和那篇文章，但我现在记不住了。

鸭群上田埂

小时候爸爸曾多次跟我们描述这样一种情景：你们注意到没有，当一大群鸭子上田埂的时候，有些“笨”的一时没有爬上去，后头那些“精”的就踩在它们的背上爬上去了。那“笨”的就成了它们的垫脚石。那时我年幼无知，不知道他讲这些是什么意思，更不知道是何所指。因为他的话也就是这些，没有再说其他什么。不过，他这么反复向我们讲这些，想来不会是无的放矢的吧。

唯一①一次谈到胡适与吴晗

爸爸与胡适先生关系密切是我们早就知道的事情，但这都是从妈妈或老师们那里听到的，我从未听他谈过这些事情。唯一的一次是在 1963 年寒假我和鹗弟从北京回去的那次谈了一点。他说有一次他和吴晗先生一起约好与胡适先生在北海公园见面。他们两人在桥头等了一会儿，远远看见胡适先生到了，吴晗先生立即迅速奔过去与胡适先生握手问安，非常亲热的样子，而爸爸却仍然站在原地未动。这是我唯一的一次听他谈到胡适先生和吴晗先生，之前没有，之后也再没有了。谈话的内容也就是这么多，再也没有多余的一句话。

---

① “唯一”，黎虎先生原文作“惟一”，今径改。

不在背后议人是非

爸爸的阅历丰富，接触的人和事都不少，但是我们从来没有听他跟我们议论过别人的是非。他不是没有原则和是非，恰恰相反，他有着鲜明的是非原则，上至国家大事，下至人事的是非曲直，他都有自己的立场和态度。例如，他对于“趋炎附势”“阿谀奉承”“拍马钻营之徒”十分不屑，这些是他经常挂在嘴边用以抨击社会丑恶现象的几个词。但是他从来不在背后议论别人，从不讲别人的坏话，以致他的许多师友我们或者不知道，或者是从别人那里才得知一二的。如此恪守做人道德，如此淳和厚道的人实在是不多见的。人们对他最普遍的评价是说他这个人“很清白”“很正直”，我从小就听人们在这样评论他。

当众表扬

有一次醮地之后在居安围摆席聚餐，那次爸爸也去了，坐在上厅的一席，我坐在他旁边。他常年在外工作，很少有机会参加这种聚餐。大家正在热热闹闹地吃饭时，忽然“二嫂”出现在大厅，她当着众人气愤地大声嚷道：“我女儿等了一个上午，一点猪肉都不分给，你们怎能这么对待我们母女！”“二嫂”是族中一位堂伯父的妻子，这位堂伯父排行第二，所以人们都称呼她为“二嫂”。这位堂伯父早年下了南洋爪哇勿里洞，撇下两个女儿，一去不返。实际上他已在南洋娶妻生子，但“二嫂”仍然在等待着、希冀着。我记得有一次堂伯父来了一封平安家书，聚了很多人，边看信边议论着，不久“二嫂”急匆匆赶来了，人们把信的内容念给她听，她露出几分激动、一丝宽慰。她一个女人拉扯着两个女儿，其生活艰辛是可想而知的。当时族规规定，醮地祭祖时，只有男丁才能分给一份猪肉和参加聚餐。那天“二嫂”的小女儿早早就在大厅里等着，看着人们忙着宰猪杀鸡，准备饭菜。“二嫂”的想法是，她的丈夫虽然不在家，但也应当分得一份。但是分肉时，“二嫂”家没有分得，那小女孩哭哭啼啼回去了，于是就出现了上面的一幕。“二嫂”嚷了一阵，又回到家里拿出一口深腹小铁锅，里面有一点吃剩的稀粥，举着让大家看，诉说着她们“孤儿寡母”生活之艰辛，斥责族人对待她们的不公，说到这里，她话锋一转，说：“只有昔非可怜我们，帮助我们，每次我跟他借钱借米，从没有空手回来的!”她说的是事实，我就曾不止一次看到爸爸、妈妈周济她的情景。

慈祥的严父

爸爸对人的宽厚善良，也体现在对待儿女们上面。他不仅是我们的严父，而且是我们心目中的慈父，这两者在他身上几乎是浑然一体的。他对子女首先是很严格的，除了在学业上严格要求之外，也在做人方面要求十分严格，我记得小时候他曾经对我们说过：“你们不能去学赌博、抽烟等事情，如果我发现了，哪怕你们已经这么高大了我也要抽你们。”一边说着一边用手在比他还高的地方比着，意思是说即使这么高大了也照样打。实际上他从来没有打过我们中的任何一个人，不管我们犯了多大的错误，他都不采取这种办法，他总是用他自己的言行，用说理的方式教育我们。我们兄弟姐妹有五个，养育我们的负担是很沉重的，但是我从来没有看见爸爸不耐烦过，他见到我们总是露出慈祥的微笑，总是那么耐心和关怀，那么一视同仁。记得解放前有一年夏天的一个傍晚，三弟发烧躺在床上，爸爸在照看着他，我看见爸爸在抬他的后脑勺，突然爸爸说：“不好！会不会是脑膜炎?”接着就说：“得赶快到罗岗圩去买药!”于是他立即穿衣出发，并拉上我一块跟他去。在路上我问爸爸怎么知道可能是脑膜炎的？爸爸说，我刚才抬他的后脑勺，发现他的脖子僵硬，这样有可能是脑膜炎。从甘村到罗岗圩有十几里地，而且多是山路，他迈着很大的步伐，而且一直是这种速度，我跟不上，只能小跑着才能跟得上。到了罗岗圩我已经满头大汗了，爸爸带我到经常落脚的一间杂货店，一边急忙交待店主给我买一碗热汤面吃，一边赶快去买药。当时南方面食十分希罕，面条是难得的美味食品。待爸爸把药买回来时，我的面条还没有吃完。这一幕就是爸爸对待儿女们无微不至的关怀和爱护的普通情景。因此，爸爸在儿女们心目中的形象是非常高大的，威信是十分崇高的，我们都从心底里尊敬他，热爱他，我从来没有见到过兄弟姐妹中的任何一个人顶撞过他，或对他有过半点的不满情绪。

嗜茶

爸爸的生活非常简朴，一生没有什么特殊的嗜好，唯一的嗜好就是喝茶。他不喜欢喝花茶，常说花茶是用花香来掩盖其不醇的茶质，而喜欢喝本色的真茶，真茶的优劣一喝便知。他常喝的是绿茶或铁观音茶。不仅白天喝，晚上也喝。随着时间的推移，他的茶也越喝越浓，有时茶叶几乎满了茶杯。他不仅一个人喝茶，也常与朋友一起喝茶谈天。在甘村居住时，他常在上厅与茶友聚会，记得“土围里”的黎利仁先生就是这么一个茶友，他是一个小学教师，从他家到我们这里，要过一条小河，再翻过一座小山。但是他经常不辞辛苦，几乎天天到我家与我父亲喝茶叙谈，常常一坐就是几个钟头。关于共产党的情况，我就是从他们的茶叙中听到的，记得在解放前夕，有几次他们谈到共产党、解放军的活动情况，称赞他们内部平等，做官的与当兵的一样待遇，在一张桌上吃同样的饭等等，这在我幼小的心灵中留下了新奇的、深刻的印象。后来到了县城教书时仍然是这样。一中所在地“青眼塘”是一个丘陵，校园宽畅，树木葱茏，芳草如茵，我经常看见他与几个老师在宿舍外面的草地上摆几把椅子，一起边喝边聊，怡然林下。

他的一生就像一杯清茶般的芬芳高洁。

“吃饭大学”

我小时母亲曾经跟我说过：离开北平之前，我已经会说话了，母亲经常抱着我路过和平门的北京师范大学，只要路过那里，我就会说“吃饭大学”。妈妈一边笑着一边学着我的音调追述此事。“师范”与“吃饭”音相近，婴儿发音不准确，让人听了似是说“吃饭大学”。何曾想到，十七年之后我竟然回到了北京师范大学，不仅在这里上学，而且一辈子工作于斯，与它结下不解之缘，它真正成了我“吃饭”的大学。

牛毛毯

1955 年 8 月下旬一个傍晚爸爸从“南院”① 给我带来了北京师范大学的录取通知书，我高兴得跳了起来。没想到第二天爸爸又给我们带来一个喜讯：大哥黎导也考上了中山大学外语系，真是双喜临门呀！他从 1951 年到广州、湛江工作以来就没有回过家，当时大家高兴地说：你到

---

① 南院，兴宁一中校本部。

了广州也许能见到他了。但是，心里并没有多大把握，因为我没有到过广州，也不知道在广州能停留多长时间。我乘车到了广州，住进了广东省招生办设立的高校录取新生招待站。第二天上午就去另一个地方办理有关手续，在回招待站的路上，突然与哥哥迎面相遇。当时我真感到不可思议，在广州这样一个繁华的大都市居然能在大街上遇见已经四年没有见面的亲人，我连忙问哥哥："你怎么会找到我的呢?!"大哥说："我到接待站去找，在一间堆放行李的大房间里，一眼就认出了那个用牛毛毯包裹的行李，我知道你就在这个接待站了，我就向工作人员打听你们到那里去了，就按照他们说的地方顺路找来的。"原来这条牛毛毯是陪伴着我们从小到大过来的。这是一条棕色的、两边有几道白纹的、非常厚实的牛毛毯子，是从北平带回来的，一年四季用它或是盖或是铺，它非常结实，用了那么多年一直好好的。在我启程前夕，妈妈就用这条牛毛毯给我包裹行李，那个时候不仅没有塑料布，连普通棉布也很难得，家里只有这条牛毛毯最适用，又大张又结实。没想到它竟成了我们家庭的一个标志物，起到了千里寻亲的特殊作用。到了北京以后，我一直在用着这条毯子，现在它还铺在我的睡床上，又陪伴了我几十年。于是我对这条传奇般的牛毛毯产生了一种特殊的感情，去年我给舍妹黎纪云写信，请她向住在她家中的家母询问这条毯子是在北平时期用着的，还是临离开北平时买的？家母的回答更令我始料不及：那是当年日本侵占东北时，家母正在河北青县教书时买的国货，当时全国人民抵制日货，买国货是爱国行动，于是家母就买了这条毯子，以表示爱国的心意。原来这不是一条普通的毯子，这是一件七十多年前的国货，是当时中国人民爱国心的历史见证！我将永远珍藏着这条饱蘸时代沧桑的牛毛毯！

与吴晗先生失之交臂

1955年我来北京师大历史系上学，当年冬天，班里组织大家一起去拜访著名历史学家吴晗。那是一天下午，地点是在六部口的北京市政府内，接见是在一个会议室里进行的。我早就从家母那里知道，家父母与吴晗认识而且是朋友，当年逃难时吴先生还帮忙抱着我。所以在那次会见中，我一直注视着吴老，当时我曾几次想上前跟他挑明我的身份，但犹豫再三还是放弃了这一想法，因为家父始终没有跟我讲过他，只是家母提到过。座谈完毕之后，吴老又在外面的广场上跟我们合影留念。这时我离他更近了，说话也更方便了。但我还是没有下定决心与吴先生说开这件事情。这次会见就这么不了了之。也许吴晗先生始终也不知道他曾经抱过的这个婴儿，在十七年之后又回到北京上学，而且还是学的与他相同的历史专业。

与家父母的朋友和熟人重逢

我在北京上学时，曾与当年家父在北平的一些朋友和熟人重逢。仅在北京师大历史系就有家父的三位朋友和熟人，除了同乡罗志甫教授之外，还有张鸿祥、朱庆永两位教授。张鸿祥教授是研究明清史的，当时教我们的历史文选课，他不知从哪里得知我的身世后，非常热情，一再跟我谈到与我的父亲曾经常在北京图书馆看书，因而熟识的往事。张先生是个地道的老北京，一口京腔，学究气很浓又有些风趣幽默。但有时令我很尴尬，那就是他经常在课堂上，当着全年级同学问："黎虎同学，令尊最近有信来吗？现在还好吗？"第一次同学们还没什么，但他一再这样，后来同学们就老是学着他的京腔来跟我开玩笑了。1963 年寒假回家时我曾将张教授的事情讲给家父，家父听了以后笑道："我记得他，当时阅览室里常常只有我们二人，时间久了就熟识了，当时他就是一副老学究的样子。"

朱庆永教授是研究世界近现代史的，他不仅与家父熟悉，而且与家母也很熟悉。据家母告知：原来朱庆永先生的夫人吴晨星与家母是慕真中学的同班同学，后来朱庆永夫妇又租住我姥爷在左安门的房子，所以就熟悉了。我在北京师大历史系毕业后留在系里工作，朱先生是副系主任，他见到我时，总要问问我："你令尊有信来吗？你令堂好吗？"很是关心。

与双亲相处日子里的旧事是写不尽的，就此搁笔，还有写起他们的时候。

（原刊《黎昔非与〈独立评论〉》，学苑出版社 2002 年版。今据原刊文整理。）

黎昔非先生故居丕显围记

2008年9月7日，岁在戊子，梅州市文化广播电视局干部杨才珍先生，兴宁市教育局干部、作家朱伟杰先生，联袂驱车赴罗岗甘村探访黎昔非先生故居丕显围，询故老，问裔胄，寻遗踪，其诚其虔，感人肺腑！然而耆英凋零，高年不遇，谙悉旧事遗闻者寥寥，后生辈于丕显围来历多属茫然，杨、朱二公嗟叹良久，殊感遗憾。余当年编撰《黎昔非与〈独立评论〉》一书时曾经搜集丕显围资料若干，虽然所得有限，但碍于体例和篇幅，亦未能完全收入其中。今感触于杨、朱二公之遭际，深惧时移事易，此有限之资料亦将湮灭，恐后世无闻，故撰斯记，冀非唯有助于黎昔非先生身世之了解，抑亦为客家民俗、历史之研究保存些许资料。

黎昔非先生故居在广东省兴宁市罗岗镇甘村鸭池塘丕显围。甘村黎氏由大柘、石正而迁来罗岗霞岚村，至十一世祖考守庄公、祖妣袁氏四娘、朱大孺人开基于甘村长兴围，俗称土围里。守庄公墓地原在霞岚马祖嶂，后迁葬甘村东田坑，最后定葬土围背。祖妣原葬霞岚梅花落地，1958年平整耕地时被毁，遂迁葬于守庄公墓侧。守庄公裔五房，经十二世奕荣公、十三世小日公，至十四世克明公西渡小河，于水背开基，建永兴围。经十五世时彰上瑞公，十六世阳玉公，至十七世逢源公、祖妣叶氏建居安围。逢源公裔三房，长曰鹏化，次曰鱼化，三曰宣化。十八世鱼化公配练氏、黄氏，育有二男，长曰嘉修，二曰嘉谟。十九世嘉谟公即昔非先生祖父。鱼化公葬于甘村窝角里猪肝形，练氏、黄氏葬于甘田坑。嘉谟公配罗氏，育单丁如珣公。二十世如珣公，号璧轩，学名琪章，亦配罗氏，育二男二女，长曰海邦，二曰治邦。治邦即昔非先生。又买一男孩，名济邦，不久下南洋，一直未回。长女嫁大坪罗山塘罗佩祥，二女嫁大坪小碰袁松山。

丕显围系二十世如珣公所建。其建造始末大略如下：十九世嘉谟公为私塾教书先生，其时家道中落，其原因有二说，一说因嗜酒，一说因吸食鸦片，加以生性朴实厚道，于是田产被骗被剥殆尽，生活艰困异常。住地仅剩永兴围一间房，后转至鼎元庐，再搬到居安围。家徒四壁，连一个“铺炉”（客家人常用炊具，深腹铸铁锅）都无，只得以破缸片煮食。祖妣罗氏一年二季时节四出拾谷穗、捣番薯，聊以充饥。居住居安围时，嘉修房做主拟将十岁左右如珣公卖与黄屋人，黄屋有人提出：人家是个独子，不能买，只能借谷救济他家，孩子不能要。在乡里舆论影响下，此事遂作罢。二三年后，嘉修房将如珣公雇至其在江西信丰寒坊圩（今辖兴国市）店中帮工，条件是只管吃饭，无有工钱。当地一店主屡见其霜雪天亦赤脚担水，遂将其叫进店中询问，得知待遇如此刻薄，便提出让他到自己店中做事，还发给工钱。此后他每月可以有一些钱寄回家中。这样做了二三年，店主说：“我看你是个老实伯，我教你读书、打算盘，以后好自立。”过了一段时间，店主又提出，我借点本钱给你，在我店门口摆个杂货摊，仍在此店中吃住。从此开始自立。由于店主的帮助和他本人的诚信与勤奋，生意日有起色。后来店主又提出，我已经老啰，这个店就让你来开吧；先免你二年的租钱。后来店主又提出将店便宜卖给他，于是有了自己独立的店铺，主要经营洋杂货等。至此家道得以中兴，不仅逐渐赎回了田产，而且购进了一些田地，同时有了自己建造新屋的打算和可能条件。这期间，如珣公将父亲嘉谟公接至江西店中居住，直至去世，仅留婆媳在老家。嘉谟公归葬于上村田形螺，后因平整耕地，改葬于居安围斗门对面湖洋坑里祖妣罗氏墓侧。如珣公在江西期间，结识了一位风水先生黎乾春，遂请他下来帮助寻找风水屋场，在居安围家中住了二三年。几经选择，最后确定了现在丕显围这个地址。这个屋位原为罗姓人所有，遂从其手中买进。现在在丕显围禾坪前还有一些屋迹，即罗家旧居遗存。丕显围依“下山祇”而建，坐北朝南，这个山名当是站在居安围角度而取。经黎乾春先生研究，地形为“蝴蝶过江”，于1907年开建。屋名“丕显围”系昔非先生所拟。因其祖父名嘉谟，故取《尚书·周书·君牙》“丕显哉，文王谟”与“谟”相对应联系。昔非先生所拟屋名对联有“丕振民气，显扬国光”及“丕承武烈，显耀文光”等。毕竟财力有限，故建筑标准从低，以草泥土砖砌墙，瓦盖屋顶，内部没有装修，而且直至1929年7月如珣公去世尚未完全建成，只盖了三分之二，西边的横屋和角楼没有盖起。如珣公安葬于土陂径来昌古屋背，配偶罗氏1939年去世后，安葬于小河对岸之山嘴。昔非先生于1926年离开丕显围负笈上海，直至1937年底才回到故居。大约在1939—1940年间才将丕显围加以粉刷装修。1954年举家搬迁兴宁县城居住，从此告别了丕显围。

虽然在如珣公时期家境有所改善，亦不过粗有衣食而已，并不富裕。在这种情况下黎昔非先生缘何得以远赴上海求学呢？这当然首先取决于其本人的素质与志向。他自小即勤奋好学，心无旁骛，孜孜矻矻，一心向学，志存高远，乡党侪辈，无出其右者。不仅家人寄予厚望，族人亦普遍称赞并看好。当时杨姓人在甘村街文祠设有学校，于是水背黎姓在阳玉公时于鼎元庐侧建尚基学校。昔非先生的启蒙学校就是尚基学校，老师为大坪人练义芳先生。其次则得力于如珣公大力支持和族尝之资助。如珣公痛感失学之苦，故极力支持昔非先生上学。但是以当时昔非先生之家境，完全依靠家庭之财力尚不足以支持。族中规定，凡考上大学者，族尝给予补助。在昔非先生之前尚无人考上大学，故昔非先生考上大学之后，举族欢呼，成为得到族尝资助第一人。资助由奕荣公、逢源公、鱼化公等尝田支出，约每年三四石谷。规定读中学者没有赏谷补助，只是醮地时可以分到猪肉，初中生一斤，高中生二斤，大学生三斤。再次则依靠家中筹措。族尝的补助虽然解决了一些问题，但是数量有限，名誉大于实质，仍然不敷应用，故主要依靠自己设法解决。昔非先生考入大学后，兄弟即分家，昔非先生名下分得4斗种田（1斗种田合今亩1亩4分）。为了解决上学费用，昔非先生出卖了一斗半田，剩下的二斗半田则抵押给小霞岚村邹姓族尝内。此种抵押是认租不认田，租谷二石半（十斗为一石）。邹姓族尝以此田起了一个“谷会”，一份一石谷，共十份。起“谷会”是当时客家人的一种互助方式，某人有困难需要帮助时就来凑“谷会”，每份多少谷不限，如果是每一份一石，十份则有十石。第一年会员挑来稻谷时，由会首出资办席款待会员，第二年起会时仍然办席款待会员，同时开始给会员补利息谷若干，逐年补清为止。这种利息很轻，实际上是一种互助的方式。故凑“谷会”是凑人情，民谚曰：好了二会人，三会平平过，四会补衰人。

原生态客家大屋是建立在小农经济基础上、适应宗族聚居需要之产物，三十年改革开放而发展起来的商品经济，冲决了传统的小农经济和以血缘为纽带的宗族聚居生活方式，于是在客家老屋的周遭纷纷建造了各式各样适应个体家庭的小型房屋，导致老屋人烟日益稀少乃至荒废。黎昔非先生故居亦不能抗拒此一潮流，如今永兴围已经坍塌，墙被蒿艾，巷罗荆棘；居安围已成荒宅，鞠为茂草；丕显围虽然还有少数居住者，然而门户萧条，百年古宅，风烛残年，垂垂老矣！

以上所述，取材于宗族故旧所提供。笔者少小离乡，于家乡遗闻轶事、人情风俗所知有限，故所记讹误或阙漏之处，尚祈博雅君子，有以正焉。

（原刊《兴宁风采》第41期，2009年12月）

附：

重修丕顯圍記①

丕顯圍者吾廿世祖如珣公肇基於清光緒卅三年（公元千九百零七年）迄今百又十年矣如珣公字琪章號璧軒幼年家貧如洗不得已遠赴江西信豐寒坊謀生以勤勉做事誠信做人由學徒漸而開店抑且自奉儉約遂稍有積蓄感慨於疇昔之顛沛冀子孫不復罹此困厄遂竭盡所有爰築斯宅奈財力有限故建築標準從低粵東客家圍屋典型者為三堂兩橫丕顯圍取其次而為兩堂兩橫即此猶難以為繼遂舉數百元之債年付數斗種田之息篳路藍縷艱辛備嘗迄如珣公辭世公元千九百廿九年七月猶未告成西側橫屋及圍龍尚付闕如僅成兩堂一橫是為今日所見者如珣公畢生心血盡於此矣

客家圍屋源于族居自衛所需傳統居式所由今不復存圍屋周匝各營己宅老屋荒廢勢所必然丕顯圍百年古宅風霜久閱牆頹壁壞弗加修繕將必腐折傾圮有鞠為茂草之虞裔孫爰集急議修葺詢謀僉同醵金鳩貲集腋成裘裔

① 黎昔非故居丕显围业经族人集资，于2017年9月修缮竣工，并由黎虎撰《重修丕显围记》，铭于正堂东壁。今按原貌录文附于文后，以供参考。黎昔非祖屋居安围亦经族人集资，于2019年4月11日动工修缮，同年10月竣工。2020年，黎昔非故居丕显围被兴宁市人民政府列为“名人故居”。

孫曲生閑於土木僉舉以董其役歷五月之勤得竣厥工

斯工既竣宜乎書厥旨以示方來是屋也乃祖先之饋來之不易吾輩後嗣焉敢忘之宜善加維護以志祖宗恩澤以光勤勉做事誠信做人祖德報效社會國家是屋也雖屬簡陋亦客家傳統民居之遺存故堅之固之以盡保存中華傳統文化瓌寶客家文化之綿力

是為記

丁酉仲夏吉日眾裔孫敬立

謹列捐資芳名登之貞珸：

某某　元

某某　元

……

心香一瓣谢良师

熟悉朱绍侯先生的人可能都会觉得他并没有我这样一个学生，但是在我的心目中朱先生却是我的老师，而且是一位良师。

我认识朱先生已经有近三十年了。1976 年打倒“四人帮”之后第一个冬去春来的日子，开封师范学院（今河南大学）召开了“批判‘四人帮’影射史学”会议。我有幸叨陪末座。会议是朱先生主持的，就是在这里我认识了朱先生，从此结下了不解之缘；而这次会议竟成为我学术道路上的一个转折点。那时我不仅还是个名不见经传的“青年教师”，而且究竟是否从事史学研究，何去何从都还没有拿定主意的彷徨者。那时虽然中国大地开始万物复苏，但是依然春寒料峭，不仅十年浩劫中史学和史学家的遭遇记忆犹新，而且“历史无用论”之类论调还甚嚣尘上。那时的朱绍侯先生不过是四十多岁的“中年教师”，但已经是国内著名的历史学家，他那渊博的学识，忠厚长者的风度，老成持重的气度，给我留下了深刻的印象。这个会议的名称可能有人会觉得多少还有点“文革”的味道，但是实际上它的内容却是全新的：从参加会议的成员来说，虽然人数不多，除了开封师院的教师之外，外来人员不过二十人左右，而其中的老、中年学者都是一些博学务实的史学名家，前者如杨志玖、漆侠、孙作云等先生，后者如朱绍侯、高敏、王思治等先生；从会议的开法来说，完全摒弃“文革”中“大批判”那一套，虽然会议坚决否定了“四人帮”影射史学那一套，但是并没有激烈的言辞，没有轰轰烈烈的场面，而是大家围坐在一起进行冷静的反思，深入细致的探讨；从会议的参观活动来说，有开封师院的文物考古收藏室，以及郑州商城的发掘现场……从会议的报告题目来说，都是一些具体的学术问题，如漆侠先生谈对于中国古代小农问题的意见，杨志玖先生谈唐代的政治制度问题，孙作云先生谈商代甲骨文的问题，高敏先生谈云梦秦简问题，朱绍侯先生谈关于中国通史编撰问题。学者们这一个个研究有素的问题的提出，以实际行动批判了“影射史学”那一套，起了拨乱反正的巨大作用。而对于我们这些在动乱中蹉跎了十年的年轻人来说，无疑具有振聋发聩的作用，填充了我们空疏的头脑，融化了我们心中的块垒，点燃了希望，唤起了激情，如沐春风雨露。正是在这次会议上，我开始考虑如何拾起史学研究，以这些学者为榜样，认真从事史学研究的问题。这次会议，不仅为我们拨正了史学研究的方向，而且通过前辈学者的言传身教，传授了研究历史的正确态度、途径和方法。会议期间，有一次朱先生邀请与会成员到他家里做客，在他的书房里，我们观看了他所搜集的卡片，这时他说了这么一句话：“从卡片多少就可以知道一个人做学问的情况。”这句言简意赅的话给我留下了极其深刻的印象，数十年来一直未能忘怀。无独有偶，会议期间的闲谈中，漆侠先生也给我们讲述了他关于做卡片的一段非同寻常的经历：为了研究宋代经济史，漆侠先生做了数万张卡片，是他用了十年功夫广泛搜罗各种笔记、文集等而得到的珍贵的史料。但是“文革”中被抄家而全部丢失，这对于漆先生的打击之大是可想而知的。经过了一段痛苦、悲观、失望和彷徨之后，漆先生毅然决定另起炉灶，一切从头开始！这是何等惊人的毅力和气魄！日后漆先生在宋史方面的著述就是这另起炉灶之后结出的硕果。从中我不仅感受到了前辈学者治学的严谨、踏实和百折不挠的精神，而且学习到了许多具体的方法，此后一直鼓舞、鞭策、指导着我在学术上的跋涉。尽管自己在学术上并没有取得令人满意的成绩，但是这次会议的确是我学术生涯中的一个转折点，从此开始了我真正的学术研究旅程；所以我的心底一直把朱先生当做我的引路人，是我真正的老师。这次会议是“四人帮”倒台之后召开的第一次中国古代史学术会议，是中国古代史领域第一次拨乱反正的会议，在复兴中国古代史研究中起了积极的、重要的作用，我认为应当为这次会议在中国当代史学史上记上一笔。

朱先生对我的帮助和影响并没有到此为止，而是数十年如一日，始终注视着我的成长，并给予帮助、关心、鼓励和提携。我在有了一些成果之后也总是及时向先生汇报，先生也总是为我点滴的进步而高兴，并予以勉励。我将拙著《汉唐外交制度史》和《汉唐饮食文化史》寄给先生之后，先生于1998年5月18日给我回信说："两部大作到手之后，我首先看了《前言》《后记》和目录，得知两部大作都是你的选题中的一部分，令人产生了新的企盼，这两部书可以说都是补白之作，特别是《汉唐外交制度史》很有研究价值，到目前还没见有人钻研此一问题，希望你把另一部分也写出来，并能早日出版，继续为中国古代外交制度史研究做出新的贡献。"先生的谆谆嘱咐和拳拳期盼溢于言表，只是我到现在也还没能完成先生的嘱咐，实在愧对先生。后来先生在收到拙著《魏晋南北朝史论》之后，1999年8月14日给 我的回信中说："接到大作后，按我的读书习惯，先拜读目录和后记，从中看到很多新的研究课题，如荆州地区人口、饮食文化，崔浩军事思想述论等都是首创性的研究，所论当然属于独创。就是旧课题，如曹魏屯田、西晋占田等，也都有新的见解。大作的出版，毫无疑问，对魏晋南北朝史研究会起到推动作用。按我的观察和体验，学术界，特别是史学界，六十左右的人是最丰收的时期，你大概就是一位典型的代表。期盼能读到你更多的新著。"先生于勉励中又对我提出了新的要求，鞭策我不要故步自封，而是要继续进取。先生提携后进的长者之心于此可见一斑。先生在收到我主编的关于家父的一本书之后，于2003年4月24日的来信中说："煌煌巨著《黎昔非与〈独立评论〉》已收到，这部书不仅内容丰富，而且封面、版式设计都有独到之处。我搞了十几年出版工作，对图书的品位颇有些体会，尊著不论从哪方面讲，都够得上佳品。书拿到后我先看了目录、前言、后记，也重点看了几位名人的文章。我最大的感触就是对你的一片孝心非常钦佩。为搜集资料、邀人撰稿到出书你付出巨大的精力和心血！而令尊的业绩赖你而长存，同时你也为学术界保存了一大批珍贵资料，此功亦不可没。"我的点滴成绩和进步都使先生由衷的高兴，都能得到先生的勉励和提出更高的要求，从而鞭策着我不敢稍有懈怠。可以说，这几十年来我之所以有些许进步，与先生的不断督促、鼓励是有密切关系的。因此，先生在我的心目中也是仰之弥高的一座丰碑。

2004年夏，我的一位博士生徐美莉毕业，河南大学很希望她能够去那里工作，但是她因开封城市建设滞后和环境污染问题而有所顾虑，我当即鼓励她不要犹豫，理由是：河南大学有优良的学风，而且那里有朱绍侯先生这样的学者，便于你平日求教，是一个适于做学问的地方。我之所以如此劝说她，就是源于数十年前那次开封会议给我留下的深刻印象以及朱先生数十年来对我的深情厚谊。她终于接受了我的意见，毅然前往河南大学报到。她出发之前我再三叮嘱她：到了河南大学，请务必代我拜见朱先生。不久她来信报告了她拜见朱先生，受到朱先生热情的接待和学问上的指导的情况，我心中感到莫大的宽慰。

朱先生在中国古代史领域的辉煌成就和杰出造诣，学术界早已经有了公论，毋庸我再多言。我这里只是从自己与朱先生交往的几个片断中，揭示先生奖掖后进不遗余力的博大胸襟、崇高品德和风范。今年是朱先生八十华诞，谨以心香一瓣表示我对先生由衷的祝贺和感激之情。先生的道德必将与他的文章一样永垂青史！

（原刊《史学新论：祝贺朱绍侯先生八十华诞》，河南大学出版社2005年版。今据原刊文整理。）

我与周一良先生的“大百科”缘

历时13年、前后3万余人参加的重大文化与出版工程——《中国大百科全书》（第二版）终于面世了！

2009年8月26日，中共中央宣传部、新闻出版总署在北京人民大会堂召开“《中国大百科全书》（第二版）出版总结表彰大会”。我有幸躬逢其盛，不禁感慨《中国大百科全书》这一浩大工程于1978年启动后，从第一版至第二版之间历时30年、几代学人薪火相传的沧桑。作为接替《中国大百科全书》第一版《三国两晋南北朝史》分支主编周一良先生的工作而担任第二版的分支主编，我与周一良先生的“大百科”缘，自然也就时时浮现眼前……

在编撰《中国大百科全书》第一版时，我曾有幸应《中国历史·三国两晋南北朝史》分支主编周一良先生之邀撰写其中的两个条目。

20世纪八九十年代之交的一天，我接到中国大百科全书出版社编辑部的电话，说要找我谈谈为《中国大百科全书》撰稿的问题。几天后，编辑部的工作人员如约来到我家，是一位年轻的女编辑。她自我介绍叫孙晓林，毕业于武汉大学历史系，硕士研究生，研究方向魏晋南北朝史，导师是唐长孺先生，毕业后来到中国大百科全书出版社工作。寒暄之后，她转入正题说：“是周一良先生吩咐我来向您约稿，请您撰写《占田课田制》及《户调》这两个条目。”得知是周先生指定让我写这两个条目，颇感受宠若惊。不过，我心中立即就猜到了周先生何以命我撰写这两个条目的缘由，与此同时，十几年来与周先生接触、往还的情景也不禁呈现在脑海中。

“十年动乱”结束后，当时大家都有一种共同的迫切愿望，那就是把被耽误的时间尽快弥补回来，于是如饥似渴地学习、工作，我就是在这样的时代背景下去拜访周一良先生，向他请教如何学习魏晋南北朝史的。

虽然我对周一良先生心仪已久，但是一直无缘谋面，这是我第一次见到这位久已仰慕的学术大师。事先我心里有点忐忑不安，不知道他是否待见我这样一个名不见经传的人。不过，当我踏进北大东门外葱茏、幽静的“燕东园”中一座古朴的小洋楼一层周一良先生的府上时，紧张的心情很快就松弛下来，我所见到的是一位和蔼可亲、慈祥的长者。他给我留下最深刻的印象是：没有一点名人的架子和派头，那么真诚、平等地对待晚辈后学。后来一系列的事实证明我的第一印象是准确无误的。

拜访周先生大约一年之后，我突然收到周先生给我写的一封信，信中对我新近发表的《曹魏屯田始于何年》的论文加以赞许，说了鼓励的话：

> 黎虎同志：
>
> 奉到惠赐鄂伦春族简史，至为感谢！近读大作论曹魏屯田文，于军屯民屯之先后及地域之扩展均有所辨析；尤其结合当时年成及灾情、气候等论屯田之兴起，颇受启发也。匆匆奉谢，并致
>
> 敬礼！
>
> 周一良
>
> 83，11，1（见附件1）

他在百忙之中亲笔给我写信，我心中的激动是无以言表的，表明他不仅没有忘记，而且还继续关注着这位只有一面之缘的后学，更表明他在接待我时所表现出来的亲切、关怀之情是真诚的，没有任何矫饰。此后我有一些论文发表后，也曾几次得到他的鼓励。1984 年我在《历史研究》发表《蜀汉“南中”政策二三事》一文后，周先生给我写来一封信如下：

> 黎虎同志：
>
> 收到大作两种，多々谢々！南中政策一文结论，我完全同意，诸葛亮的“民族政策”决不可拔高。五十年代曾草论诸葛亮一文（不是“为帮服务”的那篇），其中亦谈及不留兵及南人不复反之为空话，唯

所论远不及大作之详尽耳，敬佩敬佩。专此奉谢，并致敬礼！

周一良

八四，十，三一。（见附件2）

后来我把我的这些感受与北大历史系的同仁交流过，他们都有同感：周先生在北大也是这样，不仅对于年轻教师，哪怕是本科生，只要有些成绩他都给予鼓励，一视同仁，毫无架子。由此可见先生这种待人接物的品质是禀赋天成，发自内心的。

自从那次见面之后，先生出版的著作，学术著作如《魏晋南北朝史札记》《魏晋南北朝史论集续编》《周一良学术论著自选编》等，杂文集如《毕竟是书生》《郊叟曝言》等，他都不忘赐我，而且工工整整地亲笔题赠。后来因为先生右手骨折，书写不便，才改用篆刻的“一良敬赠”图章。在我所收到的学者赠书中，以周先生所赐为最多。

先生不仅在学术上关怀后学，而且在工作方面也同样能施以援手，急人所难。1992年在西安召开中国魏晋南北朝史国际学术讨论会，这次会议有许多日本、韩国等国外的学者与会，其中大部分是日本学者，这是中外魏晋南北朝史学者的第一次盛会，因而中方亟需一位德高望重的前辈学者与会。当时我负责筹备这次会议，于是想到了周先生，因为他不仅是中国魏晋南北朝史学界的泰斗，而且学贯中外，于日本史、中外关系史亦有深厚造诣和卓越建树。当我向他提出这一请求时，他稍微犹豫了一下，说手头有紧要的事情需完成，但沉吟片刻后，他断然地说：“好吧。”我心中一块石头落地，感到这次会议的成功有把握了。果然不出所料，会议期间，周先生不仅作了多次精彩的学术报告、讲话，给予与会者丰富的学术营养，而且他还是我们这次会议中地道的“外交家”——他过去就和与会的多位日本学者有着密切的交往和友谊，在日本史学界享有盛誉；他的日语又非常流利，可以随意运用中日语言与日本学者进行交谈，翻译人员有些误译之处，也赖他予以指正。他成了中外学者环绕的一个核心，他为这次会议带来了光彩，给与会者留下了极其深刻的印象。会后有年轻同事跟我说：“这次会议的一个重要收获是有幸一瞻周一良先生的丰采！”

…………

所以，当孙晓林编辑说明来意之后，我就意识到先生注意到了我那篇关于西晋占田课田制的文章，因而他觉得我可以承担撰写这两个条目的任务。

西安会议后不久，我得到消息：周先生在一次骑自行车时不慎摔倒，右手骨折。于是我便到“燕东园”去看望周先生，先生的手上打着石膏，用绷带挂着右肘。不过先生的精神还很好，对于康复充满信心。交谈中先生告诉我：他前些时候在《光明日报》发表了一篇总结《中国大百科全书·中国历史卷》的文章，里面有一处谈到如何正确处理众说纷纭的学术问题时，是以我所撰写的条目作为例证的。我事先不知道有这么回事，回去以后找来这篇文章，是在《光明日报》1992 年 8 月 23 日《史学》栏中登载的，题为《世界上第一部以百科体编撰的中国历史巨著》。文章说：“《中国历史》卷的特色亦即优点，可以归结为以下几方面。”其中之一是：“条目的释文，一般采取学术界所承认的通行的说法。如果众说纷纭，各有短长，则以一说为主，附带提供其他说法。如‘占田课田制’条（1483 页）末云：‘对于占田课田令文，学术界理解不一，其关键是对占田、课田的含义、性质及其相互关系的认识。’以下举出有关这几方面的各种不同意见。对于占田、课田制的产生，也列出四种不同说法。这样处理，有利于使用百科全书者扩大知识面，进一步探讨问题。”我只是给《中国大百科全书》撰写了区区这么两个条目，在浩如烟海的大百科全书中更是沧海一粟，实属无足挂齿。可这件小事却反映了周一良先生那博大的胸怀：后学稍有寸长片善，都能得到他的关注和鼓励。这是我平生未曾遇到过的奖掖后进如此不遗余力的长者！

又一个 10 年过去了，这时周先生早已作古，中国学术界失去了一位大师、一位可亲可敬的长者。有一天我又接到了中国大百科全书出版社的电话，说是要请我担任《中国大百科全书》的《三国两晋南北朝史》卷第二版的主编。而这一卷的主编原来就是周一良先生，我能为此做点工作，略尽绵薄，自然是莫大的荣幸。然而小子不敏，何以堪之，自愧并无能力和水平承担这一重任，好在周先生已为这一卷开创、构架起了完善的体系，后来者只需萧规曹随，在其基础上加以修订、调整而已。这次敲开我家门的除了中国大百科全书编辑部主任朱杰军博士之外，仍然有一位年轻的女编辑，不过这位女编辑不是孙晓林女士，而是换为杨晓燕女士了，朱杰军说以后主要就是她负责与我具体联系这项工作。交谈中得知杨晓燕女士是北大历史系硕士研究生毕业，研究方向也是魏晋南北朝史，导师是王小甫教授。晓燕女士工作认真、负责、细致，几年来，在她的具体帮助下，在诸位魏晋南北朝史专家的努力下，这一卷终于如期顺利完成，聊可告慰周先生在天之灵吧。

哲人已逝，风范犹存。谨以此小文寄托我对周一良先生永恒的思念！衷心祝愿《中国大百科全书》第三版、第四版……永续相承，后来居上，臻善臻美！

（原刊《博览群书》2010年第1期。据黎虎先生刊后修订云，本文发表时因篇幅关系有所删节，后据原稿有所增补。今据黎虎先生刊后修订稿整理。我们在整理黎虎先生遗存文稿时，发现了周一良先生写给黎虎先生信函的照片，今特择文中所提到的两封信函照片附于文后。李文才敬识。）

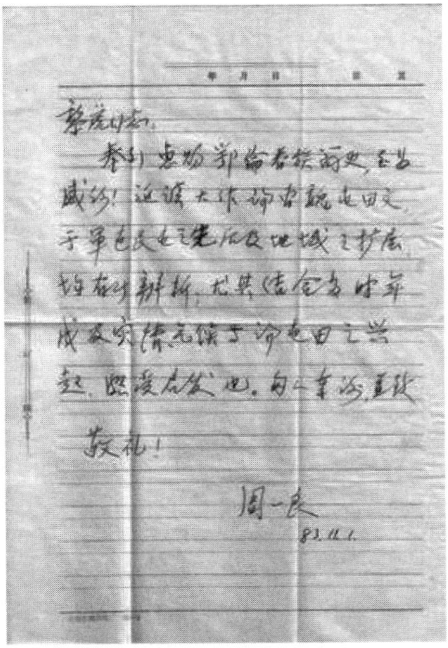

敬礼！

周一良

83.11.1.

附件1

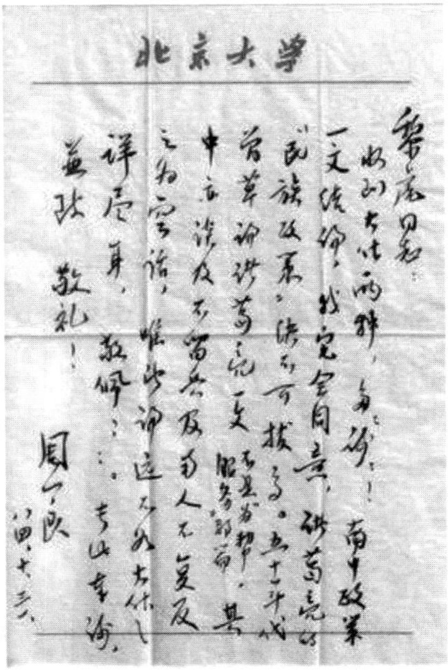

北京大学

敬礼！

周一良

附件2

《我们仨》里的钱瑗伉俪事略补正

美国哥伦比亚大学东亚语文系荣休教授夏志清先生《阿圆回去了——〈我们仨〉的悲剧》（原载台湾《中国时报》，2003 年 9 月 30 日《参考消息》转载）一文在评介杨绛先生《我们仨》等作品时，有一段叙述钱钟书、杨绛的女儿钱瑗及其夫婿的文字：“在文革社会的紧张生活下，阿瑗根本没有时间去恋爱。大概已经 30 岁出头了，她在工厂里做工，交识了一位‘和善忠厚’的工人王得一，也就同他结婚了。此人不肯交出一份黑名单给工厂里的左派，因而自杀以求解脱，那时阿瑗 33 岁。”读后不禁愕然，因为这里几乎每句话都有问题，与事实不相符合。文中所称阿瑗即杨绛《我们仨》中的主人翁之一钱瑗；“王得一”即钱瑗的前夫。于是我立即找来杨绛先生的《我们仨》和《干校六记》，对照之后发现涉及钱瑗的夫婿的记述在《我们仨》中很少，主要是在《干校六记》中，而夏先生这段文字在杨绛先生的两书中并无类似的记述。我对杨绛先生的著述了解不多，不知夏先生这段文字是否别有所据？但不论夏文所据为何，上述记叙均与事实不符，因为我与钱瑗伉俪都熟悉，了解个中真相。为了还历史以本来面目，也为了表示对于故友的纪念，故稍事补苴钱瑗伉俪的有关事略于后。

钱瑗的前夫与我是大学的同年级同学，我们于 1955 年 9 月同时考入北京师范大学历史系学习，全年级九十余人，分为三个班，他在二班，我在三班。首先需要“正名”。夏文和杨绛先生的作品中钱瑗前夫的名字都被写成“王得一”，事实上他的名字是王德一，在他大学四年和日后工作中直到辞世都一直用这个“德”，从来没有用过那个“得”字。他出生于 1937 年 3 月，籍贯是山东济宁。大学读书期间，他是一位品学兼优的学生，当时采取五级计分法，他的学业成绩大部分得的是“优”。1956 年搞了一阵子"向科学进军"，王德一被评为"优等生"。四年中他先后担任过学习班长和班主席。1959 年 7 月毕业时，我们两人一起留校，在历史系当助教。他被分配到中国近代史教研组，一直没有调动，我被分配到中国现代史教研组一年后，转入中国古代史教研组。从此我和他的交往比在上学时更为密切了。他参加工作不久就承担了中国近代史的教学任务，课讲得不错，颇受学生欢迎，这与他的勤奋有关。记得有一天很晚，我看见他一个人在教研组伏案而写，铺着厚厚的一摞稿纸，额角沁着小汗珠，我问他写什么，他说是修改讲稿。大概第二年他就承担了一个学期的课程，这在青年教师中是很突出的。他也善于为文，故在人民公社化时，大约 1959 年秋冬，我们一起被历史系领导派去北京郊区的房山人民公社编写公社史，共同"战斗"了半年之久，主要由我们二人执笔写成了一本十余万字的《房山人民公社史》，油印成册，不过后来并没有正式出版。这就是钱瑗的前夫的真实情况，他根本不是什么工人，而是一位大学教师。至于说王德一"和善忠厚"倒是符合事实的，这在《干校六记》中有一些生动的叙述，与我所了解的王德一是一致的。当时钱瑗在俄语系上学，与王德一是同一届学生。俄语系与历史系同在一个楼——"文史楼"，俄语系在一、二楼，历史系在三、四楼。钱瑗也于 1956 年被评为"优等生"，1959 年 7 月毕业时也留校工作，在俄语系当助教。1966 年转入外语系英语专业工作。他们二人的学历、经历基本上是一致的。

关于钱瑗伉俪的婚恋，也不是夏文所描绘的那样。钱瑗、王德一在大学读书时都是学校"美工队"的成员。20 世纪 50 年代大学生的课外活动是很活跃的，校园中有各种各样的社团，"美工队"就是其中之一。他们二人都很喜爱绘画，画得都不错，我经常看见他们二人忙于"美工队"的活动，举凡宣传活动所需的海报、黑板报等绘画任务都是他们一起参与的。不过，这个时期王德一的恋人尚不是钱瑗，而是我们年级的一位女同学。毕业时那个女同学被分配到外地工作，他们的联系就日渐减少以至中断。毕业以后，钱瑗、王德一两人继续以绘画为学校的各种宣传活动服务。由于这种工作关系，他们之间的接触自然就很频繁，这时王德一曾经向钱瑗表露过爱慕之情，但是并没有得到钱瑗的积极回应。直到"文化大革命"中钱瑗才主动向王德一示爱并明确双方的恋爱关系，而他们结婚则已经在“文化大革命”发生后的第三年——1968 年初了。由此可见，他们相识、相恋的时日是相当长的，过程也是曲折的，并非一蹴而就，草草从事的。

大约 1967 年冬，我与王德一一起去了一趟天津。那时“文化大革命”的昏热暂时告一段落，学校开始搞“复课闹革命”，宣传队派我们二人去天津师范学院了解那里的“复课闹革命”的情况，据说他们在这方面搞得好。我们花了半天时间在那里看了看大字报，后来就到街上吃饭，饭后逛商店时发现天津的豆制品等小菜品种比较丰富，于是王德一说要买几样带回去请钱瑗的父母吃。当时物资匮乏，这种食品属难得之物。那时他们尚未结婚，由此可见其关系已经相当密切了。德一和钱瑗结婚以后就住在历史系单身教师的集体宿舍——四合院北楼二层西头的一间靠北面的房间里。当时我住在南面的一个房间。德一有时也回钱瑗家住，大约 1969、1970 年之际，有一天晚上九点多钟了，忙完学校的任务之后，我骑车回我迁在东城的住处时，德一也骑着车从后面追上了我，说是要回钱瑗父母家住。我们在地安门分手，我往东拐，他继续往南走地安门大街。

至于王德一的自杀，也不是因为他“不肯交出一份黑名单给工厂里的左派”云云。在清查“五一六”的时候，王德一被驻校“宣传队”宣布隔离审查，其主要“罪行”是“炮打林副统帅”。我当时感到很突然，因为我根本不知道王德一在“文化大革命”中除了一般的参加“运动”之外还有什么其他活动。从当时披露出来的“事实”中得知，王德一作为北师大“井冈山”的代表，参加了设在中国人民大学的“批资联委会”的工作。当时“宣传队”对他发动的攻势非常猛烈，仅举一例就可以想见其余：为了逼迫王德一“端正态度”，特意在文史楼三层西头的大教室里召开了一个历史系与外语系全体师生员工参加的联合“批斗”大会，其用意大家都明白：因为王德一的夫人是外语系的老师。用这种办法来“株连”家属，恐怕也属于“史无前例”的一项发明创造吧？此事件之后不久，有一天上午大约八点半左右，我们这个小组的成员（当时全系师生员工混编为若干小组）正在文史楼三楼一间教室里由一位“军宣队”带领进行“天天读”，忽然杨家兴同学来敲我们的门，说：“不好了，王德一好像是在上吊！”杨家兴同学当时也是被隔离审查对象，他趁大家

“天天读”的时间从自己专用的隔离室出来在楼道里溜达，从门缝里窥视王德一专用的隔离室时，发现了这一情况。我们立即蜂拥而出，由“军宣队”带头跑上四楼，由于王德一事先把门插上了，于是众人“强攻”才把门打开。只见王德一吊在北面窗户上的暖气管上，双手还紧紧攥着他在挣扎时抓住的垂挂在窗户周围的标语、大字报纸。人们立即把他解下，放在房间里面一张原先用于裱糊文物字画的大木案上，发现他已经气绝，人们围在他周围不知所措。这时我立即想到：只有马上找医生抢救，其他都无济于事。于是我没有向周围的任何人打招呼就奔下楼，骑上我买来不几年的“飞鸽”自行车，以最快的速度冲进校医院。到了校医院值班室，我气喘吁吁地说明情况，请值班的周大夫快去急救。周大夫立即拿起急救箱，出来坐在我自行车后座上，我使劲蹬车，到了文史楼，急奔四楼。房间里的人们还围在王德一的周围，周大夫拨开众人，立即为王德一做人工呼吸和各种急救措施，累得满头大汗，最终还是无力回天。

王德一之死，历史系的广大教师心中都是非常惋惜的。在他去世之后一年多，他所“炮打”（如果真有其事的话）的“副统帅”即殒命于蒙古温都尔汗草原。当时大家都说，如果王德一不自杀的话，现在倒成了英雄了。今天我们可以说，如果王德一不自杀的话，历史系会多了一位教授和博士生导师的。

王德一去世之后，钱瑗就搬出了四合院的历史系集体宿舍，从此我与她见面的机会就很少了。不过到了20世纪的八九十年代，我们接触的机会又多了起来，主要是因为当时学校先后成立了“优秀教学成果奖”和“励耘奖学助学基金会”，我和钱瑗都是其中的“校评审委员会”的委员，参与评审全校的优秀教学成果和优秀青年教师、优秀学生、优秀学术著作等奖项的工作，这样就有机会比较经常在一起开会了。1990年她获得校级“优秀教学管理奖”就是这个期间的事情，那是对她担任外语系副系主任期间所作贡献的表彰。我与钱瑗最后一次见面是在1995年的夏天。有一天下午，我从历史系下楼回家时，在楼梯上碰见钱瑗，她也正在下楼准备回家，我们边走边谈，其中有一段对话我印象特别深刻：当我说到当时社会上对于钱钟书先生的种种传说时，钱瑗很不以为然地说：“那些传说很多都不是事实，是捕风捉影的编造。”我们在文史楼的西边分手，那时，她还是那样的急急匆匆而又神采奕奕，我怎么也想不到一年之后她就罹患不治之症而撒手人寰了。

以上就是我在读了夏先生的大作和杨绛先生的大著之后对于钱瑗伉俪往事的一点补正。这不过是二十多年前发生的事情，现在就已经有张冠李戴、面目全非之虞，那么再过几十年又将如何呢？思之不禁令人忧心忡忡。唐代著名史学家刘知幾曾疾呼史以直书实录为贵，可以说直书实录乃中国古代优秀的史学传统之一。纪实性文学作品又何尝不该如此呢！

（原刊《博览群书》2004年第2期“书人书事”栏目。后收入杨绛等《我们的钱瑗》，生活·读书·新知三联书店2005年版，第107—113页。今参考上述两个版本，对文字作校订整理。又，杨绛先生在读到《博览群书》文后，曾专门写了一篇《关于德一——补记黎虎〈《我们仨》里的钱瑗伉俪事略补正〉》，补充了一些“作者黎虎无从知道”的事实，并将黎虎先生原刊文中“稍有错误处加以修订”。杨绛先生文见前揭《我们的钱瑗》，第115—118页。李文才敬识。）

序跋书评

说明：“序跋书评”，包括黎虎先生本人已出版相关著作的序言（前言、绪言）、跋文（后记），也包括他为友朋后学所撰写的序言跋文，书评则指他为友朋同道论著所写的书评。黎虎先生为人儒雅敦厚，奖掖后学不遗余力，同道后学苟有一得之见，无不予以热情鼓励、殷勤加勉，因此他在60余年的治史生涯所提携奖掖的后辈甚多，对于同道后学在序跋书评方面的求请，无不慨然应允，不辞辛劳撰文予以嘉勉。

需要说明的是，黎虎先生撰写的序跋书评，无论是为其本人著作所写的前言后记，还是为他人论著所作的序跋评价，都是以极为严谨认真的态度进行的，并不因为这些不是“正式”或“有用”的学术论文而率怠轻忽，不仅讲究行文的前后逻辑照应，而且对于其中的措辞也是字斟句酌，故其所做出的评骘无不令人心悦诚服。因此，读黎虎先生所撰的这些序跋书评，在令人心情愉悦的同时，还让人开卷有益，可谓一部有关不同学术领域的简明学术史。基于此，我们在整理《黎虎文集》时，即决定将黎虎先生所撰写的这类文字辑录起来，荟萃成篇而以“序跋书评”为题，以为纪念。

（一）序（前言）

《〈后汉书〉精华注译》前言

《后汉书》是记载东汉历史的纪传体史书。它与《史记》《汉书》在唐代以后并称为“三史”，也是二十四史中的“前四史”之一。

《后汉书》的作者是南朝宋人范晔。范晔，字蔚宗，宋顺阳郡顺阳县（今河南淅川）人，生于东晋安帝隆安二年（398）。范晔出身于一个世代官宦学问之家。远祖范晷，官至西晋凉州、雍州刺史。高祖范稚，“辟大将军掾”（《晋书》卷九〇《范晷传》）。曾祖范汪，“博学多通，善谈名理”，官至东晋安北将军、徐兖二州刺史（《晋书》卷七五《范汪传》）。祖范宁官至东晋豫章太守，以经学名于时。父范泰，甚为东晋权臣刘裕信任，仕至尚书常侍兼司空，与袁湛一起亲授刘裕“九锡”。刘裕代晋建宋后，加位特进，进位侍中。范泰“博览篇籍，好为文章”“撰《古今善言》二十四篇及文集传于世”（《宋书》卷六〇《范泰传》）。这种家世环境对范晔产生了积极的影响，他“少好学，博涉经史，善为文章，能隶书，晓音律”（《宋书》卷六九《范晔传》。以下凡引此传均不另注），堪称多才多艺。他在政治上也颇有头脑，其时正值晋宋易代之际，十七岁那年（义熙十年，414）东晋雍州刺史想任用他为主簿，他没有答应。不久，刘裕建“宋台”，掌握了东晋实权。范晔即投刘裕子彭城王刘义康门下，为冠军参军。从此他的政治命运便与这位日后的刘宋宗室连在一起了。刘宋建立后，随着刘义康的升迁，范晔的官职也随之而升。先后为尚书外兵郎、尚书吏部郎等职。

范晔虽然受过传统的儒家教育，但他却具有不拘小节、恃才傲物的性格特征。元嘉九年（432）冬，彭城王刘义康太妃死，将葬之夕，范晔与友人在东府夜中酣饮，开北窗听挽歌为乐。刘义康对这种非礼举动大为恼火，左迁范晔为宣城太守。但后来范晔的外甥谢综当了刘义康的大将军记室参军，刘义康通过谢综向范晔致意，“求解晚隙，复敦往好”，于是二人嫌隙顿消，关系更加密切。

范晔对于当时的腐朽平庸的朝臣瞧不起，曾作《和香方》，以香药的性味比类朝士，极尽讽刺之能事。以“麝本多忌，过分必害”比侍中、吏部尚书庾炳之；以“零藿虚燥”比侍 中何尚之；以“詹唐黏湿”比侍中兼右卫将军沈演之；以“枣膏昏钝”比左卫将军、光禄太夫羊玄保；以“甲煎浅俗”比侍中、太子詹事徐湛之。而以“沈实易和”比喻自己。他这样自然得罪了当朝权贵，于他本身的自全是不利的。

他不仅傲视达官贵人，甚至对于皇帝也并不驯顺。他善弹琵琶，能弹时新曲调，宋文帝很想听，屡次示意让他弹奏，他佯装不知，“终不肯为上弹”。有一次宋文帝饮宴正酣，请求范晔说：“我欲歌，卿可弹”。范晔不得不奉旨而弹。但宋文帝歌罢，范晔亦止弦，并不多弹。

范晔有自己的政治抱负，他对于宋文帝和他的亲信并不满意，而是满心拥护刘义康。史称义康“自强不息，无有懈倦，”“性好吏职，锐意文案，纠剔是非，莫不精尽”（《宋书》卷六八《武二王·彭城王（刘）义康传》）。后来，刘义康与宋文帝的矛盾终于爆发，元嘉十七年（440）宋文帝解除了刘义康的司徒职位，改授都督江州诸军事，出镇豫章（今江西南昌）。刘义康的遭贬，激起了包括范晔在内的刘义康亲信的不满，于是他们互相串连，图谋推翻宋文帝，拥立刘义康。元嘉二十二年（445）事情败露，范晔及其同党均被处死。范晔时年四十八岁。

在学术上，范晔并没有像当时一般学者那样走上儒学的路子，而是走上了治史的路子。元嘉九年宣城之贬，使范晔悒悒不得志，于是开始潜心史学，“乃删众家《后汉书》为一家之作”。

在范晔之前记载东汉历史的史书，无虑有数十家之多。其中官修的《东观汉纪》，已与《史记》《汉书》并称为“三史”，在社会上有了相当影响。在这种情况下，范晔为什么还要另写一部后汉史呢？他在《狱中与诸甥侄书》中说：“详观古今著述及评论，殆少可意者。”他对于这众多的后汉史书，均不满意，于是，“广集学徒，穷览旧籍，删烦补略，作《后汉书》”（刘知幾《史通·古今正史》）。

以什么样的体裁来重造后汉史书呢？范晔对当时流行的编年体与纪传体两种体裁作了对比，得出结论："春秋者，文既总略，好失事形，今之拟作，所以为短。纪传者，史班之所变也，网罗一代，事义周悉，适之后学，此焉为优，故继而述之"（《隋书》卷五八《魏澹传》）。可见他是在对比了二体的优劣之后决定采用纪传体形式撰写东汉历史的。

范晔原定的计划，是要写十纪、十志、八十列传。范晔生前已完成十纪和八十列传，但十志尚未完成。范晔对于修志非常重视，自称"欲遍作诸志，《前汉》所有者悉令备。虽事不必多，且使见文得尽"。可见他对修志自有周密的考虑。"范晔所撰十志，一皆托（谢）俨搜撰"（《后汉书·皇后纪》引沈约《谢俨传》），即将完成之时，适值范晔被害，谢俨亦受牵连被杀，所撰志因之散佚。现在附于《后汉书》的八志，是晋人司马彪所撰。司马彪曾作《续汉书》83卷，其中八志共30卷。南朝梁刘昭注《汉汉书》，因范晔"及语八志，颇褒其美"（刘昭《后汉书补志序》），便将司马彪八志以补范晔《后汉书》之阙。这就是我们今天所见到的附于《后汉书》之后的八志。

范晔《后汉书》问世以后，得到了社会的一致好评，产生了巨大的影响，随着时间的推移，范晔之前的数十家后汉书已逐渐湮没，范晔之后，梁人萧子显所撰《后汉书》100卷，王韶所撰《后汉林》200卷，也都先后被淘汰。唯有范书风行天下。到唐朝时刘知幾说："世言汉中兴史者，唯范（晔）、袁（宏）二家而已"（《史通·古今正史》），首推范晔的《后汉书》和袁宏的《后汉纪》。

为什么范晔的《后汉书》能经受住历史的检验，战胜在他前后的众家后汉书而独领风骚呢？这当然不是偶然的。这是由于范书从编撰体例到史学思想，从史料价值到文学价值，都有它的过人之处和突出之点。范晔自诩，"诸细意甚多，自古体大而思精，未有此也"，这话大体还是符合实际的。

《后汉书》在编撰体例上，有着自己的一些特点。在本纪部分，除了记述从光武帝到献帝的历代皇帝以外，又立皇后纪以记历代后妃。在范晔之前，《史记》和《汉书》虽然以吕后为本纪，但对于其余的皇后，《史记》列入《外戚世家》，《汉书》列入《外戚传》而置于全书之末。《后汉书》却将皇后升格为本纪，与皇帝本纪并列于书首。这在二十四史中是空前的。刘知幾对此曾提出诟病，说："范晔汉书，记后妃六宫，其实传也，而谓之为纪……其未达纪传之情乎。"（《史通·列传》）后世如晁公武、陈振孙、洪迈等人，也"援引史通所指摘一二事，过相菲薄"（王先谦《后汉书集解述略》）。其实，范晔将皇后立为本纪，是正确地反映了东汉历史的实际。东汉时期由于统治集团的腐朽，皇帝多短寿而孱弱，皇后和外戚的势力空前膨胀，正如范晔所说："东京皇统屡绝，权归女主，外立者四帝，临朝者六后，莫不定策帷帟，委事父兄。"（《后汉书·皇后纪序》）皇后临朝与外戚专权，正是东汉政治史上一个非常突出的现象，所以范晔以皇后为本纪，就能较好地反映东汉政治的演进过程，不失为一个合理的安排。这一点何焯已经看到了，他说："东京皇后，窦、邓、闫、梁、窦、何，临朝者六，其间殇帝、北乡侯、冲帝、质帝，皆未尝亲政，邓氏既立安帝，复临朝者十六年，遂终身称制。作《皇后纪》为得其实，虽然人所不必效，然范氏自合史家之变，未可议也。"（《义门读书记·后汉书》）

当然，范晔为皇后立纪也是有所本的，晋人华峤作《后汉书》，"以皇后配天作合，前史作外戚传以继末编，非其义也，故易为皇后纪，以次帝纪"（《晋书》卷四四《华峤传》）。王隐作《晋书》时，也以皇后"谓之纪，而在列传之首"（《史记·外戚世家》司马贞索隐）。不过，华峤立皇后纪是从帝后间的夫妻关系着眼的，而范晔是从政治上的作用着眼的，两者的角度是不同的。皇后本纪并不能包括外戚之事迹，于是范晔将其"亲属别事，各依列传"（《后汉书·皇后纪序》），另以列传记载外戚，弥补了皇后纪的不足。

《后汉书》的八十列传是以朝代顺序和以类相从的方法进行编撰的。列传一至三，是两汉之际起义领袖和割据领袖人物；四至十二，是光武时的宗室王侯和二十八将，十二至二十 四的传首人物，都是明、章、和帝时人，而分别以行止相近的人物或子孙合传；四十三至五十三的传首人物，是安、顺帝时人，也多分别有合传的人物或子孙；五十四至六十五，都是 桓、灵，献帝时人物。六十六至七十四是循吏、酷吏、宦者、儒林、文苑、独行、方术、逸民、列女等九杂传；最后六篇是边族的列传（参见白寿彝《中国史学史教本》，内部铅印本）。

在这里一个最突出的特点，是他所创立的众多类传。《后汉书》的类传有十个，其中党锢、宦者、文苑、独行、逸民、方术、列女等七个类传是范晔的首创。范晔的创新不是为了标新立异，而是为了更好地反映东汉的时代特征和社会面貌。类传的形式司马迁、班固等人已经使用，并非范晔的首创，但是类传之广泛多样是前所未有的。

宦官势力在东汉发展到颠峰造极的地步，他们与外戚交替专权，成为东汉中期以后官僚政治的一大特点。范晔立《宦者列传》以反映宦官势力的发展状况，自然是十分必要的，范晔在这里揭露了宦官"手握王爵，口含天宪"，贪赃枉法，败乱朝政的罪行和"东都缘阉尹倾国"(《后汉书·宦者列传》)的历史真相，使后人得以深刻了解东汉腐朽政治及其衰灭的缘由。

《党锢列传》是《后汉书》中最具特色的一个类传。外戚宦官交替专权的黑暗政治，激起了士大夫们的强烈不满。尤为反对宦官势力，正如范晔所说："逮桓灵之间，主荒政谬，国命委于阉寺，士子羞与为伍，故匹夫抗愤，处士横议，遂乃激扬名声，互相题拂，品核公卿，裁量执政"(《党锢列传序》)。他们制造舆论，抨击朝政，被宦官集团诬为"党人"，先后两次大规模禁锢党人，"海内涂炭，二十余年，诸所蔓衍，皆天下善士"。这是统治阶级内部进步势力同黑暗势力的斗争，范晔对于党人寄以满腔的同情，将"其名迹存者，并载乎篇"，详尽地记录了党人的事迹，有血有肉地反映了这一重大政治事件的全貌，使我们今天得以充分了解东汉这场政治斗争的实况。

《文苑列传》是记文学之士的类传。重德轻文是古代的传统观念，《史记》《汉书》都曾为儒学家立《儒林传》，但没有为文学家立类传。《后汉书》首创此例，专为文学之士立一类 传。这首先与东汉文学的发展有关，章学诚说，"东京以还，文胜篇富，史臣不能概见于纪传，则汇次为文苑之篇"(《文史通义·书教中》)，道出了范晔创立文苑传的客观原因。汉魏以后，文学独立的趋势已日益明显，晋人荀勗作《中经》，将图书分类为四，甲部为六经，乙部为诸子，丙部为史书，丁部为文集，文学已与儒林并列，自成一部了，到南朝时，文集风行，文学兴盛，文苑传正是这一历史现象的反映。

《列女传》是《后汉书》中又一别具特色的类传。过去的史家很少注意记载妇女的事迹，范晔是第一个重视妇女问题的史家。他认为"若夫贤妃助国君之政，哲妇隆家人之道，高士 弘清淳之风，贞女亮明白之节，则其徽美未殊也”，她们之中同样有许多值得记载的事迹，“而世典咸漏焉”（《列女传序》）。他除了将后妃记于皇后本纪，梁嫕、李姬等人各附家传以外，又将其余“才行尤高秀者”另归类而立列女传。范晔这一创举对后世影响颇大，以后不少史书也辟专传记述妇女事迹，有的史家把“列女传”改为“烈女传”，专记恪守“三从四德”的贞女节妇，已与范晔立“列女传”的初衷大相径庭了。

《独行传》记载了那些行为激诡绝俗的狂狷之士，他们有的“志刚金石，而克捍于强御”，有的“意严冬霜，而甘心于小谅”，有的“结朋协好，幽明共心”，有的“蹈义凌险，死生等节”（《独行传序》）。《独行传》的设立，也是对东汉社会风的客观反映。东汉统治者“尊重节义，敦厉名实”（顾炎武《日知录》），当时荐举征辟，以“名誉”作为重要条件，于是“凡可以得名者，必全力以赴，好为苟难，遂成风俗”，“其时轻生尚气已成习俗，故志节之士好为苟难。务欲绝出流辈，以成卓特之行，而不自知其非也”（赵翼《廿二史札记》）。汉代选士设有“独行”科，范晔正是据此而为类传名目的。

《逸民传》记载了那些“甘心畎亩之中，憔悴江湖之上”，遁世避祸，自命清高之士。这种人在汉代也有一定代表性，当时统治者对这些“逸民”采取优容招徕的政策，“侧席幽人，求之若不及”（《逸民列传序》），以达到“举逸民天下归心”（《论语》）的政治目的，这些“逸民”除了一部分真正隐居不仕之外，不少人是“纯盗虚声”的，他们“文不能演义，武不能死君，钓采华名，庶几三公之位”（《逸民列传・周党传》），上下相欺，一时殆为风气。

《方术列传》记载医巫卜筮、神仙怪异的方术之士。刘知几对《方术列传》提出批评说：“言唯迂诞，事多诡越，可谓美玉之瑕，白珪之玷，惜哉”（《史通・书事》）。不过，近人刘咸炘另有所见，他说：“东汉谶纬学盛，经生多请术数，而民间禨祥禁忌之俗亦多，巫祝形法方士神仙之说，后世所行者，皆自东汉而盛，故此传不得不立”（《后汉书知意》）。从东汉方术之盛的时代特征而言，此传也可以说是当时社会风尚的客观反映。

除了标明题目的类传以外，在《后汉书》中凡是事迹相近或互有关联的人物，也采用以类相从的方法合为一传。而并不拘时代之先后。赵翼对此论之甚详，他说："卓茂本在云台图象内，乃与鲁恭、魏霸、刘宪等同卷，以其皆以治行著也；郭伋、杜诗、孔奋、张堪、廉范，皆国初人，王堂、苏章，皆安帝时人，羊续、贾综、陆康，皆桓灵时人，而目为一卷，亦以其治行卓著也。张纯，国初人，郑康成，汉末人，而亦同卷，以其深于经学也……"（《廿二史札记》）这种例子还可以举出很多。

范晔在《后汉书》中，贯穿着进步的历史观点。他说他写《后汉书》"欲因事就卷内发论，以正一代得失"。"正一代得失"，这是范晔明确提出的写史目的，他要通过写史来总结历史的经验教训，来为现实的政治服务。在他之前还没有一个史家对此有这样明确的认识的，司马迁说他写史是要"窥天人之际"，班固说要"穷人理，该万方"，提法都是比较模糊的。只有范晔第一次正确地说明了史学与现实的关系，这是史学思想上的一个进步。所谓"就卷内发论"，指的是他在纪传中所作的序、论、赞，而"正一代得失"，就是通过这些序、论、赞体现出来的。范晔在修《后汉书》时，非常着意于序、论、赞的写作，倾注了他大量的心血。他对于这些序、论、赞也是颇为自得的，他说："吾杂传论，皆有精意深旨，既有裁味，故约其词句。至于循吏以下及六夷诸序论，笔势放纵，实天下之奇作，其中合者，往往不减于《过秦篇》，尝共比方班氏所作，非但不愧之而已。"又说"赞自是吾文之杰思，殆无一字空设"刘知幾对于范晔的论赞给予高度的评价，他说史家作论"大抵皆华多于实，理少于文，鼓其雄辞，夸其俪事。必择其善者，则干宝、范晔、裴子野是其最也"（《史通·论赞》）。

范晔在他的序论中，贯穿着通古今之变的精神。司马迁提出通古今之变的主张，这在《史记》这样一部通史著作中比较容易做到，但是在断代史中就比较困难了，班固的《汉书》在 这方面表现了明显的缺陷，范晔则通过序论，打破朝代的断限，探求历史现象发生、发展的原因和规律，从历史形势的发展上论述古今的变异。例如在《宦者列传序》里，论述了宦官 政治地位的发展变化，以及他们在不同时期的不同特点，指出"宦人之在王朝者，其来旧矣"，由周秦而两汉，着重论述东汉宦官势力发展的原因，围绕着女主、宦官、外戚、朝臣间的关系和矛盾而展开分析。《党锢列传序》论述了春秋、战国至秦汉士风的变化，指出战国因重计谋而尊说士，结果反而是“士之饰巧施辩，以要能钩利者，不期而景从矣”；汉高祖“宪令宽赊，文礼简阔”，结果反而“轻死重气，怨惠必仇……成其俗矣”；汉武以后崇尚儒学，而“党同伐异之说，守文之徒，盛于时矣”；桓灵之间，宦官专权，于是“匹夫抗愤，处士横议……裁量公卿，婞直之风，于斯行矣”。从这一历史变化过程中，范晔认识到“夫上好则下必甚，矫枉故直必过，其理然矣”，悟出了历史现象向对立面转化的“理”（参见白寿彝《中国史学史教本》，内部铅印本）。

范晔在《后汉书》中，表现出倾向进步的政治态度和思想。王鸣盛评论道：“今读其书，贵德义，抑势力，进处士，黜奸雄，论儒学则深美康成（郑玄），褒党锢则推崇李（膺）、杜（密），宰相多无述，而特表逸民，公卿不见采，而惟尊独行”（《十七史商榷》）。

一般来说，过去的史书都是为帝王将相立传的，范晔在《后汉书》中也并不例外，但是，在他的纪传中，却贯穿着对于公卿宰相和奸雄的贬黜和批判精神，例如对于“历事五帝”而 长期高居于公台的胡广、揭露了他保持高官厚禄的诀窍——“温柔谨素，逊言恭色，达练事体，明解朝章，”引京师民谣：“万事不理问伯始（胡广字），天下中庸有胡公”，加以辛辣的嘲讽。在后“赞”中画龙点睛：“胡公庸庸，饰情恭貌，朝章虽理，据正或桡”（《后汉书·胡广传》），一个圆滑老练的官僚政客的嘴脸跃然纸上。

对于外戚宦官为代表的邪恶黑暗势力，范晔给予了无情的揭露，充溢着愤懑不平之气。例如外戚梁冀，尽情揭露其专权乱国、骄奢淫佚、割剥天下，及其徒党“乘势横暴，妻略妇 女，殴击吏卒，所在怨毒”（《后汉书·梁冀传》的凶残面目；对于宦官，无情地揭露了他们“剥割萌黎，竞恣奢欲，构害明贤，专树党类”（《宦者列传序》）的滔天罪行。

《后汉书》揭露权势的丑恶与对节义的褒扬是相互结合的。他批评班固说：“其论议常排死节，否正直，而不叙杀身成仁之为美，则轻仁义，贱守节愈矣”（《后汉书·班固传论》）。他们对待节义的态度作为区分史家高下的重要标准，这也是他自己写作《后汉书》的态度。

范晔在《后汉书》中赞扬那些“激素行以耻威权，立廉尚以振贵势”的人物，他在《党锢列传》中站在同情党人的立场，认为他们都是“天下善士”，表彰李膺的“执法不挠”，敢于“诛举邪臣，肆之以法”的刚正不阿。他由衷慨叹范滂母子“子伏其死而母欢其义，壮矣哉!”在《逸民列传》里，范晔写他们的“守节”和“不屈”，称赞他们“志意修则骄富贵，道义重则轻王公”。在《独行列传》里，范晔推崇他们“蹈义凌险，死生等节”的高抗风标。

范晔反对佛教鬼神的思想，是他进步历史观的一个重要构成部分。南朝时，佛教在统治者的推动之下得到广泛的传播，在思想领域围绕因果报应的有无和神灭神不灭的论争形成两军对垒。范晔是站在反佛鬼的阵线上的。他“常谓死者神灭，欲著无鬼论”，在临刑前“又语人寄语何仆射（何尚之)，天下决无佛鬼”。在《西域传论》里，他在论述佛教东渐的历史时，指出佛教所说的神怪在张骞、班超时代并没有，而是后起之事，他提出疑问：“岂其道闭往运，数开叔叶乎？不然，何诬异之甚也。”这是从佛教发展过程去揭露佛教宣扬的神怪的虚妄，认为“精灵起灭，因报相寻，若晓而昧者，故通人多惑焉”，公开对神不灭和因果报应论提出怀疑。

范晔也反对图谶。李通曾以图谶说光武帝，范晔指斥为“亿测微隐，猖狂无妄之福”（《后汉书·李通传》)。他指责“光武尤信谶言，士之赴趣时宜者。皆骋弛穿凿，争谈之也……是 以通儒硕生，忿其奸妄不经”(《方术传序》)。他在《桓谭传》中著录了其论图谶疏，在《张衡传》里详细记载了其请禁图谶疏，有力地揭露了图谶的欺伪。

《后汉书》有很高的史料价值。虽然范晔距东汉已有二百余年，但是他是删众家后汉书而作《后汉书》的，当时他可以参考的资料是非常丰富的，例如《东观汉纪》，这是东汉时学者奉命在“东观”修撰的国史，先后有班固等多人参与修成的。此书有丰富的第一手资料，史料价值是非常高的。范晔就是在此书的基础上写成《后汉书》的。此外可供参考的关于后汉史籍，不啻数十家之多。范晔以过人的史才加以去粗取精，删烦补略，才写成这部巨著。刘知幾对此评论道：“范晔博采众书，裁成汉典，观其所取，颇有奇工”（《史通·书事》)，又说：“范晔之删后汉也，简而且周，疏而不漏，盖云备矣”（《史通·补注》)。今天，众家《后汉书》均已失传，唯有范晔《后汉书》与袁宏《后汉纪》仍存。袁宏的《后汉纪》是编年体史书，他所容纳的史料与纪传体是有距离的。而袁书中的精华和重要史料，大都被范书所吸取。所以我们今天研究东汉的历史，主要就是依靠范晔的《后汉书》。

《后汉书》的史料价值还在于他记载史事的详赡和广泛，他不仅记述了统治者的事迹，也记录了社会各阶层人民的事迹，而十个类传反映当时政治大事和社会生活之广，是前所未有的。他对于周边少数民族的记载，比《史记》《汉书》更为丰富，在这些传中保存着一些非常珍贵的史料，例如《西域列传》中所记的材料，都是自“建武以后其事异于先者”，取材于经略西域二十年之久的名将“班勇所记”（《西域传序》）。

在《后汉书》的人物传记中，录载了许多人物的奏疏和文章，如《崔寔传》载其《政论》一篇，《桓谭传》载其《陈时政》一疏，《冯衍传》载其《说廉丹》一书，《说鲍永》一书，《王符传》载其《潜夫论》中五篇，《仲长统传》载其《乐志论》及《昌言》中三篇，《张衡传》载其《客问》一篇，上疏《陈事》一篇，《请禁图谶》一篇，《蔡邕传》载其《释诲》一 篇，《条陈所宜行者七事》，《刘陶传》载其《论民饥疏》，《左雄传》载其《陈政事疏》，《荀爽传》载其对策，《荀悦传》载其《申鉴》等，都是有关时政的文章，有着重要的史料价值。

《后汉书》的文学价值也是非常高的。范晔从小便“善为文章”，中年以后“文章转进”，有了更大的提高，他对于写文章有自己独到的见解和追求，他说：“常耻作文士。文患其事尽于形，情急于藻，义牵其旨，韵移其意。虽时有能者，大较多不免此累，政可类工巧图缋，竟无得也。常谓情志所讬，故当以意为主，以文传意。以意为主，则其旨必见；以文传意，则其词不流。然后抽其芬芳，振其金石耳”（《狱中与诸甥侄书》）。在骈偶文章发展到形式主义的南朝时期，范晔大力主张“以意为主，以文传意”无疑是进步的文学主张。范晔在《后汉书》的写作中，贯彻了他的文学主张。《后汉书》以优美的文笔，质直翔实地记载了万千史事，条分缕析，雁行有序，娓娓动人。许多列传就是优美的历史散文。他的序、论虽然也采用了骈偶的形式，但是，其句法之灵活，辞采之精美，音调之谐和，故实的征用，都比《史记》《汉书》的论赞前进了一步，达到了非常完美的阶段，标志着骈文形式之进入成熟阶段（胡国瑞《魏晋南北朝文学史》）。

范晔不仅立《文苑传》以记文学之士，而且在其他许多列传人物中，著录了他们的诗赋和文章，例如：《崔骃传》载崔篆《慰志赋》一篇，崔驷《达旨》一篇，《班固传》载其《两都赋》《明堂辟雍诗》及《典引》篇，《杜笃传》载其《论都赋》，《傅毅传》载其《迪志诗》，《崔琦传》载其《外戚箴》，《赵壹传》载其《穷鸟赋》，《刘梁传》载其《和同论》，《边让传》载其《章华赋》等，都是文学优赡，辞采壮丽之篇。通过范晔的著录，东汉一代文章诗赋得以保全不少，为后世研究东汉文学提供了宝贵的资料。

不过，由于范晔过于重视史书的文采，在记载史实上不免有所影响。清人顾栋高说，范书"比谢承书、东观记，所载人物削去十之四五……其中遗美实多……是使可传者，不获显于后世矣"（见惠栋《后汉书补注·序》）。有些传记，为了文字上的简炼，损害了对史实的记载，产生了概念化的弊病。以《虞诩传》为例，司马彪《续汉书》记"虞诩为武都太守，始到郡，谷石千，盐石八千，见户万三千。视事三载，米石八十，盐石四百，流人归还，户数万，人给家足，一郡无事"。而范书改为"二三年间，遂增至四万余户，盐米丰贱，十倍于前"。《续汉书》中具体的数字增减，在范书中成了一个泛泛的概念。这对研究当时经济史来说不能不说是一个损失。不过，总的来看这种情况不算太多，美玉之瑕在所难免。

《后汉书》问世以后，得到了社会的广泛关注，人们从各个方面不断对它进行了研究。

首先是对范书的注解。最早给范书作注的是南朝梁人刘昭。他"集《后汉》同异以注范书，世称博悉"（《梁书·刘昭传》）。当时各家后汉书仍存，所以他可以对照以注范书，主要从史实方面进行补注，可惜他的注后来散佚，只剩下"八志注"了。到了唐朝，李贤又为《后汉书》作注。李贤是唐高宗的儿子。协助他作注的有张大安、刘纳言、格希玄等人。李贤注以训诂为主，史实上也作了些补充。今天通行的《后汉书》即采用李贤注。后代比较著名的注，有清人惠栋的《后汉书补注》，"援据博而考核精"（顾栋高序）。王先谦在惠栋补注的基础上，又作了《后汉书集解》，广泛网罗众家的研究成果，注释翔实，很便于参考。

其次，历代学者对《后汉书》作了一些补充和考订。范晔只完成《后汉书》的纪、传，所拟十志未能完成。最早为范书补志的，还是梁朝的刘昭。他在注《后汉书》时，见范晔推崇司马彪的《续汉书志》，便将其八志三十篇补入范书，并为之作了注。八志注现在已不完全，其中

《天文志》下卷和《五行志》第四卷的注已佚。到了宋真宗乾兴元年（1022），孙奭奏诸朝廷将司马彪八志与范晔《后汉书》合刻，从此两书合而为一，这就是我们今天所见通行的《后汉书》本子。由于司马彪八志不够全面，后来有的学者又为它补志，如清人钱大昭的《补续汉书艺文志》，侯康的《补后汉书艺文志》等。此外，也有学者为它补表，最早补表的是宋代的熊方，他作《补后汉书年表》十卷。清代学者所补最多，如褚以敦的《熊氏后汉书年表补》，钱大昭的《后汉书补表》，以及万斯同所补诸表等。

现存《后汉书》的古本，以南宋绍兴本为最完整而错误较少。中华书局标点本即以绍兴本为底本，又与汲古阁本和武英殿本作了反复对校，并广泛吸收了前人的研究成果。因此，中华书局标点本《后汉书》是我们现在阅读《后汉书》最理想的版本。

《后汉书精华注译》是《二十四史精华注译》丛书中的一种。《后汉书》博大精深，卷帙浩繁，全书将近二百万言，为了使读者能在较短的时间内吸取《后汉书》的精华，我们编选了这本《后汉书精华注译》。我们编选这本注译的主要原则是：

一、既有重要的史料价值，又文采斐然。选文力求对于东汉一代历史能够比较系统完整地介绍给读者。选文收入了东汉时期杰出及重要历史人物的传记，有关重大历史事件，某些典章制度，重要民族关系，有代表性的思想文化的篇章。选文范围只限于本纪列传，八志部分没有入选，这是因为八志为司马彪所撰，而其撰述水平与范晔相比还有一定的差距。序、论是范晔的得意之作，在《后汉书》中颇具特色并占有重要地位，因此这次在选编时，尽可能把有关纪传的序、论选入，以见范晔的史识和文采。《后汉书》每篇纪传后面都有一首赞，一律用四字一句的韵语写成，其中虽有新意，但多不免内容笼统，因此这次没有选入。

二、既有思想性和人民性，又有艺术性和借鉴作用。以《方术列传》为例，传中所记方士有二十余人，其中如费长房的缩地，王乔的凫履，左慈的羊鸣，郭宪的撰酒灭火，樊英的潠水灭火等，均属怪诞不经，荒谬无稽，我们一概未选，只选了其中的华陀、郭玉和许杨三人，华陀、郭玉为一代名医，许杨善水利，有功于人民。《列女传》所选，如《鲍宣妻》记夫妻不贪父母嫁妆而自食其力；《皇甫规妻》记其拒嫁董卓不屈而死，等，都是闪耀着下层人民高尚情操与品德的优秀篇章。

选文一律采用中华书局标点本《后汉书》。每段原文后面加以注释，注释力求简明扼要，不作烦琐的考证。对于有争议的问题，尽量择善而从。每篇之后用现代汉语翻译，译文不作死译、硬译，以信、达、雅为准则。每篇之后加一简短的评论，以有助于读者更好地理解全文。

由于我们水平所限，缺点和错误必不可免，敬希读者不吝指教，以待日后修改。

1992.6 于北京师大历史系

（《二十四史精华注译》丛书编委会组织编写“《二十四史精华注译》丛书”，1992年9月由北京广播学院出版社出版。《〈后汉书〉精华注译》一书，由黎虎先生担任主编，本文系黎虎先生为该书所撰《前言》。黎虎先生一生致力于中国古代史的研究和教学，成果丰硕、桃李满园。此外，黎虎先生还响应国家号召，积极为人民群众普及史学知识，并多有贡献，主编《〈后汉书〉精华注译》即是其中一例。李文才敬识。）

《汉唐饮食文化史》前言

饮食是人类赖以生存和发展的第一要素，先哲有云“民人以食为天”①。《尚书·洪范》提出治国之“八政”，即以“食”为先。史家所立《食货志》也将“食”置于首位。古人对于饮食的这种朴素的认识，到了19世纪中叶被马克思、恩格斯提升为历史唯物主义的基本原理之一，“正像达尔文发现有机界的发展规律一样，马克思发现了人类历史的发展规律，即历来为繁茂芜杂的意识形态所掩盖的一个简单事实：人们首先必须吃、喝、住、穿，然后才能从事政治、科学、艺术、宗教等等。”② 因此，包括饮食在内的社会生活的生产“就是一切历史的第一个前提”，是人类“每日每时都要进行的（现在也和几千年前一样）一种历史活动，即一切历史的一种基本条件。”③ 而在人类的衣、食、住、行等社会生活中，饮食又是最基本、最重要的，人类社会生活的其他方面和领域也都是奠基于饮食生活之上的，都是由饮食生活所决定和制约的，莫不与饮食生活息息相关，互相联系。所谓“仓廪实而知礼节，衣食足而知荣辱”④，就是这个道理。所以研究社会生活史，又必须首先研究饮食史，这是研究人类历史的“第一前提”的第一要务。

汉唐饮食文化史是我国古代饮食文化史上一个极其重要的发展阶段。

---

① （汉）司马迁撰，（南朝·宋）裴骃集解，（唐）司马贞索隐，（唐）张守节正义：《史记》卷九七《郦生列传》，中华书局1959年版，第2694页。

② 中共中央马克思·恩格斯·列宁斯·斯大林著作编译局：《马克思恩格斯选集》第三卷《在马克思墓前的讲话》，人民出版社1995年版，第776页。

③ 中共中央马克思·恩格斯·列宁·斯大林著作编译局：《德意志意识形态》，人民出版社2003年版，第23页。

④ 《史记》卷六二《管仲列传》，第2132页。

汉唐时期是我国封建社会发育以至茁壮成熟的阶段，是封建经济蓬勃向上、生机盎然的黄金时代，在此基础上形成的饮食文化则是这个阶段历史的重要的有机组成部分，它与这一时期的经济、政治、社会、文化和民族关系与中外关系的发展都有着密切的联系。研究汉唐饮食文化史对于全面、深刻认识这一阶段历史是必不可少的，它对于加深和丰富对这一阶段历史的认识具有十分重要的意义。

在汉唐长达一千一百余年的漫长岁月中，饮食文化历史经历了曲折的发展变化，展现出一幅丰富多彩的图景，奠定了我国人民饮食生活模式的基础，并对后世产生了深刻的影响，在我国古代饮食文化史中占有极其重要的地位。正是在这一时期逐步确立了以粟、麦、稻等粮食为主食，以蔬菜和一定的肉类为副食的饮食结构模式；这一时期初步形成了以蒸、煮、烤、煎、炸、烹、炒等为基本手法，以色、香、味、形为终极效应，讲究刀工火候、五味调和，具有整体性、完美性的综合烹饪艺术，从而孕育了别具特色的中国菜肴的体系和风味，这一时期形成和确立的以三餐制为代表的食制食俗，至今仍是千古不易之准则；这一时期发展起来的饮食学和食疗养生理论与实践，至今影响依然至深至巨。此外这个时期发明创造的食品——豆腐，经历一千余年实践的检验而被证明是人类所发现和制造的最佳营养食品之一；这个时期开发利用起来的饮料——茶，不仅至今还是我国人民不可代替的最佳饮料，而且风靡全球，历久不衰；现在我们日常必备的调味品如酱油、醋等，也是在这个时期产生和发展起来的……凡此种种，不一而足。汉唐饮食文化史在我国饮食文化史中无疑占有特殊的极其重要的承前启后的地位。

为了揭示汉唐饮食文化发展变化的历史规律和底蕴，我们主要注意从以下几个方面加以阐述。

第一，社会经济的发展是饮食文化发展变化的基础和前提。我国古代的饮食文化直接决定于以农业生产为中心的农、林、牧、副、渔各业的发展和提高，由此而决定了饮食的品种和结构，不同的饮食习惯和风味的发展变化。

汉唐时期由于农业生产力的大幅度提高，我国人民的主食结构发生了历史性的变化。在先秦时期人们的主食中居于首位的是“五谷”中的黍、稷、菽、粟等，而到了两汉魏晋南北朝时期，粟这种具有高产潜力的粮食作物跃居五谷之首，成为最主要的粮食品种。与此同时，麦类作物也日益崛起，成为重要的主粮。这种变化使这时期人民的饮食水平有了很大的提高，导致在先秦时期作为主粮之一的菽（即大豆）向着副食方面转化，产生了豆酱、豆豉、豆腐等新的食物品种。以大豆为代表的植物蛋白食品的增加和改进，对于保障动物蛋白相对缺乏的我国人民的体质和健康有着不可估量的意义。而到了唐代，稻米又取代了粟在粮食作物中的首席地位，麦类在唐后期又取得了与粟并驾齐驱的地位，从而形成了稻、麦、粟这样的主食结构，这为人民饮食生活中的多样性发展提供了更为充足的原料。

饮食文化的发展变化与手工业、商业和交通运输的发展变化也是息息相关的，例如石转磨在汉唐时期的迅速而广泛的推广使用，使麦类的食用发生了根本性的变化，原先人们食用的或是整粒蒸煮的“粒食”，或是捣破蒸煮的“麦饭”。而进入汉代以后面食日益广泛发展，出现了丰富多彩的面食品种，从而大大提高和改善了我国人民的饮食水平。与此相应的是，人们对于食麦的观念也发生了变化，在两汉魏晋南北朝时期仍被看作粗粝之食的麦类，到了唐代则已经基本上消逝。汉唐时期城市经济的发展，特别是从唐后期传统的封闭式的“市”制被冲破，新型的街市和各种类型的集市、草市的出现，导致饮食行业的繁荣兴旺，各种餐馆、食肆、酒楼、茶肆如雨后春笋，蓬勃发展，大大丰富了人们的饮食文化。饮食行业的发展又回过来进一步促进了城市经济的繁荣，促进了饮食技艺的交流和提高。而交通事业的发展，又促进了各地食物品种的交流和饮食习俗的相互吸收与传播，例如巴蜀和江南的茶叶和饮茶之风，就是在这种条件下向全国各地和边远地区不断推广和普及，从而导致我国人民饮料品种的历史性的更新。

第二，饮食文化还受到地理环境和气候条件的影响和制约。我国地处亚洲东南部、太平洋西岸，国土的主要部分在北回归线附近及其以北地区，气候温暖湿润，土壤疏松肥沃，极适于农耕，自古有“以农立国”之称。因而我国人民的饮食一直是建基于农业出产物的基础之上，形成了具有农耕文明特色的古老饮食文化，即以粮菜为主，配以适量肉类，经精细加工烹饪的一种饮食模式，而与欧洲等国以及北方草原地区以肉、奶为主要食物的饮食模式有很大的区别。尽管在汉唐时期北方等地游牧民族大量涌入中原地区，他们也同时带来肉食民族的生产经验和饮食习俗，但是并不能改变中原传统的饮食模式，相反地，这些进入中原地区的民族都相继改变原有的饮食方式而融合于华夏饮食文明体系中来。

但是由于我国幅员辽阔、地形气候复杂，因而各地的出产物和食俗又有不少差异，如黄河流域以食粟、麦为主，而长江流域及其以南地区以食稻为主，北方多食牛羊肉而江南多食鱼类，由此而形成、积淀为不同的饮食烹调风味，如后来的所谓川、鲁、苏、粤四大菜系即是在汉唐时期逐步孕育生成的。

第三，民族之间、中外之间的经济文化交流对饮食文化的发展变化起着促进作用。汉唐时期是我国民族冲突与融合的重要阶段，各民族之间的交往空前频繁；同时也是我国古代第一次向世界打开大门，进行大规模对外开放的历史阶段，中外之间的交往也呈现空前的兴旺景象。这一切对于汉唐时期的饮食文化都产生了深刻的影响。

兄弟民族和域外的各种饮食纷纷传入内地，食物如葡萄石榴、胡葱、切蒜、胡荽、菠菜、甘蓝①、胡椒等蔬果香料，饮食方法和制品如“羌煮貊炙”“生羊脍”“胡饭”“胡饼”“毕罗”等各种“胡食”，以及葡萄酒、三勒浆等酒类，酪、酥等奶制品，等等。这些都大大丰富了我国人民的饮食文化，许多已深深扎根于中华饮食文化，成为不可分割的组成部分了。

与此同时，中原的饮食文化也大量传入国外和少数民族地区，例如茶在公元七世纪中叶已传入新罗。通过遣唐使的频繁来往，中国的饮食文化更是大量传入日本，其中包括茶和饮茶习俗，现在日本的茶道即渊源于唐人的饮茶习俗。鉴真东渡时又将中国的豆腐传入日本。李肇《唐国史补》记载：常鲁公出使吐蕃时，赞普以茶招待他，内地的许多名茶那里都有。穆宗长庆年间刘元鼎出使吐蕃时，对方设宴款待他，“饭举酒行，与华制略等”②。吐蕃上层社会的宴饮方式已与内地相同。

第四，饮食文化的发展变化与科学文化水平的提高有密切关系。科学

---

① ［美］谢弗：《唐代的外来文明》，吴玉贵译，中国社会科学出版社 1995 年版，第 317 页。

② （宋）欧阳修、宋祁撰：《新唐书》卷二一六下《吐蕃传下》，中华书局 1975 年版，第 6103 页。

文化的进步，对于推动、提高、改善饮食文化水平起着巨大的积极作用。

汉初在道家黄老无为思想支配下，人们对于口腹之欲持否定态度，《淮南子》的饮食理论就带有某种禁欲主义的色彩，认为“口好味，接而说之，不知利害”，是属于“嗜欲”，“重于滋味”是一种“邪气”[①]，反对放纵“嗜欲”与“邪气”而过分地追求美味佳肴。汉武帝独尊儒术之后，儒家思想占居统治地位，在饮食观念上仍然没有跳出反对“嗜欲”的窠臼，在盐铁会议上，贤良文学列举汉代饮食生活方面种种比古代奢侈的地方，认为“口腹从恣，鱼肉之蠹也”，反对“口极甘脆”[②]。而魏晋南北朝以后思想观念上摆脱了儒家礼教和禁欲主义的束缚，大胆地追求现实的口腹之欲，如吴人郑泉“其闲居每曰：愿得美酒满五百斛船，以四时甘脆置两头，反覆没饮之。惫即住而啖肴膳。酒有斗升减，随即益之，不亦快乎！”[③] 晋人毕茂世云：“一手持蟹螯，一手持酒杯，拍浮酒池中，便足了一生。”[④] 这种思想观念上的变化，推动人们去追求美味佳肴，讲求美食的制作与烹饪技艺的提高，到北朝《齐民要术》时仅记述的烹调基本技术就有近三十种。因而从这个时期开始各种《食经》《食谱》如雨后春笋般涌现，人们总结、传授饮馔经验和技艺，从而诞生了一门新兴的学科——饮食学。而饮食学的发展反过来又进一步促进饮食水平的提高。这些都是魏晋南北朝以后饮食水平比汉代提高的表现，也是其原因之一。

科学技术的发展对于饮食文化的意义更是不言而喻的，如食品酿造技术的发展为人类开拓食源与食物品种就起了巨大的作用，酿造术的关键是制曲，而正是在汉唐时期我国的制曲技术开始发展并走向成熟，“使不同谷物发霉成曲，然后用它来使更多的谷物糖化、酒化和醋化，这一技术是我们祖先一项重大的发明”[⑤]。这一技术的发展使汉唐时期在酿酒、

---

① 刘文典撰，冯逸、乔华点校：《淮南鸿烈集解》卷一四《诠言训》，中华书局 1989 年版，第 475—476 页。

② 王利器校注：《盐铁论校注》卷六《散不足第二十九》，中华书局 1992 年版，第 356 页。

③ （晋）陈寿撰，（南朝·宋）裴松之注，陈乃乾校点：《三国志》卷四七《吴书·吴主传第二》注引《晋书》，中华书局 1959 年版，第 1129 页。

④ （南朝宋）刘义庆著，（南朝梁）刘孝标注，余嘉锡笺疏，周祖谟、余淑宜、周士琦整理：《世说新语笺疏》卷下之上《任诞第二十三》，上海古籍出版社 1993 年版，第 739 页。

⑤ 洪光住：《中国食品科技史稿》上册，中国商业出版社 1984 年版，第 117—118 页。

制酱、制醋等方面取得了突出的成就，大大提高和改善了我国人民的饮食文化水平。

到了唐代，随着文化品位的提高，人们在饮食上已不再仅仅满足于吃饱吃好，而且追求饮食的营养、卫生，发展了医疗养生保健食品；要求丰富饮食的文化内涵，追求饮食的色、香、味、形、器的综合艺术效应，以高雅的文化艺术溶入饮食生活之中，如茶道的兴起、酒文化的风靡等，在满足物质需求的同时，追求精神生活的享受。

我们研究汉唐饮食文化史也是为了更好地总结我国饮食生活的经验教训，吸其精华，去其糟粕，为进一步提高与改进我国人民的饮食文化，为我们今天的物质文明和精神文明建设提供借鉴。

一方面从汉唐时期的饮食文化发展进程中，我们可以看到它有许多优良的传统，值得今天继承和发扬。当时所确立的以粮菜为主，辅以一定量的肉类、鱼类的饮食结构，就是非常科学而合理的，这一饮食构成已被现代科学研究证明是极其有利于人体健康的，它避免了以肉食为主或完全素食的两种偏颇所造成的弊端，把植物蛋白与动物蛋白很好地结合起来，实践已经证明它对保障我国人民的身体素质和健康是非常优越的。汉唐时期总结出来的食不过饱、不过分追求甘肥厚腻的饮食原则，也是弥足珍贵的优良传统，也为今天大量的实践和科学研究证明对于健康长寿是有很大作用和意义的。凡此种种都是我们今天应当继承发扬，并在科学的基础上进一步改进和提高的。

另一方面对于我国传统的饮食文化我们不能片面地颂扬和肯定，应当看到它所包含的糟粕部分，吸取教训，加以扬弃。

这里首先应当指出的是，对于汉唐时期饮食文化中的某些方面，我们今天所继承并加以发展了的，并不是它的良好方面，而是其不良的方面。食制方面的合食制就是一个典型。原来汉唐时期继承古代的传统，基本上是采用分食制的，家庭用膳如此，宴会也是如此，这种食制对于减少交叉传染疾病，维护人民健康是有利的。但是到了唐代后期分食制日益破坏，而被合食制所取代，这种津液交流的合食看似热闹，实则于人民健康是非常不利的。今天不少人误以为我国人民饮食习惯历来是合食，这是一种误解，事实上这种合食制从唐后期产生至今不过一千余年。现在这一陋习已深深扎根于我国人民的饮食文化，尽管今天人们已经开始认识到这种合食制的弊端，但是改起来还是很困难，其中一个原因就是与人们对于我国古代食制发展演变的历史缺乏认识有关。为了中华民族的健康，现在是恢复和重新推广分食制的时候了。

汉唐时期人们在饮食文化上已经产生了一种偏差，就是刻意追求奇珍异食的现象，除了一般的肉类鱼类之外，还刻意追求如“封熊之蹯，翰音之跖，燕髀猩唇，髦残象白”[①]，即熊掌、鸡爪、燕子的大腿、猩猩的嘴唇和牦牛大象肉之类的奇珍异味。为此他们不惜大量捕杀珍禽异兽，食其脚掌、唇鼻等所谓珍美部分，从而为珍稀动物的灭绝、生态平衡的破坏种下了祸根。汉唐时期原来在长江流域还有的大象，其分布日益由北而南退缩，到唐代已逐步退至交广一带了。这是因为当时人们认为象鼻是一种美味佳肴，食用所谓“象鼻炙”等名肴，因而大量捕杀野象，取其鼻子以快朵颐于一时。今天在国人的饮食文化中这种刻意追求珍禽异兽，甚至不惜以身试法食用野生保护动物的愚昧饮食习俗，正是我国饮食文化史上急待抛弃的糟粕之一。

公费大吃大喝也是汉唐饮食文化史上一个突出现象。封建统治阶级以种种名义进行公费吃喝，唐代百官上朝有所谓“廊下餐”[②]，“常参官每日朝退赐食，谓之廊餐”[③]。宰相办公有所谓“堂飧”。这种公费吃喝还有一套“理论”。唐高宗时有的宰相“以堂馔丰余，欲少损”，感到花费过多，浪费太大，提出降低一点标准，但是遭到反驳：“此天子所以重枢务、待贤才也，吾等若不任职，当自引避，不宜节减，以自取名。”[④] 要干就得吃，不吃就请辞职，这就是封建官场中的公费吃喝“理论”。在这种“理论”指导下，封建官吏自上而下公费吃喝成风，鱼肉人民，积弊相沿，靡所底止。

吃喝不仅是人类的一种生理活动，人的社会性决定了人的吃喝也具有强烈的社会意义，早在汉初统治集团在总结治乱兴亡的历史经验教训时就已经认识到在饮食上过度追求“煎熬焚炙，调齐和之适，以穷荆吴

---

① （唐）房玄龄等撰：《晋书》卷五五《张协传》，中华书局 1974 年版，第 1523 页。

② （宋）王溥撰：《唐会要》卷二四《廊下食》，中华书局 1955 年版，第 469 页。

③ （元）马端临撰：《文献通考》卷一〇七《王礼二》，中华书局 1986 年版，第 968 页。

④ 《新唐书》卷一一三《张文瓘传》，第 4187 页。

甘酸之变”，穷极滋味，以事口腹之欲，不仅伤身，而且“足以亡天下。”[①] 真足以震俗惊世，后人可不思之?!

[本文系《汉唐饮食文化史》之“前言”，北京师范大学1998年版。《汉唐饮食文化史》系黎虎先生主编的、以汉唐时期饮食文化为研究对象的论著，亦系黎虎先生所承担的国家教育委员会（今教育部）“七五”人文社会科学研究项目的结项成果。这部论著虽系多人合作完成，但全书内容皆经过黎虎先生的多次审阅、修订甚至是重写，其中更有多章系黎虎先生亲笔撰写。这里要特别提出其中的第八章《饮食学》，在由其本人所撰写的这一章中，黎虎先生不仅全面深入阐述了先秦至隋唐时期的饮食学发展历程，而且在学术界第一次提出了“饮食学”的概念和建立“饮食学学科”的主张，并认为在中国高等等教育体系中，完全有能力、有条件、有资格建立“饮食学”这一独立的新学科专业。黎虎先生的这个倡议和主张乃是极富创新意识的教育理念，早已超越了他所研究的汉唐饮食文化的樊篱。近代大学体系诞生于欧美等西方国家，而他们的学科体系中并没有饮食学这一学科门类，中国近代大学教育体系又基本继踵和模仿西方，所以也一直没有独立的“饮食学”学科。这种状况显然与中国源远流长的饮食史和繁荣发达的饮食文化极不相称。我们有理由相信，黎虎先生早在20余年前所提出的这些倡议和主张，终会有实现的一天。今据《汉唐饮食文化史》北京师范大学1998年版原文整理。又，前言原文引用的文献采用正文夹注的方式，为方便阅读，今按《黎虎文集》引文格式标准，改为页下注。李文才敬识。]

---

① 《淮南鸿烈集解》卷八《本经训》，第264页。

《中国传统饮食礼俗研究》序

礼俗是一个民族文化本质特征的一种体现，是考察民族的历史、文化和心理素质的“社会化石”。饮食礼俗则是传统礼俗中的瑰宝奇葩，是传统礼俗文化中最具普遍性的事象。因此研究中国传统饮食礼俗，对于深化中国历史、传统文化和社会生活史研究的意义是不言而喻的。姚伟钧博士的《中国传统饮食礼俗研究》一书抓住了中国传统文化中的这一重要问题，展开了全面的、系统的和深入的阐发，因而是一部具有重要学术价值的著作。

姚伟钧博士从事中国传统文化研究多年，尤专于中国饮食文化史之研究，著述颇丰。在此厚积基础之上，又师从著名历史学家、文化史专家熊铁基教授攻读博士学位，潜心于中国传统饮食礼俗之研究，完成了《中国古代饮食礼俗研究》博士论文。呈现在读者面前的这部《中国传统饮食礼俗研究》，就是在其博士论文基础上写成的。这部专著可以说是著者多年学养的体现和心得之总结，因而具有相当的深度。我以为它至少有如下几方面突出的特点。

第一，是其独特的视角。近年来中国古代饮食文化史的研究有了长足的发展，相关专著和论文时有问世，但是从饮食礼俗的角度研究中国古代饮食文化者则并不多见，全面、系统论述中国古代饮食礼俗发展变化的专著，管见所及，似还未有。姚伟钧博士此书是第一部全面、系统阐述中国古代饮食礼俗的著作，书中揭示了从远古迄明清时期中国饮食礼俗在不同历史阶段的发展嬗变，涉及民间饮食、宫廷饮食、佛道饮食等，展现了社会各阶层和群体的饮食方式、饮食风尚、饮食礼仪，系统地勾勒出中国古代饮食礼俗的面貌和演变轨迹。

第二，深刻地揭示了中国古代饮食礼俗的本质特征及其发展变化的规律。本书以食—俗—礼三者之间的互动关系为主线，论述了中国古代饮食礼俗之从简而繁、由约而奢以及饮食方式、饮食风尚的发展演变与社会经济发展水平、饮食品种、烹饪技艺、饮食器具、饮食环境乃至与政治制度、政治观念、社会伦理、社会心态之间存在的辩证关系，并由这种相互作用而决定了中国饮食礼俗的绚丽多彩及其所具有的东方文化的特色。本书对饮食礼俗的阐述，不是停留于对礼俗表象的描述，而是透过表象揭示其本质，探究礼俗产生和嬗变的原因、意义。如在论述分食制与合食制以及由前者向后者转化问题时，作者精辟地指出分食制与氏族社会食物共有制和平均分配制度的历史渊源关系，与古代住房条件、食物品种、饮食器具及席地而坐的饮食方式之间的密切关系。而在唐代中后期分食制向合食制之转变，则是相关条件的发展变化所致，高桌椅的使用是其关键。这一分析可谓鞭辟入里，令人信服，颇具启迪意义。此外关于餐制变化、进食礼仪变化等方面的论述，大多如斯。

第三，创获良多，新意迭见。作者在宏观论述的同时，亦进行了微观的探索，在诸多方面提出了精辟独到的见解。如提出礼起源于食的观点，指出阶级社会中成为上层建筑组成部分的“礼制”，正是从先民在饮食活动中逐渐形成的习俗、礼节，以及以饮食敬神祈福的仪式中发展而来的。对于乡饮酒礼的探索，作者指出“乡”的本义即原始社会先民群居共食的行为习俗，这种习俗在周代与宗法制度相结合，完成了其礼仪化的进程，从而成为中国古代独具特色的饮食礼俗。这些见解之所以令人击节，是因为它们都是建立在对于文献资料的爬罗剔抉、去伪存真、探赜索隐，并结合丰富的考古资料而作出的可贵探索。

中国传统饮食礼俗研究是一项浩大的工程，本书虽然在这个课题方面起了很好的带头作用，但是需要探讨和阐述的问题仍然很多，这当然不是一部著作所能完成的。就以本书而论，其研讨的重点在先秦，其次为汉唐，宋元明清又次之。因而对于中国秦汉以后中古时代饮食礼俗的探讨尚可进一步深入。本书对社会各阶层、群体饮食习俗、风尚的叙述，在各个时段还不够平衡，对汉唐时期宫廷饮食的论述比较薄弱，而对宋元明清时期宫廷饮食论述较多，却又未曾涉及民间饮食。完整意义上的中国传统饮食礼俗，应当包括以汉族为主体的各民族的饮食礼俗，它们各具特色而又相互吸收融合，从而形成丰富多彩的中华饮食文化。本书没有论述少数民族饮食礼俗及各民族饮食礼俗的相互影响，日后如能有机会弥补这一缺陷，则更为完善。

姚伟钧博士的《中国传统饮食礼俗研究》的出版，必将对于进一步推动中国传统饮食礼俗研究向着深度和广度不断开拓进取产生积极的作用，人们有理由期待中国传统饮食礼俗研究新局面的来临。

1998 年 6 月 2 日于北京师范大学

（姚伟钧：《中国传统饮食礼俗研究》，华中师范大学出版社 1999 年版。）

《中华文明简史》序

我国是一个历史悠久的文明古国。中华民族在漫长的历史进程中，以坚强的意志和卓越的智慧，创造了世所罕见的物质文明和精神文明。自夏、商、周三代以来，中华文明一脉相承，在发展过程中没有任何中断，其发展的连续性、历史记录的完整性，在世界古代文明中是绝无仅有的。这是中华民族的骄傲，值得每一个中国人为之而自豪。

江泽民同志 1999 年 4 月 25 日在祝贺北京师范大学白寿彝教授主编的二十二卷本《中国通史》全部出版的贺信中指出："几千年来，中华文明得以不断传承和光大，一个重要原因就是我们的先人懂得从总结历史中不断开拓前进。"对于中华文明发展史这个浩淼博大、蕴含丰富的珍贵宝库，"我们应该运用历史唯物主义的观点不断加以发掘，在前人研究的基础上不断作出新的总结。这对我们推进今天祖国的建设事业，更好地迈向未来，具有重要的意义。"江泽民同志这里精辟地概括了治史的重要性，每一个史学工作者都应为之而努力。

江泽民同志在《贺信》中还强调指出："中华民族的历史，是全民族的共同财富。全党全社会都应该重视对中国历史的学习，特别是要在青少年中普及中国历史的基本知识，以使他们学习掌握中华民族的优秀传统，牢固树立爱国主义精神和正确的人生观、价值观，激励他们为中华民族的伟大复兴而奉献力量。"因此，我们除了需要有像多卷本通史那样的学术理论性较强的巨著外，也还要有大量简明易读的单卷本历史著作问世。最近，王炜民同志主编的《中华文明简史》应运而生，正逢其时，实在可喜可贺！

通览《中华文明简史》，可以看出它是作者刻苦钻研，精心构思，辛勤劳作的研究成果。其中有如下几个较为显著的特点。

一、立意新颖，主题鲜明。随着学术的进步，史学的研究范围已不再局限于政治、军事、经济等方面，而更加注重对传统文化的探讨。近年来，已有大量中国古代文化史的著作出版发行，但书名标为《文明史》的作品尚不多见。“文化”与“文明”是两个既密切相关又有区别的概念。一般说来，“文化”包含有精华和糟粕两个方面，而“文明”则主要指进步、积极的内容。对传统文化中糟粕的部分，应经过认真研究，加以批判剔除；而着重宣扬的应是其精华部分。事实上，许多文化史著作中也少有对糟粕的学术批判。《中华文明简史》所论述的，基本是中华民族所创造的物质文明和精神文明的优秀成果，故书名直接冠以“文明”二字，使主题更加鲜明，立意更为清晰。

二、构思精巧，结构合理。《中华文明简史》共十七章，每章为一个专题。每一专题的内容均有一定的独立性，一般的文化史著作亦一个专题设一章，但各章内容自成体系，互相之间关系不大。本书内容各章也有相对的独立性，但作者注意了体现中华文明发展史的特点，对各个专题选取其确立、鼎盛或某一较为突出的特点，再按时代顺序排列其先后，兼顾了纵向的文明发展演变脉络，和横向的文明成果的多样性、错综性。具体写作中不仅每章的标题对朝代有了明确的显示，而且对所排定位置的内容也给予了较多的笔墨。这样，就将历代创造的文明成果，纳入了中华文明发展史的整体框架中，犹如一根主线串起了颗颗璀璨晶莹的珍珠，既各具特色，又完整统一。其中，《前言》和第一章首先对“中华文明”的概念、“中华文明的起源与形成”加以论述，以具体的史料表明对文明标志的看法，说明文明发展的基本脉络，实为全书的纲领。而“中国传统节日”中，各个节日起源、发展、内涵各不相同，到底插入哪个朝代比较适宜不易把握，故列为最后一章，也是较为恰当的处理。

三、取舍得当，重点突出。中华文明博大精深，内容极为丰富，一本二十多万字的专书决不可能面面俱到，因而必须有所取舍。

从全书看，《中华文明简史》对于已有大量中国通史著作详细记载的王朝更替、政治事件、阶级斗争、政治组织、行政机构、经济制度、人口增减、民族关系、中外交流、郡县沿革、疆域变迁等内容，不再叙述。而主要论述甲骨文字、青铜文化、秦兵马俑、阵法战术、兵书兵器、古度量衡、古代儒学、礼制风俗、传统史学、佛道宗教、科举制度、音乐文化、书法绘画、书籍形制、印刷技术、陶瓷工艺、货币形态、学校书院、古代建筑、车船演变、科技成就、近代报刊、传统节日等内容。这既注意了一般读者的兴趣点，有利于扩大读者面，又注意了与一般通史著作相区别，便于突出重点内容，显示了本书的特色。

当然，受篇幅所限，就是本书着意突出的重点内容，也不可能全面反映、系统论述。作者对此有清醒的认识，故对每一专题、每一文明成果的论述中，也不是平均着墨。如第一章第三节“青铜文化”就处理得恰到好处。青铜文化指青铜时代人们所创造的以青铜器为代表的物质文化，包括的内容颇为广泛。作者虽只设了“青铜器的制造”和“青铜器的特点与价值”两个小题，但却抓住了青铜文化最核心的内容，足以反映其文明进步的程度。对青铜器的特点与价值归纳为五个方面，即第一，数量巨大；第二，品种繁多；第三，工艺高超；第四，铸刻铭文；第五，礼器居于青铜器的主导地位。每一方面均举出了具有代表性的例证。特点概括全面精当，例证所举典型具体，显示了作者扎实的学术功力。

四、深入浅出，简明易懂。在我国扩大对外开放，而世界范围内各种思想文化相互激荡的新形势下，进一步弘扬祖国优秀传统文化的一个重要意义，在于广泛开展爱国主义教育，特别是加强青少年思想道德教育。因而，简明的历史著作在保证科学性的基础上，应当力求深入浅出，通俗易懂，以便适应更广泛读者的需要。《中华文明简史》注重学术性与可读性的结合，基本符合这一新形势的要求。例如，中国古代礼俗不仅是古代文化的重要组成部分，而且对现代社会也产生着深远影响，但是古代礼学深奥，礼仪繁杂，不易掌握，作者在对“礼的起源与周礼”作了简略的介绍后，选取日常生活中的坐立行走、衣冠服饰、饮酒进食、称谓避讳几个方面，作了生动具体的讲述。这样就使读者既对古代礼仪风俗概貌有了总体认识，也对日常礼俗的具体内容有了初步的了解。

《中华文明简史》由于众手成书，各部分内容不够平衡，也存在着不尽完善的地方，但瑕不掩瑜，总体来说，是一本成功的历史专书，也是一次弘扬中华文明的成功尝试。因此我愿意在这里向广大读者郑重推荐本书。

本书主编王炜民同志 1982 年毕业于北京师大历史系，后又以访问学者返校进行了一段时间的学术研究，我与他既有师生关系，又有过合作共事的朋友之谊，他的勤奋好学、刻苦自励给我留下了深刻的印象。他多年以来从事中国古代文化史和历史文献学的教学与研究，著有《中国古代礼俗》，参编《中国历史文献学》等多种专著，发表了关于中国历史文献学和文化史方面的论文数十篇，成果累累，斐然可观。现在推出的这部《中华文明简史》就是得益于他多年研究的积累。谨向他取得的突出成绩表示祝贺，并衷心祝愿他继续取得更丰硕的成果，为历史学科的繁荣做出更大的贡献。

黎虎

1999 年 6 月 23 日于北京师范大学历史系

（王炜民主编：《中华文明简史》，内蒙古大学出版社 1999 年版。）

《汉唐间政治与文化探索》序

梁满仓君的《汉唐间政治与文化探索》一书，收集了作者从1989年至今十余年间所撰写的部分学术论文，研究的时间范围从三国直至隋代，研究的内容主要集中在政治和文化两个方面。全书分为“三国钩沉”“六朝索隐”“北朝史论”“隋史探微”四编，共十九篇文章。满仓君于1984年至1987年间在中国社会科学院研究生院攻读魏晋南北朝史方向硕士学位，毕业后即留在历史研究所工作，现任该所副研究员。我与满仓君有着长期的交往和友谊，可以说是目睹他一步一步成长起来的。他在大学历史系本科上学时，我曾猥登讲座，为他们年级授过《中国通史》课程。他在中国社会科学院研究生院毕业时，我又曾忝任其毕业论文答辩主持人。他毕业以后一直从事魏晋南北朝史研究，我们又成了学术上的同道。职是之故，我对满仓君的学识与为人是了解的。他好学深思，踏实勤奋，尤为难能可贵的是，在商潮腾涌，人心浮躁的岁月中，他仍能心无旁骛，目不窥园，潜心学术，一以贯之，从而在学术研究中取得了丰硕成果，成为魏晋南北朝史学界新生代中的佼佼者之一。现在他将自己研究魏晋南北朝史的部分成果结集出版，我从心底为他所取得的成就而高兴，因而当他请我为此书作序时，我是欣然应命的。虽然收集在本书中的不少论文我以前曾陆续拜读过，但是这次重新拜读了全部文稿，仍然给人以耳目一新之感，对其在学术上的追求与探索，更有了一层新的体会和认识。

历史研究是一门科学，推陈出新、实事求是、严谨精细可以说是科学研究的显著特征。《汉唐间政治与文化探索》一书所收集的十九篇文章中就体现了上述特点。

科学研究贵在求新，这是科学之树长青不败的源泉。所谓求新，不是轻易否定前人而毫无根基的标新立异，而是指或在前人研究的基础上进行更深层次的探索，或另辟蹊径开拓新的研究领域和新的课题。在历史研究中，政治是一个古老的研究领域，文化研究也曾有过几次热潮，也不应该算作是新的研究领域。但是，在这两个领域中，仍然有许多问题需要不断地向深度认识，向广度拓展。作者正是在这两个方面作了许多可贵的探索。《论六朝时期的民间祭祀》可以说是作者在文化研究领域中探索新问题的代表作。以往研究魏晋南北朝时期的宗教文化，人们关注的焦点往往在佛教和道教上，而研究民间祭祀的文章似不多见。作者从这个方面入手研究此时期的宗教文化可谓独辟蹊径。此类的文章还有《魏晋南北朝秘学的文化透视》《论蒋神在六朝地位的巩固与提高》《论魏晋南北朝的早婚》《论北朝鲜卑婚俗的两次改革》等。还有一类文化研究的课题虽然被人关注较多，但也不是题无剩意，还可以在前人研究的基础上有所前进或突破。《论梁武帝佞佛》是作者在这方面的代表作。梁武帝与佛教的关系，向为史家所关注，陈寅恪先生曾指出："南北朝诸皇室中与佛教关系最深切者，南朝则萧梁，北朝则杨隋。"论梁武帝佞佛的文章和著作相当繁富，但多对其持否定的态度。而《论梁武帝佞佛》一文把梁武帝佞佛的现象置于佛、道、儒互动与融汇的文化背景和梁武帝欲稳定社会秩序的政治背景中加以考察，从而得出了新的结论。与此类似的文章还有《谢安处世的柔与刚》《浅析淝水之战东晋胜利的宗教因素》《论杨坚的兴佛复道》等。政治研究的新课题可以《北魏赏赐制度述论》《杨坚与北周政治》等文为代表。北魏赏赐制度的特点、在国家政治中的作用及其利弊得失、隋文帝杨坚与北周政治的关系等问题，可以说都是前人没有注意到的新问题。这一时期也有许多政治问题则是学术界论之已详的，如三国时期吴蜀之争与荆州关系问题、南北朝关系的问题、杨广的夺嫡篡位问题等。但对这些问题，作者却能通过深入的研究，提出新的观点和解释，同样给人以耳目一新的感觉。

实事求是是科学研究的灵魂。实事求是，就是在众多的客观现象中找出事物的联系、本质和规律。具体到历史科学上，就是在众多的史料中去探求历史的真实和规律。探求历史真实的过程，犹如哲学上探求绝对真理，我们只能接近它，而不能穷尽它。《汉唐间政治与文化探索》中的许多章的分析和结论都是很有说服力的。如论述赤壁之战后荆州的归属问题，作者从历史事实、集团利益、荆州建设三个方面加以充分论述，得出了荆州应该属于蜀汉的结论，又从吴蜀双方力量对比的角度，指出孙吴最后据有荆州，不是靠公理与道义，而是靠实力。在论述魏晋南北朝时期早婚现象产生的原因时，作者从人口问题、人的寿命、当时的家庭宗法观念三个方面加以阐述，对这个历中现象作出了合乎历史真实的解释。在分析杨坚兴佛复道的原因时，作者从一切宗教现象虽然在天上，但其根基在于世俗的理论出发，指出杨坚的兴佛复道，其根本原因还是出于为现实利益服务的目的。用佛、道二教证明其政治行为的合理性，寻求精神寄托、寻求心灵慰藉，是杨坚要实现的三个现实目的。这些结论既有坚实的理论基础，又有缜密的逻辑分析，从而具有很强的说服力。综观本书中的十九篇文章，每篇都有作者独到的见解和颇具说服力的结论，这些见解和结论，都是在详尽地占有材料的基础上，进行去粗取精、去伪存真，由表及里的分析论证之后得出的，因而具有一定的理论深度，使这些历史问题更加接近历史的真实，体现了作者实事求是的科学精神。

严谨精细是《汉唐间政治与文化探索》的另一突出特点，任何科学研究都是从现象到本质的探索过程。而历史科学的特殊性在于，它研究的对象存在于已经逝去的时间和空间之中，不可能完全恢复其原貌。因此，仅仅为了说明一定时期的历史现象，就需要做一系列资料搜集、真伪考订、逻辑证明等工作。在这个过程中，精细严谨是要求史学工作者应具备的素质。本书作者一方面做到了详尽地占有材料，举凡有关正史、类书、政书、私人撰著、文集、佛道著作、儒家经典等历史资料，以及现代人的研究成果等，莫不备举，详加征引，粗略统计约有五十余种。另一方面，在丰富的历史资料基础上，作者又对所要论述的问题详加考订、严密论证，一丝不苟。如为了说明魏晋南北朝时期的早婚现象，作者对三国、两晋、南北朝各个时期的各个社会阶层的结婚年龄做了详尽的统计，得出了这个时期人们结婚的一般年龄，然后再拿这个年龄与其前面的汉代和后面的唐代进行比较，从而确认了这个时期的确存在大量早婚的现象。像这样严谨的论证方法在本书的其他文章中也多有体现。又如《杨广夺嫡篡位析》是一篇考订性较强的文章。文中对《隋书·五行志》所载杨悦观云物、得羝羊的传说，从地点、时间及杨广的为人品质等三方面进行了考证，得出了这个传说是杨广及其党羽为促使杨坚废太子杨勇、改立杨广为太子而编造出来的结论。再如《论杨坚兴佛复道》一文中，论述杨坚与道教的关系时，作者不但从取法道经、建元开皇、保护道家经像、笃信道术等方面加以论述，而且还对史书中关于杨坚蔑视道士、禁止纬候图谶和野道之家等反面记载进行考订，指出杨坚这些行为是出于对道术威胁其帝位的恐惧心理的表现，从另一方面反映了他对道术的笃信。这些论证和考订都体现了作者严谨精细的治学态度。

总之，《汉唐间政治与文化探索》是一部严肃的、富有学术价值的史学著作，这既是满仓君面壁十余年的心血结晶，也是魏晋南北朝史学界的可喜收获，值得我们为之热烈祝贺。它的付梓问世，必将对于推进魏晋南北朝史研究产生积极的影响。

2000 年仲夏，谨识于北京师范大学

（梁满仓：《汉唐间政治与文化探索》，贵州人民出版社 2000 年版。）

《魏晋南北朝并州地区研究》序

地域史的研究是中国历史研究的重要组成部分，这是因为中国自古以来就是举世屈指可数的泱泱大国之一，其国土幅员辽阔，地域之间存在着程度不等的差异。这种地域差异直至今天依然存在，更何况在经济、文化和交通不发达的古代及中世纪时期，因而地域史的研究在中国古代及中世纪史的研究中更有其突出的意义，它不仅是中国历史研究的重要内容之一，也是中国历史研究的重要方法之一。地域史的研究固然需在中国历史整体性前提之下进行，而地域史的深入研究，反过来又必将丰富和深化对于中国历史的整体性认识，两者相辅相成，互为促进，推动中国历史研究向着广度和深度发展。

近二十年来，随着史学研究的繁荣，对于中国古代中世纪时期地域史的研究亦蓬勃兴起，并取得了长足的进展，其中尤以魏晋南北朝史为然。这是因为在数千年以统一为主流的中国历史长河中，魏晋南北朝是一个分裂割据的时期，在这样一个特定的时代里，地域史的研究更有其突出的意义，引起人们更大的兴趣和更多的关注，也就是很自然的事情了。尽管魏晋南北朝地域史的研究已经有了很大成绩，但是，对于在魏晋南北朝时期具有特殊的、重要的地位的并州地区的系统性、专题性研究却迄今未见。汪波君在攻读博士学位期间，以魏晋北朝时期的并州地区政治形势演变作为其研究课题，撰写了《魏晋北朝并州地区政治形势研究》一文，在一定程度上弥补了这一学术空缺。在此基础上，汪波君又对论文作了一些修改和补充，以《魏晋北朝并州地区研究》为题付梓，并索序于我。因本书对于魏晋南北朝乃至中国历史的研究有一定参考价值，故欣然应命。

并州为古九州之一，“其州或并或设”（《淮南子》卷四《地形训》），而魏晋南北朝时期则一直在设。并州辖区亦变化无常，最大时包括今山西大部及内蒙、河北之一部分，到了魏晋南北朝时期则基本上不出今山西省境。并州以其独特的地理位置和形势而在中国古代历史中扮演了重要角色，顾祖禹盛称其“表里山河，称为完固……因势乘便，可以拊天下之背而扼其吭也。”（《读史方舆纪要》卷三九《山西一》）在魏晋南北朝这样一个分裂割据的时代，并州的上述特点和作用尤为突出，可以说发挥到了极致。但是，具体说来并州在魏晋南北朝时期发生了什么样的变化，它在当时的历史中究竟扮演了怎样的角色，具有何等的地位和作用，这些都是由什么原因所造成的？以往学术界对此并没有系统地、深入地进行具体研究和解答。汪波君在广泛搜集正史、方志、碑铭等资料和吸收古今学者有关研究成果的基础上，从并州在魏晋北朝时期的政治形势演变及其特点和原因三个层次上进行了分析，以当时整个历史空间作为参照系，探讨了魏晋北朝地域政治与中央政治的双向关系，以及北方民族融合的进程，从一个新的视角对魏晋北朝一些重大历史问题提出了自己的见解。关于并州政治形势的发展变化，作者概括为四个特点：一是其辖区由北而南、由大而小的变化；二是其政治功能之由外而内的变化，即由抗击北方少数民族的前沿基地向以处理内迁少数民族事务为主，再向内政基地的变化；三是其政治地位由轻而重的变化，即由边州而发展为霸府、别都的政治地位的逐步上升；四是其民族构成由以汉族为主向以少数民族为主的变化。这四个特点虽然不能说已经尽善尽美，也许有些观点未必为所有的学者所完全认同，但是无论如何这无疑是对魏晋北朝并州政治形势发展演变的一个规律性的理论概括，从而将魏晋北朝并州地区的研究置于有序可寻的科学基础之上，把对这一地区的认识和研究向前推进了一步，使今后对这一课题的深入研究有了一个良好的开端。

在此基础上，作者进一步分析了并州地区在魏晋北朝政治形势演变所以具有上述四个特点的三方面原因，即并州地理形势的作用，中央政治的作用以及民族融合的影响。当然这三个方面的原因不是孤立的，而是相互关连，互为作用，密不可分的。以并州地区独特的地理位置和形势而论，一方面使其成为与北方少数民族接触的窗口，北方少数民族也以并州作为进入中原地区的跳板，魏晋北朝时期的所谓“五胡”中，有匈奴、鲜卑和羯等三个胡族是从并州入塞或发迹的，其余的氐、羌二族也有一些曾进入并州，因而使并州很自然地成为民族融合的大熔炉；另一方面并州地区的地理位置和形势，决定了其政治地位的重要性具有如下的特殊规律：在中央权力衰弱和分裂割据时期比在中央权力强大和统一王朝时期突出，而同样在分裂割据时期，其在东西对峙中的重要性又超过在南北对峙中，这就导致其地位的重要性由三国、十六国时期的南北对峙中至北朝后期的东、西魏和北齐、北周的东西对峙中而臻于巅峰。这不仅从一般意义上论述了中央与地方的关系，而且从地域史的一个新的视角更深入地揭示了两者的互动关系，以及地理形势与民族融合对这两者关系的影响。这些反过来又深化了人们对于当时民族融合进程的认识。职是之故，本书的研究摆脱了就并州论并州的局限，而是将其置于整个魏晋南北朝历史发展进程中去把握，由并州地域政治的研究进而触及魏晋南北朝时期的若干重大问题，一定程度上窥见魏晋北朝整个历史发展轨迹，从而对于魏晋南北朝历史的研究富有学术价值。

本书不仅从宏观上阐述了魏晋北朝并州政治演变的客观规律及其原因，同时在微观方面亦有所发明。如指出东汉末年董卓、王允之争具有并州和凉州两种地方势力争权夺利的性质；通过对历任并州刺史人选的考察显示并州地位变化，由此指出魏晋之际并州刺史一度成为旁置政敌的处所，北魏并刺的重要性在迁洛前后曾有变化，东魏北齐并刺之重达于顶点；关于并州交通网络的分析，亦颇为细微，多所创获，等等。

本书在研究方法方面亦有某些特点和可道之处。从一个州的地域研究，由下而上去探索中国古代中央政治与地方政治的相互影响、相互作用以及北方民族融合的规律，这可以说是史学大师陈寅恪先生所倡导的“小中见大”历史研究方法的一个有益的尝试吧。以刺史为中心来考察并州地位之由轻而重的变化，这种以点代面的研究，也许比面面俱到的泛泛而论更有助于深入历史的内层。

汪波君寒窗三年，孜孜矻矻，终于得到了丰硕的回报。当然，本书作为一部处女之作，存在一些有待改进和提高之处亦属在所难免。学者一般对于自己所研究的问题往往竭力强调其重要性，有时难免畸重失衡，这对本书来说也是应当留意避免的。并州在魏晋北朝时期固然有其特殊的重要地位和作用，但对于其重要性的衡量似还可进一步斟酌，例如本书对于西晋王朝建立与司马氏封晋之关系，后赵建国与并州之关系，北魏灭亡与并州之关系等问题的论述上或许有过分抬高并州地位之嫌。关于并州民族融合的问题，如果只从政治方面着眼，而不同时从经济方面进行论述是不全面的，各族政治上的行政联合体还不是民族融合体，根本因素还是经济基础，如果没有经济基础上的融合是不可能真正实现民族融合的。此外，在逻辑的严密性、概念的准确性及文字的规范性等方面也应对自己提出更高的要求，不断磨练，俾臻佳境。汪波君的学术道路还很长，衷心祝愿她在已有成绩的基础上继续开拓前进，取得更大的成就。

黎虎

2001 年 1 月 21 日于北京师范大学历史系

（汪波：《魏晋南北朝并州地区研究》，人民出版社 2001 年版。按，黎虎先生为汪波所撰此序文，后经过修订而以《〈魏晋南北朝并州地区研究〉评介》为题，发表于《晋阳学刊》2002 年第 3 期。李文才敬识。）

《黎昔非与〈独立评论〉》前言

《独立评论》是胡适先生主编的政论时评周刊，1932 年 5 月 22 日创刊于北平，1937 年 7 月 25 日停刊，共出版了 244 号，发表文章 1309 篇，发行全国各地乃至欧、美、日等国家和地区。该刊是在“九一八”事变后国难当头的形势下，以胡适先生为代表的自由知识分子精英群体试图用独立的精神、公平的态度、各抒己见来研究中国当前的问题，以达到“救国”“强国”目的的舆论阵地。主要撰稿人为北京大学、清华大学等学校的著名教授、学者，随着其影响的扩大，社会人士的稿件也日益增加，从而“成为全国用公心讨论政治社会问题的人的公共刊物”①。该刊以登载政论文章为主，同时也刊载一些纪实散文、游记、杂文、书评等，既关注社会热点，开展了诸如“民主与独裁”“中西文化”“对日政策”“高等教育现状与改革”等问题的讨论，引起了很大反响；又关注百姓生活，针贬时弊，反映民意。因而其读者数量猛增、层面日广，最大发行量达一万三千份。该刊的独立精神和自由论政宗旨有时与当局发生冲突，因而曾遭到一些地方当局查封、扣留，然而“《独立评论》所代表的精神，曾经替民族支持半壁的江山……大众的神经中永远忘不掉这个刊物”②。它对中国的政治走向、经济文化建设乃至国际舆论的“转移”都尽了最大推动的力量，胡适等自由知识分子也通过这一刊物从社会的“边缘”走向社会的“中心”③，因而《独立评

---

① 胡适:《又大了一岁了》,《独立评论》第 151 号。

② 《独立评论》第 231 号，第 21 页。

③ 参见张太原《〈独立评论〉与二十世纪三十年代的政治思潮》（北京师范大学 2001 年历史学博士学位论文）第一章。2006 年以同名由社会科学文献出版社出版。

论》被认为是中国现代历史上最有影响的刊物之一。今年5月是《独立评论》创刊70周年，也是与《独立评论》相始终的“一位忠心的看护妇”① ——家父黎昔非先生100周年诞辰。②《独立评论》台面上人物是已被世人所熟知的胡适先生，而《独立评论》台下人物则是至今仍鲜为人知的黎昔非先生。

本书根据力所能及搜集到的一些资料，揭示黎昔非先生与《独立评论》关系的具体情况。

黎昔非先生是应胡适先生的邀请去《独立评论》社工作的

黎昔非先生，1902年5月31日（旧历4月24日）诞生于广东省兴宁市罗岗镇甘村，1930年7月毕业于上海中国公学大学部中国文学系。时胡适先生任中国公学校长兼文理学院院长，故黎昔非先生与胡适先生有了师生关系。1930年8月黎昔非先生从上海赴北平，在北平图书馆自学，准备报考北京大学研究院。1931年春考取了北京大学研究院，指导教授为黄节先生，研究课题为《诗经学史》。恰巧1930年11月胡适先生也从上海迁平，出任北京大学文学院院长。于是黎昔非先生与胡适先生再度有了师生关系。1932年4月胡适先生邀请黎昔非先生帮助他办理《独立评论》，于是他中止了在北京大学研究院的学业，开始了他在《独立评论》社长达五年有余的生涯。

关于这方面的情况，1932年4月24日吴晗先生致胡适先生的信，为人们提供了一个线索。吴晗先生在这封信中说：

> 今午同蒋廷黻先生谈话，他说他正在发愁，因为《独立》周报预备在下下星期出版，第一期稿件已齐，却还找不到一个合式的经理人。生因此想起五星期前同黎昔非君到协和来看先生的时候，先生曾提过

---

① 胡适语，见《又大一岁了》，《独立评论》第151号。

② 《独立评论》创刊于1932年5月22日，黎昔非先生诞生于1902年5月31日（旧历4月24日）。

此事，并问黎君愿否帮忙，就把这话告诉蒋先生，他很高兴，叫生即刻写信，请先生决定并征求昔非同意（他住银匣大丰公寓）。[①]

1932 年 4 月 24 日是星期日，这天的前五个星期是 3 月 20 日，也是个星期日。由此可知早在 3 月 20 日，当黎昔非先生与吴晗先生一同去协和医院看望胡适先生时，胡先生已经在为《独立评论》物色“经理人”，并已经向黎昔非先生提出请他来帮忙这件事了。但是时间已经过去一个多月了，黎昔非先生没有答应胡适先生的请求去就《独立评论》“经理人”的职位，胡适先生等人也还没有为《独立评论》社物色到合适的“经理人”。吴晗先生这封信寄出之后，便有了黎昔非先生《自传》中所说到的 4 月的一天胡适先生派专人送信给他，请他帮助办理《独立评论》及他应允此事的情况的发生。[②] 由此可知黎昔非先生对于是否出任《独立评论》的工作曾经是相当犹豫的，因为他到北平的目的是“想在学术上搞出点成绩”[③] 来的。

黎昔非先生在《独立评论》社所从事的工作

关于这个问题，主要有两种说法，一说是经理人，一说是发行人。“经理人”的说法出现最早，早在《独立评论》酝酿阶段，当时胡适先生所要物色的就是一位“经理人”，并最终选定黎昔非先生为“经理人”的，此事见于上引 1932 年 4 月 24 日吴晗先生致胡适先生的信中。罗尔纲先生在《胡适琐记》一书中也说《独立评论》的“经理为黎昔非”[④]。黎昔非先生自己也曾这样称呼这一工作，1945 年在昆明国立中国医药研究所史地部工作时所填《大学及独立学院教员资格审查履历表》中即谓

---

① 原件藏于中国社会科学院近代史研究所，又见于《人民日报》1966 年 6 月 3 日转载，以及《历史研究》1966 年第 3 期《评注吴晗胡适通信》。

② 详见黎昔非先生 1951 年 7 月、1958 年 4 月 30 日《自传》，本书（即黎虎主编《黎昔非与〈独立评论〉》，学苑出版社 2002 年版）第 456、482—483 页。原件藏于广东省兴宁市教育局档案室。以下凡引用“本书”，均径作《黎昔非与〈独立评论〉》。

③ 见黎昔非 1958 年 4 月 30 日《自传》，《黎昔非与〈独立评论〉》，第 469 页。

④ 罗尔纲：《师门五年记 · 胡适琐记（增补本）》，生活 · 读书 · 新知三联书店 1998 年版，第 137 页。

“独立评论社经理五年”[①]。“发行人”的说法最早见于林钧南先生于1935年12月写的《重修兴宁邑馆募捐簿序》及1936年9月1日写的《募捐簿》名单上[②]。黎昔非先生在1958年所填《履历表》及《中国共产党入党志愿书》中也写的是“发行”[③]。

这两者中究竟是哪一种“头衔”并不重要，重要的是他实际上承担了什么样的任务，做了哪些工作？

首先，是胡适先生和黎昔非先生这两位当事人在当时的说法和文字材料。

胡适先生在纪念《独立评论》创刊三周年的总结中是这样说的：

> 在这贺周岁的日子，我们不要忘了这个孩子还有一位忠心的看护妇。我们创办这刊物的时候，就请黎昔非先生专管发行所的事务。说也惭愧，我是实行我的无为政治的，我在三年中，只到过发行所一次！这三年的发行，校对，杂务，全是黎昔非先生一个人支持。每到星期日发报最忙的时候，他一个人忙不过来，总有他的许多青年朋友赶来尽义务，帮他卷报，封装，打包，对地址。[④]

胡适先生在总结《独立评论》四周年工作时又说：

> 我们借这个机会谢谢黎昔非先生和章希吕先生。他们终年勤勤恳恳的管理独立评论的发行，校对，印刷的事务。他们对于这个刊物的爱护和勤劳，常常给我们绝大的精神上的鼓舞。[⑤]

黎昔非先生在办理《独立评论》期间给胡适先生的信函，现在仍有

---

① 《黎昔非与〈独立评论〉》，第488页。

② 《黎昔非与〈独立评论〉》，第72页。林钧南先生（1915—），广东兴宁人，1932年5月至1937年7月在北京上学，先后就读于东城大同中学、辅仁大学历史系、北京大学历史系，恰与黎昔非先生办理《独立评论》时间相始终，而且双方过从甚密。

③ 原件收藏于广东省兴宁市教育局档案室。

④ 胡适：《又大一岁了》，《独立评论》第151号。

⑤ 胡适：《独立评论的四周年》，《独立评论》第201号。

三通保存于中国近代史研究所资料室①，信笺左下侧均有“独立评论社用笺”字样，其中有两通是直接关于《独立评论》工作方面的。第一通全文如下：

适之先生：

第六期报卅五册，照收。

送上一期三册，四期五册，七、八期各十册，乞查收。三期已无存书，——二、四所存也不过数十册——现在写信问各代派处收回一些，想是可能。

寄报的封袋，据沙滩一个铺子说，那种大的每万份二五元，小的二四元。现在打算明天到前门去问问看看如何。

赠阅的，当照寄。

敬候

早安

学生

昔非覆上

十一日早

第二通全文如下：

适之先生：

丁先生的原稿，那天因排字工人不在，没取回。当时即嘱印刷所的杨君保留，如要用，明早取回送上。即问

晚安

学生

昔非呈覆

杨本贤广告部的价目，附。

这两份函件均没有显示写于哪年哪月，但根据内容第一通可以推知

① 这些均为未刊信件，是笔者于2001年12月在中国近代史研究所资料室查找到并拍照的。

应为《独立评论》创办初期的1932年8月11日。

黎昔非先生1934年12月23日的日记中，记载了在协和医院办理家母住院手续时与收费处余先生的一段对话：

> 那管理收费的说是姓余。当我说我是在那里做事时，他似乎有点惊奇。有顷，他说："我是很高看《独立评论》的。"
>
> "你在那里做什么？"
>
> 这，天呀！我说什么好？被他问得没法，我含糊其词："包办一切，除编辑。"
>
> 于是那家伙毫不迟疑的赠给我一个"总管"的头衔。①

以上是胡适先生与黎昔非先生两位当事人而且都是当时的文字，这些都是直接的、可靠的第一手资料。

其次，是当事人黎昔非先生两份《自传》中与此有关的回忆。

黎昔非先生在1951年7月的《自传》中写道：

> 一天，胡适突然派人送来一函，要我到他家谈谈。第二天我去了，他说："我们几个朋友打算办一种杂志，你可否替我帮忙一下，房子已经租好了，你可搬到那里去。"我答应了，搬了去，只数间空房，什么都没有，连喝水都不方便，心里颇感不舒服。
>
> 这样过了数礼拜，他要我准备出版发行上应准备的工作，并说，杂志名称已商定为"独立评论"——意思即是文责自负——而定期出版了。
>
> 本来，我打算只干他半年至一年，藉以维持生活，期完成自己的论文便罢了，没想到那种工作这么烦忙，有时忙到连报纸都要到夜深才得闲来看，也没想到一再推辞，直到北京沦陷前夕都还没和它完全绝了关系。②

---

① 原件的影印件参见《黎昔非与〈独立评论〉》，第564—565页。

② 黎昔非1951年7月《自传》，《黎昔非与〈独立评论〉》，第443—444页。原件藏于广东省兴宁市教育局档案室。

黎昔非先生1958年4月30日的《自传》中写道：

> 到了1932年四月间，战犯胡适拟办一杂志，派人送来一信，要我到他家谈谈……
>
> 他的杂志，叫做“独立评论”。每星期出版一次。稿子多是他们自己写的，外稿也由编的人选择，不给稿费。编辑多由胡适负责。他一度赴美，任鸿隽、战犯蒋廷黻也编过。他们编好送好[①]，我负责付印及校对，复校多由他们。印好后由我负责发行。社址设在地安门内北月牙二号人家屋里，没有门市的。
>
> 该杂志的基本人员，据我所知道的有，战犯胡适、蒋廷黻，此外有：翁文灏、丁文江、周炳琳、傅斯年、周贻春、吴景超、竹垚生及任鸿隽、陈衡哲等。其中除战犯胡适外，只竹垚生（浙江兴业银行负责人）因结帐关系曾接洽过几次。其余，有的曾在胡适家中见过，有的始终没见过。与他们毫没关系。
>
> 这种杂志发行工作，最初我以为很简单，每天不用花几小时偌可对付，后来事实证明，它对于我的研究工作是有极大妨碍的。几次欲辞掉不干，终于为生活所关而未果。[②]

这两份自传，是黎昔非先生给组织上写的材料，这在当时是非常严肃和郑重的。虽然一份是在事后14年，一份是在事后21年写的，但它同上述材料一样，也属于直接的、可靠的资料。不过，这两份自传是对其前半生历史的概述，涉及半个世纪的种种经历和事件，而不是专门对于《独立评论》的回忆，因此不可能写得很详细。

再次，是当时的一些旁证材料。

现在仍然保存于中国社会科学院中国近代史研究所资料室的罗尔纲先生致胡适先生的信件，有几封信提到了黎昔非先生[③]，其中一封与《独立评论》有关：

---

① 据《黎昔非与〈独立评论〉》，第469页注：“此‘好’字疑应为‘我’字。”

② 黎昔非1958年4月30日《自传》，《黎昔非与〈独立评论〉》，第469—470页。

③ 笔者于2001年12月在中国近代史资料室查找到这些信件并拍成了照片。

胡师：

九月间上师一函后，至今，又三个月了。为了功课的忙碌，不曾给师请安，乞师恕我！

学生罗尔纲敬上十二月十七日

这封信写于1932年，当时罗尔纲先生正在家乡广西贵县任教。从中可以知道，罗尔纲先生曾于9—12月份一连三个月收到黎昔非先生寄来的《独立评论》杂志。虽然黎昔非先生与罗尔纲先生是同学、朋友，但将《独立评论》长期连续寄赠，似不会是黎昔非先生私自所为。以胡适先生与罗先生的亲密关系推测，这当是胡适先生吩咐寄赠的，而且9月份之前五个月的《独立评论》有可能也寄给了他的。

《独立评论》社员周炳林先生在1932年11月23日致胡适先生的信中有这样一段话：

先生日内即将南行，若能倩社中黎君今日即去取得此项空白交先生补填一纸，当较为迅捷。①

这里提到的黎君，当是黎昔非先生。

由“北平兴宁同乡会联络人”林钧南先生写于“中华民国二十四年十二月”的《重修兴宁邑馆募捐簿序》中有这样一段记载：

本馆建成之后……民国以来……独立评论发行人黎昔非……等，先后在本馆住家。

在上件《重修兴宁邑馆募捐簿序》所附，由“北平兴宁同乡会会长”林钧南先生写于“中华民国二十五年九月一日”的募捐人名单中，有：

独立评论发行人黎昔非捐法币贰拾元②

① 中华民国史研究组编：《胡适来往书信选》，中华书局1979年版，第142页。

② 此二件之复印件，见于《黎昔非与〈独立评论〉》，第72—75页。

以上几件资料，从时间上说，自1932年至1936年都有，正是黎昔非先生在办理《独立评论》时期；从人员来说，或是《独立评论》社员，或是与胡适先生、黎昔非先生关系密切的人。

最后，是当时的见证人、知情人的回忆。

黎昔非先生在中国公学的同学、20世纪30年代曾长期住在胡适先生家中的罗尔纲先生在《胡适琐记》一书中写道：

> 我于九·一八事变前几天回广西。到1934年3月才再来北平。那时《独立评论》已经出版将两年了。社址在后门慈慧殿北月牙胡同2号。经理为黎昔非，广东兴宁人，中国公学同学，同吴晗和我都是熟人。他从《独立评论》出版至抗日战争停刊时止都是他主持排印、发行工作。我每星期天都去看他。他很忙，从来没有工夫去玩。我就坐在他办公室里翻看那些交换来的乱七杂八的刊物，竟然有一篇启发了我后来在中央研究院以“兵为将有”作主题来研究有清一代的兵制的。北平沦陷后，黎昔非同吴晗和我一同在天津南归。[①]

黎昔非先生的同乡、中公同学，1932—1933年在北平与黎昔非先生合作创办《昙华》文艺半月刊的丁白清先生于1958年给组织写的证明材料中说：

> 说到《独立评论》社，当时主办人是胡适。同事有任鸿隽、陈衡哲、杨振声、蒋廷黻等等，都是北京大学、清华大学的教授们……昔非比较接近的就是胡适；来稿送稿都有工友。我知道他很痛苦，又不敢走，薪水只三四十元，又不够用，我建议他：叫胡适介绍中学教员，教书兼职，他始终都不愿意这样做。[②]

黎昔非先生的同乡、朋友，1932年5月至1937年7月间先后在北平大同中学、辅仁大学历史系、北京大学历史系上学的林钧南先生，在

---

① 罗尔纲：《师门五年记·胡适琐记（增补本）》，第137页。

② 原件复印件参见《黎昔非与〈独立评论〉》，第49—51页。

1998 年 8—10 月给笔者的四封信中回忆说：

> 他（黎昔非）全心全意在搞《评论》的除编辑以外的所有工作，如财务、校对、发行等①。……创办初期，只有昔非办公，另有工友老宋。胡适编好后，即派人送给昔非，由昔非送至印刷所。然后经过两次校对，才正式出版。出版后，本市的由老宋送去，外地的还是昔非分别包扎好叫老宋送邮局。所以他是总其成的，包括财务、校对、发行等在内。1935 年后，同乡（陈）晋祺②到北平，才由昔非提出让晋祺任财务人员，经胡先生同意才到社的。③ ……因工作多，后来除加了晋祺以外，还要求增加了一个姓胡的，是胡先生的家乡人。④ ……（章希吕先生）不在《独立评论》社住宿和吃饭，文化程度不高，没有合适的工作，可能是胡先生叫他帮忙校对，但是他校对过的，令先尊不放心，还要亲自再校对。记得晋祺有时也参加校对，令先尊同样不放心，一定要自己再校对。所以，当时的《评论》印出来，是极少有错字的。⑤ ……我听晋祺说，某次校对"独评"，他和章（希吕）先生已经校对过了，而昔非还要亲自校对，自找麻烦。我听了后，劝告昔非兄不必过于操劳……而令尊却说，他们粗心大意，我非亲自校对不可。⑥

林钧南先生在 2001 年 3 月 31 日给笔者的信中又补充了一桩有关黎昔非先生与《独立评论》的事情，他说：

---

① 林钧南致黎虎信第 4 通（1998 年 8 月 20 日），见《黎昔非与〈独立评论〉》，第 60 页。

② 陈晋祺先生为黎昔非先生同乡，低于黎昔非先生几级的"中公"同学，因参加上海学生请愿团冲击南京国民政府而被校方开除，后于 1935 年春来北平找黎昔非先生，经黎昔非先生向胡适先生推荐，经其批准加入《独立评论》社工作，直到 1937 年 4 月离平。参见《黎昔非与〈独立评论〉》第 44—45 页所载陈先生本人所写材料。

③ 林钧南致黎虎信第 3 通（1998 年 8 月 11 日），见《黎昔非与〈独立评论〉》，第 57—58 页。

④ 林钧南致黎虎信第 4 通（1998 年 8 月 20 日），见《黎昔非与〈独立评论〉》，第 60 页。又据同页注①："此处所称'姓胡的'，实际是指章希吕先生，林先生在 1998 年 9 月 4 日给我的信中作了更正说明。详见本书第 63 页。"

⑤ 林钧南致黎虎信第 5 通（1998 年 9 月 4 日），见《黎昔非与〈独立评论〉》，第 63 页。

⑥ 林钧南致黎虎信第 6 通（1998 年 10 月 14 日），见《黎昔非与〈独立评论〉》，第 65 页。

我还记得一件事，那是胡适南下香港、广西等地之后的一天，胡先生忽然打电话给昔非兄，说他的银行存折忽然多出5000元，到底是怎么一回事？谁存进去的？请昔非去查一下。昔非当时也不清楚，只好到金城银行去了解。最后了解到是湖南长沙省教厅厅长朱经农寄去的。朱厅长不是有钱人，估计是省主席何键委托他寄去的，目的是表明何键对胡先生的敬重，必要时帮点忙。朱经农可能是北大毕业生，是个崇敬胡先生的人，他寄钱去主要是帮助胡先生办好《独立》，而没有其他想法。所以，这件事昔非后来没有说过，他知道胡先生是有原则的，不敢苟取的。①

我对林钧南先生2001年3月31日给我的信函中关于金城银行存款事查清后，“所以，这件事昔非后来没有说过”一语不甚了然，曾致信林先生询问，林先生于2002年3月8日又作了补充说明：

最后谈谈朱经农寄钱的事。这是昔非兄跟我谈过的。就在胡先生从广西等地回平后，可能是叫胡太太去金城银行支款，发现多了伍千元，回家后告诉胡先生。胡先生说我也不清楚，请打电话问一问昔非。昔非接电话后说，我去金城问一下。（独立与胡先生都在金城存款，数目不多）问清楚后，昔非就在当天告诉胡先生说：我猜中了，是您老朋友朱经农厅长给您汇来的酬劳费。胡先生反问昔非，怎么会有酬劳费？昔非说，老师到香港之前，不是说此次南行要到香港、广州和长沙三个地方演讲吗？后来因为您批评陈济棠提倡读经，因而取消了广州和长沙两地的演讲，但老师既答应过了，也作了准备，难道不应该接收酬劳费嘛。胡先生停了一下又说，这位老朋友确是个老朋友，总是帮我的。②

黎昔非先生在北大研究院的同学、同乡，曾先后任中山大学教授、暨南大学副校长的王越先生于2001年12月19日在接受家兄黎导的采访

① 林钧南致黎虎信第7通（2001年3月31日），见《黎昔非与〈独立评论〉》，第67页。

② 林钧南致黎虎信第8通（2002年3月8日），见《黎昔非与〈独立评论〉》，第69—70页。

时说：

> 我与令尊于1931年同时考入北京大学研究院，因是同乡，故有来往。后来，他帮助胡适办《独立评论》……《独立评论》发行量很大，影响也很大，你父亲是尽了很大力量的。当时办杂志的经费不充裕，工作很辛苦，但你父亲非常负责。
>
> 令尊为人朴实，对朋友、熟人要求办事则尽量帮忙。有这样一个例子：有位同乡想请胡适写副对联，因胡适很忙，就托你父亲帮忙去办。写好后，我去《独立评论》社找你父亲，他还拿出来给我看过。①

家母何昕是北京人，与家父大约是在1933—1934年之际结婚的。我于1998年为了给中华书局《学林漫录》写《先父黎昔非与〈独立评论〉》② 一文时，曾专门就家父在《独立评论》工作的情形向家母反复地、详细地询问过，她回忆说：

> 原来《独立评论》社给你爸爸每个月三十多元工资，我们结婚以后加了十元，每月四十多元，需要省吃俭用。我们当时住在后门的“油漆作”，离胡适家和《独立评论》社都不远。你爸爸每天都到《独立评论》社上班，很忙，胡适把稿子编好后，由你爸爸送印刷所，排出清样后，由你爸爸校对，校对好后送给胡适，胡适审查同意后再拿回送到印刷所，印好以后由你爸爸负责发行，每星期日都要往外送刊物，不少兴宁籍的大学生也来帮忙送。③

以上四个方面的材料中，有直接的、第一手的资料，有旁证材料和回忆性资料。它们从不同角度，多层面地反映了黎昔非先生与《独立评论》的关系，相互印证、补充。这四项资料尽管有的前后相距六七十年，

---

① 黎导记录整理：《王越教授回忆黎昔非先生》，见《黎昔非与〈独立评论〉》，第77页。

② 载于《学林漫录》第十四集，中华书局1999年版。

③ 参见《黎昔非与〈独立评论〉》，第134—135、671页。

但不论在大的方面还是一些很具体的细节方面，都相当一致，给人若合符节之感。

上述四个方面的资料，大体上反映了黎昔非先生在《独立评论》所承担的任务和工作的情形。

从这些资料中，我们可以得到如下几个方面的认识：

一、《独立评论》社有一个专门的、常设的办公场所和机构。

这个办公场所和机构是在后门慈慧殿北月牙胡同 2 号租来的一处民房里，这就是每期《独立评论》上都必登的那个“社址”的所在地。作为一份每月出版四期，每期万字左右，发行量最大时高达一万三千册，遍布全国各地乃至世界一些国家和地区，基本上连续正常出版五年多的大型刊物来说，没有这样一个常设的办公地点和机构是不可想象的。这里除了装有电话等一应办公设备的办公室之外，还可住宿和吃饭，有工作人员昼夜值班，还有门房。事实上除了编稿在胡适先生家中进行之外，其他一切事务基本上都是在这里办理和进行的。这里是与胡适先生和其他作者，与印刷所、邮局、银行，与全国各地乃至国外的读者、订户和寄售处、代派处联系的一个枢纽。

二、这个专门的、常设的办公场所和机构的负责人就是黎昔非先生。

黎昔非先生从《独立评论》筹备之始直至停刊为止，都是这个机构的负责人，而且是《独立评论》中唯一的“专职干部”。胡适先生是将这里的全部事务都交给黎昔非先生管理的。胡适先生所以能够多年对此实行“无为政治”，是建立在黎昔非先生“有为”的基础之上的，否则这么一份大型刊物要正常运转数年并日益发展是不可想象的。这里除了经理黎昔非先生之外，还有其他工作人员，至少在 1935 年增加了陈晋祺先生，担任会计及协助校对。章希吕先生也曾几度协助做了一些工作。此外还有工友老宋。

三、黎昔非先生在《独立评论》的工作，是除编辑以外的其他一切事务。

北月牙胡同 2 号这个社址又被称为“发行所”，事实上它不仅负责发行，而是负责除编辑之外的各项出版事务，亦即胡适先生所说：“发行，校对，杂务，全是黎昔非先生一个人支持”，是负责“管理独立评论的发行，校对，印刷的事务”的[①]。黎昔非先生概括了他在《独立评论》的工作是“包办一切，除编辑。”[②] 这个说法与上述胡适先生的说法是完全一致的，因而是符合事实的。

当时《独立评论》社的运作情况大体是这样的：胡适先生“每星期有一晚编辑《独立评论》。”[③] 编好之后即送至社中，他们之间“来稿送稿都有工友。”[④] 黎昔非先生在《自传》中对此作了概述：“他们编好送我，我负责付印及校对，复校多由他们。印好后由我负责发行。”由此可知，胡适先生组稿并在家中把稿子编辑好之后，此后的工作基本上就是黎昔非先生的了，一个星期之后，一份新出版的《独立评论》就摆在了胡适先生的案头并发往全国乃至世界各地了。说“基本上”，是因为其中还有“复校”一环还需经胡适先生之手。

关于“复校”这一环节，大体有三种情况：多数情况下是由胡适先生等人作最后的复校，章希吕先生或罗尔纲先生住在胡适先生家中时，复校一般是由他们替胡适先生代劳的；章、罗二先生不在胡适先生家中时，则由胡适先生本人或其他作者复校了；但也有因故而免去这一环节的时候，如胡适先生外出的同时而又无人代替他复校时，这种情况下则连复校也由黎昔非先生负责了，此即“复校多由他们”的意思。

四、黎昔非先生毕生都没有和《独立评论》“绝了关系”。

经理《独立评论》的出版发行是一桩极其繁重的工作。正如胡适先生在总结《独立评论》三周年时所说：“这三年的发行，校对，杂务，全是黎昔非先生一个人支持。每到星期日发报最忙的时候，总有他的许多青年朋友赶来尽义务，帮他卷报，封装，打包，对地址。”罗尔纲先生耳闻目睹黎昔非先生在《独立评论》的工作情形后说：“他很忙，从来没有工夫去玩。”[⑤]

本来，黎昔非先生应允出掌《独立评论》经理人的初衷是希望以一种半工半读性质的工作，一边工作以维持生活，一边完成自己的研究生

---

① 分见胡适《又大一岁了》《独立评论的四周年》，载于《独立评论》第151、201号。

② 见《黎昔非与〈独立评论〉》，第565页。

③ 前揭《胡适来往书信选》（中），第297页。

④ 见《黎昔非与〈独立评论〉》第51页丁白清先生所写证明材料。

⑤ 前揭《师门五年记·胡适琐记【增补本】》，第137页。

论文。但是，这项繁重的工作对他的研究工作造成了极大的影响。我们现在所能找到的他在三十年代留下的一些关于《诗经》《史》《汉》的断简残编中，发现其篇末所注时间多为“早”或“夜”，可见他是在利用早晚工余时间，尽可能做一些研究以弥补所造成的损失。但是，如此重负之下所能挤出的时间毕竟是很有限的，对于他所追求的研究目标带来的影响是可想而知的。于是，黎昔非先生一再向胡适先生提出辞职的请求。但是，这一请求一直没能得以实现，而是迁延至《独立评论》的终结。

何以会迁延如此之久呢？对此，黎昔非先生的两份《自传》有这样一些说明，他说：

> 本来，我打算只干他半年至一年，藉以维持生活，期完成自己的论文便吧了……没想到一再推辞，直到北京沦陷前夕都还没和它完全绝了关系。……再三推却，都以不易找到相当接替的人而被留住了！……这种杂志发行工作，最初我以为很简单，每天不用花几小时尽可对付，后来的事实证明，它对于我的研究工作是有极大妨碍的，几次欲辞掉不干，终于为生活所关而未果。……我曾几次拟辞而未果。到了1937年春，我即向胡适表示暑期以后决不再干了。

从这段文字不难看出黎昔非先生心境的无奈和痛苦。无怪乎黎昔非先生的同乡、同学、密友，1932—1933年曾在北平共同创办《昙华》文艺半月刊的丁白清先生于1958年给组织写的证明材料中说：“我知道他当时很痛苦，又不敢走。”①

直到1937年胡适先生才终于批准他的请辞，被北京大学研究院聘请为助理研究员。然而正当他满怀激情准备继续其渴求已久的研究工作的时候，“七七”事变打破了刚刚出现的希望。

具有戏剧性的是，同为胡适先生中国公学学生的黎昔非、罗尔纲、吴晗三位同学，均于1930年先后从上海来到北平，而且均与胡适先生保持着密切关系，而他们三人之间在北平期间又过从甚密。1937年“七七”事变后，恰巧他们三人又一起结伴南下，不过，这时罗尔纲先生是前去

---

① 见《黎昔非与〈独立评论〉》，第51页。

长沙中央研究院社会科学研究所任职，吴晗先生是前往昆明就任云南大学教授，而黎昔非先生只有回老家一条道路。

黎昔非先生回到老家教了七年中学后，经闻一多先生介绍到昆明国立中国医药研究所史地部工作。尽管医药研究所对于他的专业来说并不对口，研究条件也不尽如人意，但总比家乡的条件好多了。荒废多年之后重又得到研究工作机会的黎昔非先生如饥似渴，如鱼得水，于是在这短短的一年多时间里，除完成了研究所的任务，撰写了《本草纲目之本草产地考释》三卷之外，又收拾起他孜孜以求的《诗经》研究，并着手撰写读《诗》札记。这时他又重新燃起希望的火种，于是从 1944 年至 1945 年先后给胡适先生发去三封信，其内容主要有二：一是表示希望能介绍一个专业对口的工作单位，以便他的研究工作；二是请求为他写一纸证明，证明他曾有过北大研究院的学历，因为这时他已经通过了铨叙部的大学教员资格审查，只需补上这样一纸证明即可获得大学教员资格了，信中特别声明“此关系于生非常重要”。但是，不知出于什么原因，这三封信却如石沉大海，杳如黄鹤。连这最后一次弥补的机会也失去了，于是他不得不再次卷起铺盖回老家了。

事情远未就此为止。由于黎昔非先生与胡适先生及《独立评论》的关系，在政治上给他带来的负面影响，也许比在学术上对他的影响还要严重得多。如所周知，解放后胡适先生一直是被批判的对象，因而黎昔非先生在历次政治运动中和政治学习中都需要交待他与胡适先生及《独立评论》的关系，如影随形，不得解脱。这成了他背负一生的唯一的“历史问题”。1966 年 6 月 3 日《人民日报》发表了史绍宾“吴晗投靠胡适的铁证”通栏大标题文章，公布了一批吴晗先生致胡适先生的信件，其中就有上引吴晗先生 1932 年 4 月 24 日的那封信，《人民日报》编者将胡适先生请黎昔非先生担任《独立评论》经理人的那段话全部印成黑体字，而且加了黑体字的按语：“吴晗能够参与机密，为这个反动刊物推荐‘合式的经理人’，显然已是胡适进行反革命活动的一名伙计。”这份《人民日报》运抵兴宁之后，黎昔非先生就被揪斗、抄家、隔离，被打成“三家村黑帮”“反革命分子”，成了全县第一个揪斗对象，而且是“重点对象”。在受尽三年非人的凌辱和折磨之后含冤辞世。

综观黎昔非先生的一生，以学术研究为人生目标的他实际上能够从事学术研究的时间是极其短暂的，如果从1929年春转学中国公学的大学三年级算起，至1937年7月离开北平，计有九年时间，再加上1944—1945年在昆明的一年多时间，一共有十余年的时间。在这极其短暂的十余年中又被《独立评论》社“日无暇晷”的事务工作占去了近一半时间，真正能够集中精力从事学术研究的时间不过五六年。可见这十余年在黎昔非先生近七十年人生中是多么宝贵的一段生涯，他给中国的文化、学术事业所留下的业绩主要就是在这十余年间做出的。

平心而论，1932年黎昔非先生出任《独立评论》经理人，得到胡适先生这样一流学者和文化巨人的信任，是他的殊荣。何况《独立评论》又是这样一份在中国现代历史、文化上产生了如此重大影响的刊物，他有机缘为此作出奉献，也是他的幸运。从公而言，虽然他因为办理这份刊物而牺牲了研究工作，这既是他个人的损失，一定意义上也是中国学术、文化的一点小小的损失吧？但他转而为这份刊物效力，不也是对中国历史、文化作出了贡献，而且是更为重要的贡献吗？他这五年对于中国历史、文化所作出的贡献，也许比他一生的贡献加在一起还要大得多吧？因此，他的付出和牺牲是值得的，有意义的。

黎昔非先生寂然于《独立评论》后面已经七十年了。今天出版这个小册子，一方面为了纪念他在《独立评论》社工作期间的克己奉献精神以及他的百周年诞辰，另一方面也借此机会把黎昔非先生在《独立评论》后面所做的一些事情公之于世，权当对《独立评论》和胡适研究的小小的补充和丰富，也是对逝者心灵的一点抚慰吧！

黎虎

谨识于北京师范大学历史系

2002，2，23

（黎虎主编：《黎昔非与〈独立评论〉》，学苑出版社2002年版。此文系黎虎先生为该书所撰“前言”。此番整理出版，主要是作了一些技术性的处理，例如注释格式的统一、错讹文字的校订等，至于原文内容、行文风格等，则尽可能保持原貌而不作改动。李文才敬识。）

#《六朝书法与文化》序

中国书法研究是一门古老的学问，如果以东汉崔瑗《草书势》，蔡邕《篆势》《笔赋》《九势》等文章的撰述为其滥觞的话，已有一千九百年左右的历史了。嗣后研究者辈出，著述亦日益繁富。近二十年来书法史的研究更是超越以往任何一个时代，不仅著述数量空前，如雨后春笋，目不暇接；研究的广度和深度也是前所未有的，人们开始摆脱就书法论书法的窠臼，力图从艺术学、文化学、社会学、历史学等不同学科角度，或多学科综合进行研究，取得了长足进展。然而大多数研究仍然局限于或就某些特定的书法家、书法作品着手，或试图在洋洋大观的书法通史著作中进行。前者或失于琐屑，未能真正通古今之变；后者或失于宽泛，未能真正深入各个断代书法所产生的时代与社会。我认为要写出一部真正有分量的中国书法通史，必需从各个断代书法史做起，把这些断代书法史研究扎实了，写出一部高水平的中国书法通史也就是水到渠成之事了。这些年来虽然已经有了一些断代书法著作问世，然而关于魏晋南北朝这一断代的研究著作却未曾有。而魏晋南北朝在中国书法史上是璀灿的，是一个产生了“书圣”的并承上启下的时代，其书法是在中国文化史上堪与唐诗、宋词、元曲并称媲美的一枝奇葩，是中国书法由隶入真、奠定今日汉字书体的转折时代。因此研究魏晋南北朝书法历史在中国书法史研究中就有着特殊重要的意义。王元军君选取这一断代进行研究，撰写了《六朝书法与文化》一书，不仅弥补了这一断代书法研究的空白，而且也是为建构中国书法通史做了一件扎实的工作，开了一个好头，做出了自己的贡献。

如所周知，魏晋南北朝是一个国家分裂、经济破坏、社会动荡的时代。在这样一个时代如何能够产生如此卓越的文化艺术？这一文化艺术现象的特点及其意义如何？这是人们感兴趣的问题。本书就是试图对于这些问题以及由此而产生的社会原因进行探索的一部严肃的学术著作。

本书从艺术社会学的角度，研究魏晋南北朝时期书法与社会的关系，力图深入探讨书法这一文化艺术现象与当时社会历史诸方面之间的关系。全书十一章，我们可将其视为四个单元。第一至四章，论述上层社会的书法，从士人书法的社会价值、书法与士人的生活风尚、书法世家与社会文化生态等方面进行探讨；第五至七章，论述中下阶层的书法，从属吏与书法、寒人之崛起与书法、书法与平民社会等方面进行探讨；第八、九章，论述宗教与书法的关系，分别探讨道教、佛教与书法关系问题；第十、十一章，论述客观环境条件与书法的关系，就地理环境、社会环境、人文环境等方面与书法的关系进行探讨。这四个单元组成一个有机的整体，向人们展示了书法与当时社会历史错综复杂的联系与因果互动关系，揭示了书法与当时的社会阶级、阶层，与当时的政治、经济、文化，与自然及人文环境等相互之间的关系，从而对于魏晋南北朝书法的成就及其产生的原因作了深层的、理性的探索与开掘。这一篇章结构是基于著者如下的认识："艺术发展与社会环境之间是互动的，不深入到当时的社会背景，不深入到文化环境，不深入研究人们的心理思想、宗教观念，客观深入地研究书法是不可能的。"从中我们可以窥见著者对于书法与魏晋南北朝社会历史关系深刻的把握与匠心所在。

以往论者多就文化论文化，将魏晋南北朝书法的发展归因于当时士人艺术的自觉。本书著者认为当时书法之兴盛除此之外尚有其深厚的社会基础。因此本书首先探讨了书法在当时所具有的重要社会价值，认为这种社会价值主要体现在：书法作为士人文化素质和精神风貌的重要体现，在那个讲究人物品藻的时代中具有特殊意义；在那个讲究门阀等级观念的时代中书法体现了家族文化地位。因此，书法遂由汉魏之前的社会底层文化至魏晋南北朝上升为上层文化的一个组成部分，有了超越于艺术价值之上的社会价值。书法社会价值的提高，促进了重文尚艺、勤习书法乃至互争书名的社会风气的空前高扬，于是有了中国书法史上不仅书家辈出、"书圣"迭见，而且善书者群体及书法世家不断涌现的辉煌局面。这就揭示了这一文化现象与当时的社会和时代特点的联系与互动关系，从而把对于魏晋南北朝书法兴盛原因的认识推向更深刻、更根本的层面。

士人书法是魏晋南北朝书法的主流，这不仅因为士人书法代表了当时书法的最高成就和水平，具有典型性和代表性，而且也是这一时代和社会特征在文化领域的客观反映，因为这是一个士族门阀势力居于支配地位的时代，这种支配地位体现及渗透于政治、经济、文化和社会生活的各个领域之中，书法作为文化艺术的一个门类自然也不例外。所谓士人，主要就是门阀士族阶层中的文化精英，而魏晋南北朝书法之盛，实际上就是士人书法的兴盛。因此，研究魏晋南北朝书法而不研究士人书法，就不能得其要领和精髓。本书作为魏晋南北朝断代的书法研究，用了四章篇幅对士人书法进行深入研究，这是必要的，可谓抓住了这个时代书法发展的实际及其特征。但是，本书对于士人书法的论述并没有重蹈故辙，而是突破了仅从士人书家个人及其作品立论的局限，从社会学的角度将士人书家置于家族背景之中，认为在世家门阀大族占居支配地位的魏晋南北朝时期，家族书法是其时书法存在的一个主要形式和显著特征，进而论述了这些书法世家的家学与书法传习、教育、审美情趣的关系，以及书法家族之间的联系与书法交流、融合、发展的关系，从而深刻地揭示了士人书法得以在魏晋南北朝争奇斗艳的社会根源。

但是，本书并没有停留于此，而是突破传统书法史的窠臼，将其视野扩展于整个社会，特别关注于社会中下阶层的书法。以往的书法史，基本上是一部贵族书法史，名士书法几乎成了全部内容，而没有平民书法的地位。本书著者认为："平民是魏晋南北朝书法创作的大军（当然也包括下层官吏）。一个时代的艺术水平如何，不应只关注上层精英，而是要看社会总体水平。魏晋南北朝书法的昌盛，不能忽视平民书法在其中所起的作用……没有一部平民书法史，也就没有一部完整的魏晋南北朝书法史。"以这个观点为指导，本书详尽深入地探讨了这一时期的平民书法以及介于士人与平民之间的书吏书法。由于这个问题基本上还是一片空白，无可参考和依傍，端赖著者之发掘与建构。在平民书法方面，揭示当时已经出现了一个以民间能书之人为主而受雇为人抄写的专门职业，形成了一个佣书阶层，此外还有广泛存在于当时社会生活中的石工在碑志书丹、佛教造像题记、摩崖刻经等方面的书法活动，以及砖工在墓葬砖铭中的书法活动，等等。在书吏书法方面，分别阐述了从中央到地方政府选拔善书者从事官府文书工作而设置的书佐、主书令史等书吏的书法活动；门附属吏为府主从事立碑契志的书法活动；皇室侍书、博士与书法的关系；南朝中书舍人及寒人之崛起与书法的关系，等等。这些善书者的出身和社会地位均不高，他们的书法是为了实用目的的生存工具，而不是为了修身养性的艺术，因而与士人书法走着不同的路，但是出自他们之手的不少作品亦堪称杰作。随着近世晋人残纸的纷纷发现，人们才注意到，原来在民间已有人能写出与索靖、王羲之等名家一样有艺术价值的书法。不仅如此，他们在长期实用中创造的书法美，甚至形成了特定的风格流派，影响了一代书风，如令后人倾倒而赞叹不已的“魏碑体”，就是那些社会中下层善书者和广大石工在为碑版的书丹刻凿过程中创造发展起来的。通过本书的叙述，我们可以看到魏晋南北朝时期在社会中下层的确存在着、活跃着广大的书法队伍和群体，他们构成了魏晋南北朝书法深厚的社会基础，诚如著者所言，如果说士人书法是魏晋南北朝书法的一枝奇葩，那么平民和书吏的书法则是其成长不可缺少的土壤。这样我们就对于魏晋南北朝时期为什么会涌现了如此众多的士人书法大家有了更深刻的认识。但是在以往的书法史中却没有这些平民和书吏的地位，不仅广大平民书法者湮没无闻，就连地位在平民之上的书吏的书名也不为人所知所重，大多名不见于经传，甚至他们的一些书法作品还被附会为名家书法而遭到埋没。本书对社会中下层书法的论述，可以说是在很大程度上改写了书法历史，把书法史从狭隘片面的贵族书法史中解脱出来，使当时的书法艺术得以全方位地、立体地凸现出来，还历史以本来的面目，走出了书法历史研究的一条新途。

本书对于宗教与书法关系的研究也同样具有填补空白的意义。佛教、道教是魏晋南北朝时期的两大宗教，以往对于这些宗教与哲学、文学以及雕塑、绘画、建筑、舞蹈等艺术的关系已经多所论述，然而它们与书法的关系则鲜有深入研究者。关于道教与书法关系，著者指出六朝时期道教领袖大都是善书之人，而书法界的高手又多是奉道世家，书法促进了两者之间的交往和联系；道教假书法以为用，书法在道教抄经中得到了很大的发挥；而道符则是对于书法的一种改造和运用。两者之间的交相为用，构成了中古时期道教文化与书法文化的一个鲜明特色。关于佛教与书法的关系，则主要从佛经抄写方面进行探讨，指出佛教的传播有赖于写经，写经是以书法的形式展现佛教教义，是佛教艺术中的重要组成部分。在长期的抄经实践中，不仅形成了一支庞大的写经队伍，而且形成了独具风格的“写经体”书法，既促进了佛教的传播，也促进了书法的发展与传播。由于宗教精神渗透于书法艺术之中，从而形成了颇具特色的宗教书法，书法不仅为宗教所利用，也为书法的表现提供了新的方式。书法与宗教的相互为用、相互促进，成为魏晋南北朝文化的一个显著特色。

书法与地域文化关系的研究也是本书在书法史研究中颇具新意的一个内容。著者认为江南的建康和三吴是当时文人书法的中心，北方的洛阳是平民书法的天下，敦煌、高昌则是边地书法的重镇。地域因素虽然造成了书法风格的差异，但是南北和东西之间的交流则促进了各地区书法的交融与趋同，从而促进了这个时代书法整体水平的提高。

本书的创新和突破不仅表现在诸如上述之重大问题和方面上，还体现于对许多具体问题的考察上。关于碑志书丹问题的考察就是其例。业已大量出土的魏晋南北朝时期的碑志中没有发现著名书家书法的现象引起了研究者的种种疑问和猜测，有人认为碑版文字不以婉转流丽的今体为上，而以方正庄严的古体为重，像王羲之、王献之等书家的书法是今体，故不宜于碑版。本书著者认为这种说法不符合事实，因而不能解释这一现象的真正原因，认为名家书法不见于碑版，“其原因当于社会文化背景之下加以考察”。指出当时“文人士大夫崇尚清谈，不好务实，书法被他们视为一门可以表现自我的艺术，因而也成为他们在品藻人物时的一个重要内容而津津乐道。如果书法成为实用之物，人们要为它而役身劳神时，便成为那些高情逸志的士人所不齿的东西”。故他们在书法上热衷于尺牍上表现其风流，而不屑于劳神役形的碑志，耻于“崎岖碑碣之间，辛苦笔砚之役”（《颜氏家训》语）成为一代时风。在这样的时代背景下，就不可能有上层士人为碑志书丹，而成为下层文人或工匠之任。但是在南朝墓碑中却发现有不少帝王或名人所撰之文，于是有人便猜测这些墓志的书丹者也必定是有地位者或书法高手。有的以当时书碑未有署名风气解释当时碑志少见书碑者姓名的现象。本书举出大量文献记载和出土墓志证明，撰文与书丹是两回事情，撰文可以是上层文人或地位高贵之人，而书丹者则是名不见经传的下层人士。这一问题的厘清，有助于解释这个时期不见名家书法于碑志之中的原因，也为作者关于书法阶级分野的见解增添了有力的根据。再如关于秘书与书法教习问题的考察，也属此类。秘书是典掌记籍和起草文书之官，这为世人所习知，但是秘书在魏晋南北朝还有教习书法的任务则为人们所忽视。著者根据《晋书·荀勖传》的记载，认为最迟在西晋泰始十年（274）秘书已有教习书法之任，传称荀勖领秘书监时，“立书博士，置弟子教习，以钟（繇）、胡（昭）为法”。此后关于秘书教习书法的记载史不绝书。出任秘书教习书法职务者，多为书法世族中的善书者，其子弟亦多贵游子弟。这一问题的提出和解答，有助于认识书法世家对于书法生态的影响，在书法世家秘密传授的情况下，其书法如何向社会扩散，从而为整个社会书法水平的提高提供了条件的问题。砖铭书法问题也是本书首次作出的一个系统性的考察。魏晋南北朝墓葬砖及其铭文虽然早已引起人们的注意，并作了著录和研究，但是鲜有从书法角度对其进行系统的研究，本书考察了砖工的身分地位、砖文书法的制作等问题，为研究平民书法找到了一个新的视角。诸如此类的考察在全书中俯拾即是，表明作者深厚的治史功力和敏锐的洞察力。

本书不仅对于魏晋南北朝书法研究做出了诸多建树和突破，而且对于魏晋南北朝历史的研究也是有意义的。本书透过当时繁盛的书法艺术现象，全方位地、深层次地揭示了社会各阶级阶层人们的精神风貌、文化素质、艺术水平、宗教信仰等有关社会史、文化史、宗教史等方面的问题，有助于对其时社会文化史研究的深化与拓展。例如在论述士人书法问题时，指出书法是当时门阀世族家学的重要内容之一，书法不仅代表了士人个人及其家族的身分和社会地位，而且是各个世家大族互相联系、交游、联姻的媒介和纽带，这不仅促进了书法的交流发展，而且巩固和扩大了各个家族之间的关系，这对于深化和拓展这个时期的世家门阀大族的研究是有促进作用的；南朝寒人掌机要及其崛起是人们习知的历史现象，但是其与书法有密切之关系，则不为人们所注意。本书以大量篇幅和丰富的史料证实，社会下层善书之辈通过担任书吏而跻身机要部门，是其崛起的重要因素之一，这就使人们增加了一个新的视角以进一步认识这一历史现象和问题。此外，在论述文人雅集与群体书法风气的问题时，著者指出南朝的卫军将军王俭集团、竟陵王萧子良集团、豫章王萧嶷集团、随王萧子隆集团这四个比较大的文学团体，其雅集的内容并不限于文学，同时包括书法在内，这些团体的成员无不是在书法方面有所成就的，书法方面的交流与切磋也是他们所进行的文化活动的内容之一，对于当时书风的炽盛与书法水平的提高都起了重要作用。这一发现无疑加深和拓展了对于南北朝时期的文人雅集及文化团体的性质与作用的认识。再如在论述佛教与书法关系的问题时，著者揭示了当时社会各个阶层参与抄写佛经，除了僧侣之外，还有文人、书吏、写经生和平民等，在敦煌甚至形成了专事抄经的职业团体，以“典经帅”为其主管，包括“校经道人”及“写经生”组成的严密组织，这对于佛教史和社会史的研究也是有意义的。诸如此类，不胜枚举。

本书的论述及一系列创见是建立在对魏晋南北朝历史的深入了解和掌握丰富的第一手历史资料基础之上作出的，因而是符合当时历史实际并具有说服力的。本书对于文献资料的征引极其宏富广博自不待言，举凡有关正史、杂史、类书、文集、笔记小说、僧道典籍等有关资料均在其网罗之内，而对于考古资料的重视和运用尤为突出，不论古今出土之金石碑刻、简牍文书，或地上之寺窟碑版、摩崖契刻等，莫不在其视野之内。例如：本书发现在当时敦煌存在有写经组织的问题，就是运用了敦煌遗书中的公元511—514年间的十件写经题记而做出的判断。为了论证书吏与书法之关系问题，著者运用了近年于湖南长沙出土的三国吴纪年简牍，认为简中所署“中仓吏”“户曹吏”“贼曹吏”“劝农掾”等吏员可能就是其中部分简牍的书写者，他们就是文献所载出身下层的书吏一类人员。为了论证墓砖制作者非专业人士而是下层平民，著者将基本上出土于吴兴的、标示有制作者姓名的五十六件砖铭列出，从而发现同一年同一地所出土墓砖之造砖者几无相同的人，表明造砖者并非一定是职业化的工匠，而是自家出现丧事后自行烧制、自作砖文的。这一发现表明砖铭的平民性质更为突出。本书在运用考古资料时，特别注意将其与文献资料密切结合起来，相互印证，从而使其论证更为充分，更具说服力。例如，在魏晋南北朝的正史中几乎没有关于僧侣书家的记载，为了论证僧侣与书法之关系，著者根据《高僧传》《书林纪事》《书断》《书小史》、庾肩吾《书品论》、何延之《兰亭记》等，搜得参与书法活动之僧人二十五名。又根据敦煌吐鲁番文书中所见参与抄经活动的僧人，共得三十七人。将二者结合印证，则当时僧侣与书法有着密切关系的结论自成不易之论。

还必需特别指出的是，著者之所以能够写出这样一部高水平的书法史力作来，还与他本人具有丰富的书法知识和深厚的书法素养有密切的关系，如果没有这个条件，要就这个课题进行研究并取得如此突出的成绩是不可想象的。试略举数例如下：在论述魏晋南北朝字体的变化问题时，涉及到篆、隶、行、草等多种字体的发展演变，还需参照实物进行对照以判断其风格流派及演变轨迹。其中在讲到今草的出现问题时，作者指出王羲之、王献之等书家对此固然作出了贡献，但是对照出土之书迹实物，知今草不仅在当时民间已经出现，而且其风格水平与二王亦不相上下。楼兰文书残纸“九月十一日”，其风格与王羲之《孔侍中帖》绝似，如出一人之手。《晋为世主纸本尺牍》《晋一日纸本尺牍》《晋五月二日纸本尺牍》等字与字之间连带自如，虽非经意而意趣盎然，一派生机，将这些作品与王羲之的尺牍作品相比较，其风格神韵如出一辙。由此作者得出结论认为今草的出现是少数名家与广大民间书法家共同的创造，是社会需要和实践的产物。再如为了论证替北魏东阳王元荣抄经者除官方写经组织之外，还有个人的抄经者。为此著者举出书吏樊济为凉王且渠安周所抄写的供养经《佛说菩萨经》残卷，指出其书法劲健齐整，具有摄人魅力，其书法风格、书写格式均与当时写经相吻合，说明作为且渠安周私臣的樊济应是一位写经高手。诸如此类需运用书法知识和书法修养方能进行分析评判的问题，在全书中俯拾即是，不胜枚举。

王元军君一方面对中国古代历史有着宽厚的功底，他先师从陕西师大隋唐史专家赵文润、牛致功先生攻读隋唐史硕士学位，后又进入北京师大攻读魏晋南北朝史博士学位。这一学历使他对于汉唐一段的历史有了基础，为他研究中国中古上半段历史创造了条件；另一方面他对于书法及书法史又有浓烈的兴趣和深厚的基础。他的硕士学位论文《唐人书法与文化》，是大陆地区第一部研究唐代书法史的论著，后由台湾东大图书公司出版，获得海内外同行的好评。从以上的经历我们可以看到，王元军君既具有历史学的功底，又具有书法学和书法史的基础，这两者集于他一身，并能很好地将两者结合起来，使他具备了一般人所不具备的有利条件，使他的研究具有边缘学科相互交叉、结合的特点和优势，从而能够突破传统书法史研究的窠臼，独辟蹊径，提出新问题和解决新问题，进行创造性的研究。

1995 年王元军君考入北京师大历史系攻读博士学位，我年齿在前，忝为其师。我于书法及书法史并无研究，在这方面不仅指导不了他，而是反过来需要向他学习。例如我曾在一篇短文中涉及《郑文公碑》，当时根据一般说法以为它是郑羲之子郑道昭所书。而元军君在本书中经研究认为不是郑道昭所书，而应是其属吏所书。他的论证很充实，自然应以他的说法为是。我只是在他确定博士论文选题时起了一点出主意的作用，当时他曾经考虑在一般魏晋南北朝史方面的问题中选题，我根据他的条件和特点，建议他继续研究书法史方面的问题，因为魏晋南北朝书法内容丰富，而结合这一段历史进行的深入研究则未见。同时建议他不要就书法论书法，而是紧密结合魏晋南北朝历史进行研究。他欣然接受了这个意见，从而确定了《魏晋南北朝书法与社会》这个课题。以后的研究就完全是他自己独立进行的了，现在呈现在读者面前的这部书，就是他的这篇博士学位论文。所谓“善学者，师逸而功倍，又从而庸之”（《礼记·学记》，其斯之谓欤？

当然，本书作为王元军君第一部魏晋南北朝史研究著作，存在一些不足之处亦属在所难免。例如关于魏晋南北朝高门与寒人的区别方面尚有某些可斟酌之处；关于服扇与清谈玄学之间关系的看法，证据似嫌缺乏，所举资料还不足以说明这个问题；认为北朝学术文艺呈停滞状态的一个重要原因与当时士人居住方式有关，即他们居住于坞堡之中，缺乏交流与切磋的机会，这一说法似亦有待论证；对于魏晋南北朝有些名物制度的理解亦偶有不确之处，等。然而瑕不掩瑜，这无损于这部著作的光辉。特别是这几年元军君又对这篇博士论文进行了修改，相信有些问题已经不复存在。

王元军君在获得博士学位之后，又于 1999 年进入首都师大中国书法文化研究所进行博士后课题研究，有幸在著名学者、书法家欧阳中石先生指导下全身心地从事中国书法文化的研究，在书法史研究上又迈上了新的台阶。他除了曾在《中国史研究》《人文杂志》等刊物发表过一些史学论文之外，这些年来又在《书法研究》《敦煌研究》《光明日报》及台湾的《历史月刊》《故宫文物月刊》等发表了一系列书法史论文，继

《唐人书法与文化》一书之后，去年又出版了《怀素评传》一书。可以说，王元军君已经走上了一条学术研究的康庄大道，这是一条崭新的、充满机会和挑战的路，我相信以他所具备的优越条件和勤奋扎实、锐意进取的治学精神，必能克服前路的艰难险阻而臻于光辉境域。

（王元军：《六朝书法与文化》，上海书画出版社 2002 年版。）

《魏晋南北朝禁卫武官制度研究》序

武官是与文官一起支撑中国古代君主专制政体的两根支柱之一，而武官中的禁卫武官则是这根支柱的核心，是封建皇权政治赖以生存的重中之重，因而禁卫武官在中国古代国家政权中的重要性是不言而喻的。但是迄今为止的中国古代政治制度史研究，主要着力于文官制度，武官制度的研究相对薄弱，而其中的禁卫武官制度则基本上还是一个空白。张金龙教授的新著《魏晋南北朝禁卫武官制度研究》是学术界第一部对于中国古代禁卫武官制度进行全面、系统研究的专著，填补了这一学术空白，具有重要的开创意义和学术价值，是中国古代政治制度史、魏晋南北朝史研究领域的重大创获。全书五编二十一章一百余节，对于魏晋南北朝禁卫武官制度的发展演变，进行了全方位、多角度的研究，着重从制度变迁与个案考察两个层面对魏晋南北朝的禁卫武官及其组织结构、政治职能等问题进行阐述。宏观上，将魏晋南北朝禁卫武官制度置于汉末至南北朝末四百年历史长河的宏大背景下进行探讨，紧密联系魏晋南北朝政治史、政治制度史，对魏晋南北朝禁卫武官制度及其发展演变加以动态的考察；微观上，对浩如烟海的、分散的史料进行爬罗剔抉，探赜索隐，最大限度地揭示出这一时期禁卫武官及其制度的本来面目。本书的学术贡献是多方面的，而创新与求真则是贯穿本书的两根鲜明突出的红线。

首先，本书是一部具有重要原创性的学术著作。其创新之处主要表现在如下三个方面：

一是理论创新。本书第一次在学术界明确提出了“禁卫武官制度”的概念，这是一个具有重大学术价值的理论创新。作者通过对魏晋南北朝历史记载的全面考察，从中抽绎出了“禁卫武官制度”这一概念，将负责皇帝警卫、皇宫及京师治安保卫（包括京师外围卫戍事宜）的所有武官统称为禁卫武官。禁卫武官制度是指中国古代各王朝有关君主安全保卫及全国政治中心——首都治安防卫的职官制度，其核心职责是对皇帝及皇宫的安全保卫。禁卫武官制度史即是对历史上禁卫武官组织系统、职掌、沿革及其与君主专制政治的关系等问题进行研究的政治制度史的分支领域。中国古代凡是与皇帝警卫、皇宫及京师治安保卫有关的官职都可以纳入禁卫武官制度史的范畴进行研究。“禁卫武官制度”这一概念的提出将为中国政治制度史的研究别开生面。军权特别是禁卫军权是古代专制帝国的支柱，禁卫武官制度概念的提出为更加系统深入地考察帝制时代中国的君主专制政治与军权关系找到了一个新的切入点，从而有利于进一步认识中国古代君主专制政治的实质。作者认为：“在君主专制时代，君主具有至高无上的绝对权力，君主的安危也就关系着王朝的命运。因此，以保卫君主为核心的禁卫军权在国家政治结构中处于权力中枢的地位，对禁卫军权的控制无疑也就成为专制君权的关键环节。”（第二十章・二）“禁卫军权是中央集权体制下专制君权的核心环节，是专制君权的主要实现形式之一。禁卫武官制度所体现的是禁卫军权，对禁卫武官制度的研究不仅在于对制度本身的了解，而且还在于它有助于从更深层次上认识中国君主专制制度及其运作机制。”因此，“对魏晋南北朝禁卫武官制度的研究，不仅对认识魏晋南北朝政治军事史至关重要，具有重大价值，而且也对全面准确理解整个中国古代政治军事史具有很大的启发意义。”（结论）作者的这种宏观认识，是对禁卫武官制度研究规律性的准确把握，这不仅表明本书对魏晋南北朝禁卫武官制度的研究具有雄厚的基础和高层次的理论起点，而且对于认识中国古代君主专制体制下的中央集权国家的政治军事历史也具有普遍的适用性。创新是科学研究的生命力所在，而理论创新尤为重要。值得一提的是，作者并未套用现代西方社会科学概念，而是从中国历史的客观实际中提炼出规律性的认识，从而达到了理论上的创新。在中国历史的研究中，合理借用西方社会科学概念或新名词无疑是必要的，但如果能从中国古代历史记载中抽绎出新概念，将更符合中国历史的实际，更能经得起历史事实的进一步验证，因而也就具有更强的学术生命力。

二是架构起崭新的禁卫武官制度史研究体系。在本书作者之前，关于魏晋南北朝禁卫武官的专门性研究极为罕见，更遑论禁卫武官制度史的学术体系。迄今为止，除了日本学者越智重明曾对魏晋南朝的领军将军与护军将军有过比较系统的考察之外，还有就是何兹全对魏晋的中军将领、濱口重國对北朝的近卫军将领有所论及，与禁卫武官制度有一定的联系；中国政治制度史和军事制度史的著作虽然对有关官职有所提及，但多语焉不详。本书第一次将魏晋南北朝所有与皇帝及宫城、京城保卫乃至京师外围卫戍有关的官职纳入禁卫武官系统加以全面翔实的研究，考察了这一时期的领军将军（中将军）、护军将军（中护军）、左卫将军与右卫将军、武卫将军、军校骁游（左右前后四军将军、五校尉、骁骑将军、游击将军）、直□将军与直卫诸职、幢将与郎卫（羽林、虎贲、三郎、内三郎等）、殿中尚书与司卫监、领左右将军与千牛备身、宫伯与武伯、卫尉、领石头戍事、四（东南西北）中郎将、京畿大都督，以及殿中将军、殿中司马（督）、三部司马、五部督、无难督、绕帐督、解烦督、帐下督、马闲右部督和四禁（前后左右）将军、侍御郎、亲御郎、御仗左右、直荡都督、直突都督等禁卫之职。作者通过对传世典籍和出土文献的仔细勾稽考索，将上述不同层次的、众多的禁卫武官的变迁历程与政治职能一一厘清，并联系不同时期的政治形势和制度变迁，以及禁卫军权与政局变化的关系，考察禁卫武官制度及其变迁历程，将魏晋南北朝时期各个朝代、各个政权的禁卫武官设置异同、职能变化一一呈现在人们面前，使我们第一次能够对于错综复杂的魏晋南北朝禁卫武官制度有了一个非常明晰的认识，从而架构起了一个崭新的禁卫武官制度史研究的恢弘的学术体系。这一学术体系的建立，不仅拓展了魏晋南北朝史的研究领域，极大地丰富了魏晋南北朝政治制度史的内容，而且对于推动整个中国古代禁卫武官制度史研究，加深我们对中国古代政治史、政治制度史以及军事制度史复杂多样性的认识都有启迪参照意义。

三是新见迭出。本书所提出和研究的，大多是学术界第一次进行专门的系统研究的新问题。例如南北朝时期的直□将军、直卫和监局之职，北朝的幢将和郎卫制度等，学术界的认识几乎是空白，通过本书的研究，我们对有关官职的政治职能及制度变迁都有了极为清晰的了解。对于学术界有所涉及的问题，本书亦多有突破和新解。兹仅举数例。汉代的禁卫武官在魏晋以后先后变成散官或虚衔，通过本书的研究，我们可以看到有些汉代禁卫武职如光禄勋、卫尉、执金吾的职能在魏晋南北朝的确有很大的衰退，有时甚至不设其职，不过有时仍然具有一定的禁卫职能，如光禄勋一度还拥有掌宫殿门户的职能，卫尉在南朝还负责守卫宫城门，颇为重要。而五校尉则存在于整个魏晋南北朝时期，并且长期领有营兵，拥有禁卫职能，只是到了南北朝后期才成为散官。魏晋南北朝一代，一般情况下，领军将军（中领军）掌内军负责宫城内禁卫，护军将军（中护军）掌外军负责宫城外京城地区的禁卫，但在特殊情况下也会有所变化，如曹魏后期司马氏利用护军武装消灭曹爽集团后即加强护军权力，使其一度侵蚀甚至取代了领军的职能；北魏负责京师外围防务的四中郎将隶属于护军将军，但在北魏末年至东魏时期三十余年间四中郎将转属领军将军，其时领军职能得到加强而护军职能衰微。正常情况下，左卫将军高于右卫将军，左军将军高于右军将军，但也有相反的情况，如西晋“八王之乱”后期，赵王伦以右军将军身份发动政变夺取政权，在其专政及篡位时期，右军将军高于左军将军，右卫将军高于左卫将军。此类事例，可谓俯拾皆是，读来令人耳目一新。

其次，本书的创新是建立在求真的基础之上的。所谓求真就是尊重历史，还历史以本来面目。贯穿于本书的求真精神至少体现在如下几个方面：

一曰网罗繁富，竭泽而渔。

本书的论述是建立在极其丰富、扎实的历史资料基础之上的，可以说每一结论都是以确凿可靠的资料为支撑的。本书对于正史和编年体史书这类基本史料的运用是极其全面而深入的。以正史而言，“八书二史”是本阶段历史的最基本史料，但是一般多重“八书”而轻“二史”，本书却不仅十分重视“八书”的资料，同样也对“二史”予以高度重视，如第十八章之六论及北魏后期直口将军时引用了《北史·薛聪传》一段弥足珍贵的记载，表明直口将军负责“管领”“亲卫禁兵”，常“陪侍帷幄”，实为皇帝“心膂”之任。这对于认识北魏直口将军的禁卫职能具有重要意义，而该条资料却为《魏书》所不载。这表明作者是在全面掌握“八书二史”基础上加以运用的。本书不仅重视正史的《职（百）官志》和本纪、列传资料，而且还对人们不大注意或不常利用的《礼仪志》《舆服志》等资料予以充分的关注，如特意用了一章（第八章）的篇幅来讨论《晋书·舆服志》所载《中朝大驾卤簿》所反映的西晋禁卫武官制度；通过考察《隋书·礼仪志》的记载，发现了南朝梁、陈时代及北朝北周禁卫武官的组织结构和纪、传所不详的诸多细微之处。在此基础上画出了西晋大驾卤簿禁卫仪仗结构示意图和北周禁卫武官宿卫示意图，不仅使我们对于当时禁卫武官制度的认识更加形象、生动、具体，而且把禁卫武官制度研究的许多细微之处大大深化。

除了全面、深入利用正史和编年体史料之外，本书对于其他文献资料和铭刻资料也加以充分的利用。举凡经、史、子、集四部及后人有关注疏均在其视野之内，例如，直□将军所入直“□”之含义，北魏史料并无明确记载，本书引用《唐律疏议》卷七《卫禁律》所载“上□”、左右“上□”的记载，结合魏晋南北朝相关史料而得以阐明“北魏孝文帝改革时出现的直□将军所直之□当即太极殿之上□”（第十八章）。关于蜀汉禁卫武官制度的资料极为有限，本书引用东晋常璩《华阳国志》的资料，在论证蜀汉禁卫诸职时多有所获，如蜀汉光禄勋下辖郎中、中郎等职，即赖以补益（第五章）。有关十六国禁卫武官制度的资料也较缺乏，本书利用类书所引北魏崔鸿《十六国春秋》以补正史之不足，亦多有所获，如关于后燕中卫将军与左卫将军并置以及中卫将军地位可能高于左卫将军的结论就是借助《十六国春秋·后燕录》的资料而得出的（第十一章·五·2）。在考察汉代卫尉职掌时所引《汉官解诂》（《职官分纪》及《太平御览》引）的一段记载，不仅使我们对于卫尉的职掌有了生动具体的了解，而且对于其他史料所载卫尉职掌的理解亦大有助益，如后人有所争论的卫尉属官“大谁长”的职责即得以明辨（第二章·二）。此外，在考察有关职官沿革时引用《周礼》的相关条目以明其渊源所自，同时又注意吸收后世注疏解经的成果，亦多所创获，如从郑玄和杜预注以了解东汉和西晋有关制度即是如此。诸如此类，不胜枚举。

在铭刻资料方面，举凡可资利用者，本书几乎网罗殆尽。在利用这些资料时，如有拓片者则尽量使用拓片，而不用转录的文本，体现了作者严谨的治学态度。本书对墓志碑刻资料运用上的创获也是十分可观的。如北魏文成帝《南巡碑》是近年发现的重要碑刻，本书专列一章（第十七章）讨论此碑所反映的北魏前期的禁卫武官制度，对其所载有关禁卫武官一一加以考释，使我们对于北魏前期禁卫武官制度的认识进一步深化，弥补了传世史籍所载之阙漏，如史籍所载内三郎皆为鲜卑贵族子弟起家官，且未记兼职。通过本书对《南巡碑》的研究，发现内三郎多兼军号，其军号品级由二品上至六品之间均有，以五品上、下为多，显示了内三郎地位之差别。此外还有，引用《蜀汉黄龙甘露碑》对于认识蜀汉时期的郎官制度（第五章），《孝文帝吊比干文》对于认识孝文帝迁都前后北魏禁卫武官制度的变迁（第十八章），《蔡儁断碑》对于认识东魏左右卫府属官制度（第十九章）等，都是作者在运用碑刻资料方面颇有价值的创获。

二曰纠谬订讹，正本清源。

本书不仅史料极其丰富、扎实，而且对于所采用的史料一一加以辨析，认真审核、考订，订正了许多史料记载之失，从史源上正本清源，创获良多，表现了作者深厚的治史功力。如果说要做到全面、深入运用历史资料相对来说还比较容易的话，那么，要做到对于所运用的资料加以全面、深入的考订，则是更加困难，更为难能可贵的。而这方面又是史学求真所必不可少的，诚如本书作者所说：对于史料“必须先加澄清，然后才能谈得上对有关制度的准确认识。”（第八章）

本书对于史料采取不轻信、不盲从的态度，严加辨析之后方才加以利用。例如，正史《职（百）官志》是本书需要利用的最重要、最基本的史料，经过本书作者的考订，发现这些官志对于魏晋南北朝禁卫武官制度的记载有不少疏漏、讹误或语焉不详之处。第七章在考察西晋禁卫武官制度时，通过对《晋书·职官志》和《宋书·百官志》记载的考辨，发现两晋时期有关禁卫长官领军将军（中领军）、中军将军、北军中候等名称和变迁的记载是不准确的，认为两志关于“武帝初省”中领军（领军将军）而以“中军将军羊祜统二卫前后左右骁骑七军营兵，即领军之任也”的记载有误，事实上中领军直到泰始七年十二月才并入北军中候，晋初六七年间中领军与中军将军、北军中候是同时存在的；而所谓“宿卫七军”则有一个逐步发展演变的过程，直到泰始八年四月才正式完备，而且其长官并非中军将军，而是已将中军将军之职并入的北军中候了；《晋志》所记“怀帝永嘉中，改中军曰中领军”的记载亦属大谬。第十九章通过纪、传资料证明北齐一代不仅存在领军大将军，而且也存在左、右卫大将军及领左右大将军、武卫大将军，从而补充了《隋书·百官志》

记载之不足。至于史籍中一些较小的讹误缺漏经其指出者就更多了。如《晋书·成都王颖传》有“左将军王舆杀孙秀”句，作者认为此“左将军”为“左军将军”之误；《隋书·礼仪志七》所记北齐宫卫之制中有“左右卫将军、将军则两裆甲，手执檀杖”句，作者认为“左右卫将军”之后的“将军”应为“武卫将军”，夺“武卫”二字（第十九章）；《通典·职官典十》所记“北齐千牛备身属左右将军”，应为“领左右将军”而非“左右将军”（第十九章）；《资治通鉴·梁纪九》武帝中大通元年闰六月所记“中军大都督兼领军大将军杨津入宿殿中”，其“领军大将军”应为“领军将军”（第十九章）。诸如此类，不烦赘举。

后世对于史籍的研究、点校，亦同样在其审视、检核的范围之内。这里特别要提出的是作者对于中华书局“二十四史”标点本的勘正。这套“二十四史”标点本代表了20世纪70年代以前对于二十四史研究的最高水平，是现在最流行、最通用的本子。本书十分注意吸收标点本的校勘成果，又对该版本的标点、校勘作了大量合理的修正，并对个别原文作了修订。如第八章对于《晋书·舆服志》所载《中朝大驾卤簿》的修订，除了对于多处标点提出异议之外，还指出了《校勘记》中有些未将错误之处改正却将本来正确的记载错改的地方，更重要的是，与此同时，指出了《晋书》原文中的一些错误：将左、右卫将军记作左、右将军，前、后、左、右军将军除后军外，其他三将军皆脱一“军”字。这虽一字之差，但问题却很大，属于根本性错误。由此出发，作者又发现今本《晋书》及不少唐宋以来著述中在这个问题方面不同程度的错误，如：《晋书·成都王颖传》所记“左将军王舆杀孙秀”；《通典》卷六六《礼二六·卤簿》所载晋《中朝大驾卤簿》；《太平御览》卷二三八《职官部三六》前、后、左、右将军条所引史料；《北堂书钞》卷六四《设官部一六·前后左右将军》“乐为边将不愿宿卫”条，明陈禹谟补注所引《晋书》；《资治通鉴》卷一四一《齐纪七》明帝永泰元年五月条胡注。此外，如第二十章对《隋书·礼仪志七》所载“后周警卫之制”标点的修正也是非常精彩和典型的，均体现了作者严谨扎实的治学态度和功力。

作者虽然对于史料不轻信、不盲从，但也不轻言史料之误，而以客观历史事实作为唯一的取舍标准。例如，《汉书·百官公卿表序》记载西汉中垒校尉“掌北军垒门内，外掌西域”，清代学者王念孙与王先谦等人认为“西域”为“四城”之误，且为当代学者所接受。本书通过对历代文献资料的考察，有力地证实“西域”不误（第二章）。又如《晋书·职官志》所载“二卫始置前驱、由基、强弩，为三部司马”一段，以往有学者认为该段记载有脱漏，而本书则详加考释，疏通疑滞，否定了脱漏之说，使其在认识西晋左、右二卫组织系统上发挥了不可代替的作用（第七章）。

三曰商榷古今，以理以据。

学术研究的发展和进步离不开对已有研究成果的利用和修正、突破。本书对于这一课题的已有研究成果进行了极其广泛、深入的搜罗和借鉴，可以说囊括了古今中外的相关著述。在充分肯定这些研究成果的同时，又对于它们详加辨析，提出商榷，决不盲从，一切以历史事实为依据，以学术标准为准绳。例如，本书在讨论汉代南北军时，特别重视宋代学者王应麟（《玉海》）、山斋易氏——易袯（马端临《文献通考》引）的有关论述（第二章）；在讨论汉魏之际禁卫武官制度的巨变以及三国禁卫武官制度时，十分注意对清人洪饴孙《三国职官表》的利用与考辨（第三章至第五章）；在有关章节中对清朝乾隆年间四库馆臣所修《历代职官表》的“案语”也常加引用和辨析。对前人的研究中有可资借鉴之处均予以彰显，不使其湮没，如多处提及胡三省《资治通鉴注》对有关职官的注解即属于这种情况。对于有些著述中的明显错误也予以指出，如南宋陈傅良《历代兵制》卷三《三国兵制》称：“魏制略如东汉，南北军如故。有中、左、右、前军各一师，又有中护、中领军，领、护军将军各一人，其他杂号无常数。初，曹公自置武卫营于相府，以领军主之。及文帝增置中营，于是有武卫、中垒二营，以领军将军并五校统之。”作者认为陈氏之说有诸多讹误：魏制与东汉制度差别甚大；领、护军将军与中领、护军不并置，其“中护、中领军，领、护军将军各一人”之说含糊不清；曹操相府武卫营由武卫中郎将、武卫将军主之，而不由领军主之；文帝时武卫、中垒营由武卫、中垒将军所统，而非以领军将军并五校统之；领军将军主领军营，又间接统领五校、武卫、中垒诸营。（第三章）同书同卷《两晋兵制》谓：“晋自文王建国，阴谋倾魏，置二卫（中卫、后卫）、三部司马（前驱、由基、强弩），以中领军领之。”作者认为，陈氏所谓司马昭置二卫并由中领军领之，其说无据；晋武帝代魏后分置左右卫将军的说法亦不符合史实。（第七章）又如明方以智《通雅》卷二五《官制·武职》谓：“晋有左右前后四将军，已为二卫三部。已又置虎贲、羽林、上骑、异力四部，并命中为五督，此今日五军都督府之所自也。”作者认为方氏将明朝五军都督府的渊源追溯到西晋五督，为无根之谈；所言左右前后四将军应为左右前后四军将军，谓四将军（或四军将军）分为二卫三部，更是大谬。（第七章）诸如此类，不胜枚举。

本书对现当代中外学者的论著也给予了充分的关注，既重视他们的研究成果，又不盲目照搬，而是在考辨基础上加以引用，既注意吸收其合理的论点，同时又对其谬误之处进行质疑、驳正。如本书中多处参考了已故日本著名学者濱口重國《秦漢隋唐史の研究》一书、越智重明《領軍將軍と護軍將軍》一文以及当代著名学者何兹全《魏晋的中军》一文和阎步克《品位与职位》等书的有关论点，同时又对他们的某些观点提出了商榷。又如本书第十七章《北魏文成帝〈南巡碑〉所见禁卫武官制度》利用张庆捷等刊布的文成帝《南巡碑》碑阴文字对北魏前期禁卫武官制度作进一步的考察，同时又对其有关研究成果中的疏误加以订正。这些都显示了作者对先行者成就的尊重，又说明他能够秉持学术公器的原则，一切以学术标准评判是非，这正是一切具有求真精神的学者所应有的态度。

本书对于所引用的文献均予以详细地解析，在注释中采取平等对话的方式作了大量富有学术价值的讨论。在大力提倡学术规范的今天，本书也具有一定的示范意义。

以上的事实表明，本书作者不仅具有创新和求真的精神，而且具有创新和求真的学养与能力，如果作者没有深厚的治史功力，没有具备中国古代典籍、古代政治制度史、魏晋南北朝史专业的雄厚基础，以及在此基础之上对禁卫武官制度透彻的研究和对全局了然于胸的把握，是不可能对于相关史料进行如此广泛细致的考订、取舍，对于古今中外关于这一专题的研究进行如此深入的评判，从而在史学的创新与求真上臻于如此佳境的。当然，本书所论不能说都完美无瑕，已将这一问题的研究穷尽，学术发展的规律总是后人克服、超过前人，后之视今亦如今之视昔。但无论如何这是一部在魏晋南北朝史、中国古代政治军事制度史领域极为重要的学术著作，为此后有关这一问题的研究奠定了坚实的基础，确立了新的起点，对魏晋南北朝史和中国古代政治军事制度史的研究无疑将会产生积极的影响。

张金龙教授于1995年入北京师范大学历史系攻读博士学位，我年齿在先，忝为其师。本书的基础就是作者于1998年5月在北京师范大学提交的博士论文，参加论文答辩的各位专家对该论文给予了高度评价，又经过作者长达五年的修改补充，方始定稿，已由原来二十余万字充实为洋洋七八十万言，足见这一课题难度之大和作者从事学术研究的执着精神。现在这一成果终于问世，我在读了书稿之后心潮澎湃，百感交集。一方面，深深为张金龙教授在学术研究上取得的辉煌成就感到无比欣喜。对张金龙教授而言，本书将是他学术生涯中的里程碑之一，标志着他已经成长为一位成熟的学者，跻身于魏晋南北朝史领域举足轻重的优秀史学家之列。另一方面，又深感其成就之来之不易。他二十年如一日，克服了重重困难和阻力，在魏晋南北朝史领域孜孜不倦地进行探索，终于取得了今天这样骄人的成绩。其遭遇，虽不及陈蔡之厄、迁蜀之痛，然而也是充满坎坷的，故此书亦发愤之所为作也！在庆贺他取得的成绩的同时，希望他对自己提出更高的要求，迈上新的台阶。今天是一个有可能产生大师的伟大时代，张金龙教授适逢其会，加以其所独具的禀赋，我们有理由相信他能够攀登这一光辉顶点，能不勉之！

是为序。

2003年4月10日

黎虎于北京师范大学

（张金龙：《魏晋南北朝禁卫武官制度研究》，中华书局2004年版。）

《禅让政治研究》序

禅让是个古老的话题，数千年来说者纷纷，然而或目之为一种传说和理想，或一言以蔽之那不过是篡逆的粉饰而已，似乎与中国古代历史并没有多少真实的、密切的关系，因而它在中国古代历史中究竟占有什么样的地位，起了怎样的作用，并没有引起学术界过多的关注，更罔论联系历代王朝更替史进行认真的研究和深刻的理论剖析了。杨永俊先生独具慧眼，在他的《禅让政治研究——王莽禅汉及其心法传替》一书中，把禅让置于中国古代历史的长河中进行了总体性的研究和理论性的深度开掘，从而揭示了其在中国古代政治史上的重要作用、地位和隐潜其后的历史真谛。这是中国古代政治史研究中一个可喜的突破和创获。

本书在总结、继承前贤研究的基础上，把禅让作为中国古代独特的一种政治形态进行了总体的研究。作者认为禅让是中国历史上最重要的政治现象，从书契乏载的传说时代到公元961年北宋禅后周，禅让在中国历史上发生作用起伏绵延达数千年之久，其影响可谓至深至远。中国历史上的禅让政治经历了漫长的四个发展阶段：传说中发生于氏族部落联盟时代的尧舜禹禅让；春秋战国时代的禅让尝试与禅让思潮；西汉中后期的禅让主张与王莽禅汉；魏晋南北朝隋唐五代宋时期的禅让。而禅让主要不是行于上古的尧舜禹时代，而是行于汉、魏、晋、南北朝、隋、唐、五代、宋的皇权专制历史时期。禅让是与汤武革命、农民战争、军阀混战等方式并列的一种和平过渡方式，而以禅让方式更替的王朝要多于其他方式更替的王朝，得出了禅让是中国古代王朝更替的主要方式的结论。本书的研究，赋予看似老生常谈的“禅让”问题以崭新的意义，提升了这个问题的重要性和品位，令人耳目一新，体现了作者博达的史学通识与开拓创新精神。

在对禅让进行宏观考察和总体性把握的基础上，进而又从理论上对其进行了深入的分析。作者将历史上的禅让上升为“禅让政治”并加以理论的阐发。作者认为，禅让不仅仅是王朝更替的手段与方式，它更应该被认同为一种政治，是一种独具中国特色的礼仪化政治。中国古代的王朝统治是建立在家族血缘宗法制度基础上的，其继统原则和方式是在家族内部以嫡长子为中心进行的，这就不可避免与传统的“选贤与能”“得民心者得天下”和“天下为公”的政治理念产生矛盾，这一矛盾的解决方式不外暴力与非暴力两途。禅让政治是对不同姓氏之间的政权更替采取和平手段而加以礼仪化包装的一种方式，虽然这种更替方式的本质对于旧王朝来说是一种篡逆，但是它却把杀戮与流血降到最低限度，仅仅以一姓的牺牲甚至是一人的牺牲这种最小的代价来换取天下太平。从禅让政治之自远古的传说向儒墨理想的转变，自儒墨理想再到现实尝试的失败，自尝试失败再到成功的历程中，禅让方式最终成为历史的选择，是儒家“仁政”礼乐治国思想与“选贤与能”大同理想在现实皇权专制制度下的变相实现，它最符合中国古代的仁政精神和礼治原则的选择，是古人高度的政治智慧的体现。因而禅让不仅是礼仪化的政治，也是中国历史上别具一格的显性的历史文化现象。对于禅让政治的解读应该建立在对于中国特色的传统文化的深刻理解上。作者的这些见解虽然不能说已经尽善尽美，但是它无疑为我们研究这个问题指出了一个新的思考方向——具有中国特色的皇权政治制度中的禅让政治植根于中国传统文化深厚的土壤之中，探寻两者之间的内在联系是解读这一政治现象的一把钥匙。

王莽禅汉问题的阐述几乎占了本书三分之二的篇幅，可见作者研究中国古代禅让政治是以王莽禅汉为其切入点和重心的。王莽禅汉也是千百年来议论纷纷的一个老旧话题，而且中外学者中都曾有人将其与尧舜禹禅让和魏晋禅让等相提并论，如顾颉刚氏的《禅让传说起于墨家考》，宫川尚志氏《六朝史研究》中的《禅让及其王朝革命的研究》等。但是这种粗糙的串连没有也不可能深刻揭示王莽禅汉的历史意蕴及其在中国古代禅让政治史中的作用与地位，因而迄今为止学术界对于王莽禅汉问题还远谈不上有了真正的本质的认识。本书是第一次对于王莽禅汉问题所进行的认真的、深入的研究。首先，作者提出了皇权专制制度下的禅让政治是从王莽开始的新见。本书将王莽禅汉置于中国古代禅让政治历史的长河中进行考察，认为王莽禅汉是中国古代禅让政治发展史中的分水岭，此前为早期的原始禅让，此后则属于皇权政治制度下的禅让政治。这是两种不同性质的禅让政治。由于王莽禅汉解决了皇权专制制度下不同姓氏之间、权臣与专制君主之间相互转化的问题，因而开启了中国历史上皇权专制制度下与汤武革命、农民战争、军阀混战等暴力形式相区别的王朝更替的另一种和平过渡形式——禅让的历史先河，从而使禅让政治从远古的传说和理想变为现实。此后从魏晋至赵宋的禅让政治都是在王莽所确立的禅汉模式基础上进行的。从而突破了学术界承袭了二百余年的赵瓯北所谓曹魏开创禅让的窠臼。其次，本书对于王莽禅汉所确立的禅让政治“心法”进行了深入细致的分解剖析。从禅让舆论准备中的符命神意的制造与民意的操纵，以公国分封建制为标志的禅让政治正式启动中所提供的有形资源与动力，禅让模式的载体——九锡殊礼、揖让虚礼、禅让仪文等对于禅让政治所进行的礼仪化包装，到禅让完成之后对于前朝君主和宗王的降杀制度与对新朝宗室、功臣的升迁制度等，构成了禅让政治的一套完整体系。这一系列禅让模式，是王莽在继承、借鉴前期禅让政治与礼乐文化基础上的创新，其所确立的禅让政治“心法”经过魏晋禅让的进一步完善，从而成为南北朝隋唐五代宋禅让政治的圭臬。这就进一步将中国古代皇权专制制度下的禅让政治始自王莽而非始自曹魏的新见奠定了坚实的基础，并揭示了禅让政治的渊源流变及禅让模式的基本特征。第三，王莽禅汉的出现及其成功决非偶然，而有其历史的必然性。它不仅与远古以来的禅让传说和理想有关，而且是西汉中后期社会“天下不私一姓”禅让思潮长期弥漫的结果。而这一思潮恰恰是被当时占统治地位的社会意识形态所激活的。董氏实用儒学中的天谴说、阴阳五行说与西汉后期向周礼复古的纯儒学，都为这一思潮的兴起及其成功实践起了催生作用。这一见解把王莽禅汉问题从简单的叱责与不屑中提升到新的高度，将其导入理性的认识领域。

本书第一次从理论与史实的结合上对于中国古代的禅让政治作了全面的系统的论证，从而拓展了中国古代政治史研究的领域，把对皇权政治及其转移的研究大大向前推进了一步，纳入并定位于科学的评价体系之中。可以说，这是第一部真正阐明专制皇权禅让制度实质的力作。作者学术视野开阔，功力深厚，于宏观考察中高屋建瓴，纵横捭阖，气势如虹，于微观研究中烛隐探微，真知灼见，俯拾皆是。全书一气呵成，奔腾如泻，读来兴味盎然，不暇掩卷。

本书基本上是作者在2003年5月提交的博士论文，此后并没有作出更多的修改补充。这是因为作者属于“定向培养”博士生，毕业以后必须回到原来的学校工作，那里并不具备进行进一步研究和提高的学术条件和环境。这是十分令人遗憾的事情。而且毕竟这是作者第一部学术著作，存在不足乃至有些讹误恐亦在所难免。例如，对于后代禅让如何薪传王莽“心法”的阐述，对于禅让政治与儒家思想的内在联系的进一步挖掘，以及从禅让与其他形式的皇朝更替方式比较中阐述其在中国历史上的作用、地位等，都还有待作者日后的弥补和完善。我与作者有过三年的师生之缘，他的质朴、勤奋、睿智，给我留下了极其深刻的、美好的印象。这是一段令人十分愉快的岁月。杨永俊先生有中文系本科以及民族学硕士的学历，加上三年攻读历史学博士，因而具备了从文学、民族学到历史学的多学科的专业基础和知识，这为他今后学术上的进一步发展创造了极其有利的条件。我们有理由期待他在学术上做出更为辉煌的业绩来。

是为序。

黎虎于北京师范大学

2005年1月3日

（杨永俊：《禅让政治研究——王莽禅汉及其心法传替》，学苑出版社2005年版。）

《两晋时期国家认同研究》序

《两晋时期国家认同研究》是一部关于中国古代国家认同问题研究的力作。这是中国社会科学院民族研究所助理研究员、历史学博士彭丰文在博士论文基础上进行认真修订之后付梓面世的学术专著。本书的出版，对于中国古代国家、国家认同问题的理论探索以及魏晋南北朝的史学研究来说都是可喜的收获。

这是一个从理论到史事都相当繁难的问题。因此，当丰文提出有意研究这个问题时，我曾经踌躇再三。最后丰文还是毅然决然以这个问题作为其研究课题，而且取得了如此丰硕的研究成果，其学术探索的勇气和知难而进的执着精神，不能不令人敬佩。

研究两晋时期的国家认同问题，首先遇到的是“国家”及“国家认同”概念在不同时代和不同地域，亦即古、今、中、外之联系与区别，这既是一个聚讼纷纭的老大难理论问题，又是一个敏感的现实问题。然而这是这个课题研究的重要前提。著者广泛搜罗古、今、中、外有关“国家”及“国家认同”问题的资料和理论，结合中国历史的实际，以马克思主义为指导，进行归纳分析，披沙拣金，提炼出了对于“国家”及“国家认同”问题自成体系的见解。著者从近代学术思想史切入，指出我们现在通行的“国家”概念，源于西方近代的“国家”概念，而不是中国古代的“国家”概念。这是近代中国社会精英在学习、吸收西方学术时，将西学中“主权国家”论和“民族国家”论为代表的主流“国家”概念移植于中国本土，赋予近现代汉语“国家”一词，从而使其有了近现代西方政治学的话语背景和基本涵义。这在实质上是“欧洲中心”论的一种反映，而中国古代的“国家”概念的基本内涵是“王权国家”论和“天下国家”论，它与西方近现代主流“国家”理论虽然有一定的共同性，但也存在显著的差异。因此，中国古代的“国家”概念既与西方近现代的“国家”概念不同，也与近现代汉语中的“国家”概念有所区别。这些不同和区别不仅是中西方两种文化传统的差异所致，也是古代与近现代两个历史时代的差异使然。著者特别强调“国家”一词具有政治意义与地理意义上的双重含义，而本书将“国家”概念限定于政治意义上的国家，是“政权”“政治体系”“公共权力机关”等概念的同义词。明确中国古代“国家”概念与西方近现代“国家”概念以及近现代汉语“国家”概念的区别这一基本前提，不仅对于研究两晋时期，而且对于研究中国古代历史上涉及“国家”问题时的种种争议，如中国古代有无国家、分裂时期政权和边族所建政权是否为国家等问题，均有很大裨益。此外，中国古代有无“国家认同”的问题也可以得到肯定的回答。不宁唯是，这个问题的解决，对于研究中国古代历史上涉及“国家”问题的其他专题研究，例如边疆史、民族史、对外关系史等都具有启发、参考乃至指导意义。

但是对于这个研究课题来说，解决了“国家”“国家认同”的理论问题，仅仅是一个必要的前提，而更为艰难、更为核心的问题还在于如何将“国家”“国家认同”的理论与两晋时期的历史实际相结合，从而对于这个时期的国家认同问题作出符合历史实际的解释和揭示。两晋时期，从泰始元年（265）西晋建立，到元熙二年（420）晋恭帝逊位而宣告东晋灭亡，历时155年。这一百五十多年中国的历史是一种什么状况呢？这就是人们通常所说的大动荡、大分裂的时期，从国家政权来说，既有西晋的短期统一，又有一统王朝的分裂，从而导致南北、东西的的多方对峙；既有传统的华夏族政权，又有诸胡族所建的列国政权。期间王朝递嬗之纷繁，政权形态之参差不一，矛盾冲突之错综复杂，史事和人物之扰攘沉浮，可谓一言难尽矣。面对如此纷繁复杂的历史时代与历史问题，著者运用个案研究与综合考察相结合、理论探讨与史实论证相结合的方法，探赜索隐，提要钩玄，对两晋时期国家认同现象与认同理论作了系统深入研究。其方法具体来说是：选取两晋时期五个规模和影响较大的政权即西晋、东晋、石赵、前秦、前燕的国家认同情况进行重点深入的个案研究，从而归纳出两晋时期国家认同的四种基本认同模式，即历史与文化认同模式、民族认同模式、地域认同模式和政治认同模式。指出以两晋王朝为典型的历史与文化认同模式，是两晋时期最主要的国家认同模式，围绕两晋王朝所形成的国家认同，在两晋时期众多政权中最具广泛性、稳定性、持久性。羯族石赵政权的国家认同状况依照民族身份而呈现明显的分野，认同石赵政权的主要是北方胡人，汉人只占极少数，因此将围绕石赵政权的国家认同视为民族认同模式的典型。氐族前秦政权的国家认同则呈现显著的地域分野，关陇地区的人们普遍认同前秦政权，而关东地区的人们则普遍拒绝认同前秦政权，因此把围绕前秦政权的国家认同视为地域认同模式的典型。慕容鲜卑前燕政权是两晋时期北方胡人所建政权中胡、汉关系最为融洽的政权，胡、汉政治力量结合的纽带是共同的政治信仰和政治利益，因此把围绕前燕政权的国家认同视为政治认同模式的典型。以上五个政权国家认同的四种模式，代表了两晋时期，乃至整个中国古代的国家认同的基本类型与主要特征。两晋时期的众多政权围绕正统地位之争形成了对先秦两汉以来华夏民族历史与文化的认同，使得外在特征具有多元化倾向的两晋时期的国家认同，在内涵上保持了一致性。在两晋时期国家认同总体格局中，两晋王朝处于主导、中心的地位，其他政权则处在次要、从属的位置，从而形成一幅主次分明、众星捧月的图景。通过著者细心而又耐心的梳理，一个混乱时代的历史清晰明朗地呈现在人们的面前，通过著者洞穿历史迷雾与现象的透视力，两晋时期错综复杂的国家认同问题是如此彰明昭著而又有规律可循。本书的研究突破了以往研究同类问题时以现象描述为主的局限，把这个问题的研究提升到一个新的理论高度，从而在对两晋时期国家认同研究的系统性与深入程度上都对前人有所超越。

当然，本书只是对这个问题的初步探索，不能说已经尽善尽美，著者所提出的这四种认同模式以及它们之间的内在关系，不论从理论上还是史事上都还有继续探讨的空间，更不必说将其运用于其他历史断代了。但重要的是，本书对于两晋时期国家认同的研究，不仅对于认识两晋时期国家认同问题，而且对于探讨中国古代国家认同的一般特点，对于认识中国古、今国家认同之间的区别与联系，都在不同程度上有所启示；更为重要的是，本书始终贯彻和强调在研究中国古代国家观念问题时应当具有历史主义精神，运用中国古人自身的话语体系和理论体系来研究其时的国家认同问题，而不是将近现代国家概念生搬硬套地用于中国古代的国家观念问题研究中。它向我们昭示：在关于中国古代历史问题的研究中，坚持马克思主义理论和历史主义精神的统一，努力建立和运用中国古代自身的话语体系和理论体系，是史学工作者一项重要而紧迫的工作。

1999年夏，丰文以《元嘉时期各派政治势力的分化组合》为题进行硕士论文答辩，我有机会参加了这次答辩，从而与她认识。她善于从纷繁复杂的史料中清理头绪，游刃有余，归纳提炼，把握历史问题的关键和实质，表现了思维的缜密和逻辑的严谨，并且行文准确、典雅、流畅，这些都给我留下了极其深刻的印象。2003年丰文再次进入北京师范大学攻读博士学位，通过三年的切磋问难，我对她有了进一步的了解。她潜心学术，孜孜不倦，怀真抱素，淡泊明志。本书可谓她向学术殿堂迈出的坚实的第一步，如能坚持不懈，其学术前景大可期待。故欣然命笔，聊叙其始末云尔。

黎虎

2009年6月12日

（彭丰文：《两晋时期国家认同研究》，民族出版社2009年版。）

一部值得中国读者阅读的三国史

广西师范大学出版社正翻译出版日本讲谈社《中国的历史》，邀我为本书写个推荐序，当时我想：现在中国历史普及性读物很多．三国历史中许多内容又是人们耳熟能详的，再花费这么多人力物力翻译出版这类书籍是否值得？究竟还有多大意义？当我阅读完本书序章“华丽的乱世”和第一章“夕阳西下的汉帝国〞之后，我就被作者引人入胜的叙述和诸多新见和创意所吸引。拜读之后，我的总体感觉和结论是：这本由日本学者所撰写的三国史是一部值得中国读者认真阅读的好书。

我以为本书至少有三个突出的特色和优点：一是将三国历史与文学作品《三国演义》进行比较，剖析它们之间的异同和真伪；二是将三国历史置于古今东亚世界中进行解读，分析和比较中、日、韩相关历史文化的相互影响、交融和异同；三是本书虽然是以文学研究家的身份撰述的普及性三国历史，但是著者是以史学的、学术性的、严谨的态度进行撰写的，可以说是一部以史籍原典和考古资料为依据而追求真实的三国历史的严肃著作。而这三个特色和优点是与本书著者所独具的身份和文化背景，以及著者兼具中国历史和文学素养于一身有着密切关系的。

本书的著者是京都大学人文科学研究所东方学研究部的金文京教授，他长期致力于中国古典小说、戏剧及说唱文学历史的研究，尤以《三国演义》研究方面为长。著者在中文版自序中是这样谦虚地介绍自己的：“我是在日本出生长大的韩国人，我的专业是中国古典小说，最近一直从事《三国演义》的版本问题研究，由我这个异邦的外行人来写三国历史，实在难免有不自量力之嫌。因此，我也不敢说我这本书有什么补遗钩隐的学术价值，或旁观者清的独特观点，只是长年的读书心得和不成熟的思考当中，倘有愚者一得，则为万幸。”由此可见著者是作为具有日本、韩国的身世和文化背景这一独特身份而进行中国历史和文化研究的，也可以说著者集中、日、韩三国历史和文化之学养于一身，故其眼界与视觉与一般中国学者相比自有其独特之处；同时还应当指出，著者虽然以中国古典文学——《三国演义》作为研究专业，但是其对于三国历史也是有着深入认识和研究的，故而得以将两者结合起来进行具体而微、生动活泼的解读。以著者所具有的日本、韩国的文化背景这一独特身份而又于中国历史和文化研究有素，恰恰是本书之所以独具魅力且不可多得的前提和优势，作者从一个与我们习以为常不同的角度来解读三国时代，从而使本书读来令人耳目一新。当然，本书在撰述中广泛吸收了史学界、文学界的研究成果，将它们融会于一炉，这对于读者来说也是一种便利。

下面我们就来具体看看本书的三个特色和优点。

一，将三国历史与文学作品《三国演义》进行比较，剖析它们之间的异同和真伪。

在中国几千年不断更替的王朝历史中，唯独三国有一部反映其时代的著名古典小说《三国演义》，其他朝代虽然也多少有一些相关的历史小说，如《封神传》《东周列国志》《说唐演义全传》等，但是它们无论在质量和影响上均不能与《三国演义》分庭抗礼，《三国演义》之脍炙人口、家喻户晓为其他历史小说无法望其项背。三国时代有这样一部独步古今的小说，有其好处也有其坏处，好处是有利于普及三国历史知识，故在中国古代诸王朝中数三国为广大民众所耳熟能详；坏处是毕竟小说与历史不同，以《三国演义》而论，虽然有七分历史事实根据，但是也掺杂了三分虚构，于是民众关于三国历史的知识就往往存在虚虚实实、真假不分的问题。20 世纪 80 年代中国电视剧中心摄制大型历史剧《三国演义》时曾经邀请我去做他们的历史顾问，我给编导和演员们讲了几次课，其中主要就是谈历史的三国与小说中的三国的区分问题。对于两者进行区分并不是要否定《三国演义》中那些虚构的内容，因为那些内容已经成为中国文化的组成分子和广大民众的精神食粮。但是，人们也应当知道历史的三国与小说的三国的区分和异同，这不仅是知识界也是处于现代文明的民众对于中国历史和中国文化的基本素养。

本书对于历史的三国和小说的三国进行了细致的区分，指出它们之间诸多的异同与真伪，对我们更好地对两者进行区分和辨别它们的真伪异同有所助益。

本书从以下三个方面揭示了历史的三国与小说的三国之间的真伪异同：

一是史实上的真伪异同。《三国演义》在史实上的虚构存在于大小人物和历史事件之中，贯穿于全书，将虚构与史实糅合为浑然一体，达到了令人难于分辨的程度。历史人物如吴将朱然在历史上确有其人，但是在《三国演义》中抓获关羽的不是别人正是这个朱然，而他后来在刘备挑起的夷陵之战中死于蜀的武将赵云手下，这完全是作者因为偏爱关羽而虚构的情节。从史书《三国志》的记载可以知道朱然后来累建军功，病死于六十八岁。而且朱然的墓葬也于 1984 年在南京附近的马鞍山被发现，从而让人们得以更具体深入了解真实的朱然。历史事件如赤壁之战是《三国演义》中最为恢宏而又精彩纷呈、脍炙人口的部分，由黄盖受“苦肉计”诈降、庞统巧施“连环计”诱曹操锁战船、曹操使者蒋干“群英会”中计、诸葛亮南屏山筑台祭风、诸葛亮三气周瑜、曹操败走华容、关羽义释曹操等一系列故事所组成。本书指出，这些故事情节基本上属于虚构创作，只有蒋干出使东吴为史实，但那是赤壁之战之前的事情。诸如此类，不烦枚举。《三国演义》之所以这样进行虚构，并非随意地胡编乱造，而是与本书的主旨密切相关。本书对于三国有一个总体理念，即以蜀为正统，以曹魏为叛逆，而孙吴不过是一个配角。因此，书中对于历史人物和历史事件的虚构基本上都是服务于这个指导思想的，对于刘、关、张的美化，诸葛亮的神化，以及对于曹操的丑化和鲁肃的矮化等等，莫不与此相关。以鲁肃而论，事实上从赤壁之战孙刘联合抗曹到借荆州与刘备巩固同盟这一连串的决策，都是鲁肃主导的结果，可是《三国演义》却将这些全都归功于诸葛亮，鲁肃则被描写成一个奔波于刘备、孙权之间的滑稽可笑的老好人。再如夷陵之战被完全写成了为关羽报仇的一场复仇战，关羽之子关兴、张飞之子张苞奋勇出阵，连斩潘璋、马忠、朱然等吴将，最后连陆逊也误入诸葛亮的八阵图，落得个沮丧而归，读起来让人觉得打了败仗的不是蜀而是吴。

二是地理上的错误。作为历史著作，历史人物和历史事件活动的地理位置和空间必须是准确的，但是《三国演义》作为小说则没有完全遵循这种严格的地理概念，而是出现不少错误。著者认为“《演义》在地理关系的记述上，有关南方的部分基本上没有问题，但有关北方的记述错误很多，可以想象作者很有可能是南方人”。小说在描写关东诸侯讨伐董卓时，有曹操在荥阳被从洛阳逃往长安的董卓打败的情节，事实上荥阳在洛阳的东边，董卓从洛阳往西边的长安逃跑的话，不可能经过荥阳。关羽从许都到河北袁绍那里寻找刘备而“过五关斩六将”时，却绕道相反方向的洛阳、荥阳，不过这时荥阳的位置又恢复正常了。《演义》里写庞统死于落凤坡，以“落凤”来隐喻“凤雏”庞统的死，而这却是一个架空的地名。“六出祁山”中的地理错误尤多，比如第一次北伐时，赵云等人屯驻的箕谷实际上与祁山一东一西相距甚远，但是在《演义》里箕谷和祁山被写成是在同一方向。著者认为何以会发生这个错误？可能与参考了某些有错误的历史地图有关，宋代出版的《历代地理指掌图》中的《三国鼎峙图》里面的祁山位置比实际靠东得多，而且旁注里有诸葛亮“由斜谷道取郿，遂据箕谷，攻祁山”的记述。

三是时代背景的错误。人类的历史是在一定的时代背景中发生和存在的，三国历史也不例外。《三国演义》写的是 3 世纪的事情，但是描写方法却是 14 世纪的，著者认为：“14 世纪的罗贯中在《三国志》的史实基础上描述故事时，并没有做什么特别的时代考证，而是根据自己的时代感觉对史实进行描写。随着时代的变化，生活方式、习惯等也在变化，罗贯中对此缺乏明确的意识。比如三国时代纸刚刚发明不久，所以纸几乎还没有普及……但是罗贯中好像对此全然不知，或者是明知故犯，有意不把它反映到自己的小说里。”与纸张问题相联系的是印刷术的问题，“在《三国志演义》的初期版本里竟然出现了印刷的书籍，众所周知，印刷术的发明要在更久以后了”。

二，将三国历史置于古今东亚世界中进行解读，分析和比较中、日、韩相关历史文化的相互影响、交融和异同。本书著者认为：“当今东亚世界，中日韩三国的交流日趋密切，矛盾也随之而生，乃殆识者隐忧。有人说这就是新的东亚三国时代，也不无道理，何况这三国的国际关系，就可追溯到三国时代。此际回顾当年，不无令人反思的历史意义。且日韩人民早就熟悉三国里的历史，一部《三国演义》长期以来就成为他们爱不释手、津津乐道的古典作品，其熟悉的程度比之中国人或许当仁不让。”可以说本书著者是立足于现代东亚而进行三国历史的撰述的，著者的日、韩文化背景和他对于中国历史和文化的学养，使他得以将三国历史与日、韩历史进行对比，这对于中国读者来说，是难能可贵的。三国时代是日本的邪马台国时代，在朝鲜半岛则有高句丽以及马韩、辰韩、弁韩“三韩”等。这个时代是东亚国际交流的开端，而日本和朝鲜半岛与中国发生关系的同时，引进了汉字文化、儒教、佛教等文化要素，从而促进了绵延至今的汉字文化圈的诞生。因此作者说：“追溯三国时代的历史与文化，考察它对后世的影响并借此展望东亚的未来，这也是本书的另一个鹄的。”

著者强调指出，中国在世界史上是一个具有独特文化的国家，它的很多特征都是以三国时代为起点而形成的，例如纸的普及，儒、佛、道的传播和论争，政治上对于统一帝国强烈向往的理念之确立等，而这些文化对于东亚各国尤其是日本、韩国的影响尤为巨大。

本书在介绍作为三国时代发展背景的后汉历史时，对于牵动后汉历史的外戚、宦官及儒教官僚的情况作了深入的介绍，在此基础上不仅同时介绍了后汉以后中国历史上的外戚、宦官及儒教官僚的发展变化情况，而且还介绍了东亚历史上的外戚、宦官及儒教官僚的特点，指出被视为“中国政治之祸根”的宦官在日本不曾存在，朝鲜虽然效仿中国引进了宦官制度，但在朝鲜历史上宦官从没有出现在政治舞台上。而中国自后汉以后已经基本上消灭了的外戚，在日本却长期保持了重要的政治地位，在朝鲜外戚也是一股重要的政治势力。著者认为，之所以如此，很大程度上是因为日本、朝鲜固有的母权家族制度的影响，虽然儒教的父权家族制度已经传入日本和朝鲜，但其影响力是有局限性的，这也就意味着日本和朝鲜在对儒教的吸取借鉴上都是有所取舍的。再以儒教官僚来说，在日本儒教知识阶层进入权力中心参与政治的事情从未发生过，朝鲜虽然出现了相当于中国士大夫的两班阶级，不过，中国的士大夫是一个世袭性很弱的流动性阶层，而朝鲜的两班世袭的性质则很强。

三国时代在政治方面对东亚各国、各族的影响是本书的重要关注方面，例如著者认为这个时期最重大的政治事件是汉献帝将皇位禅让给魏文帝，这一事件的思想背景是正统论。正统论不仅关系当时魏、蜀、吴之间的斗争，同时也影响了后世史书和小说《三国演义》的撰写。三国之间的争斗，既是围绕领土的现实之争，也是围绕正统的理念之争。而这种正统论还影响和规定了中国与东亚诸民族或国家的关系，同时正统论又影响了东亚诸国和诸民族，著者认为在这方面日本就是一个典型，日本也以天下自居，把天皇置于与中国皇帝对等的地位，把国内偏远地区，比如东北地方的人称为夷狄，并把朝鲜等国外交使节的访问当作朝贡对待，幕府末期则视西洋人为夷狄。此外，越南在向中国朝贡的同时，又摆出一副中国皇帝的架势来对待自己的左邻右舍。朝鲜虽然是中国朝贡体制下的优等生，但是17世纪清朝建立后，却视清政府为夷狄，而以小中华自居。著者认为，这种不正常的国际关系对现代仍然产生巨大的影响。

为了更好地阐述三国时代东亚各国之间的关系，本书特别设置专章《邪马台国及其周围的国际关系》，比较详细深入介绍了这个时期以三国为中心的东亚外交关系，包括与日本、朝鲜半岛以及越南和东南亚各国的交往，认为这个时期的国际交往是今日东亚国际关系的原型，现代这个地区所存在的各种问题都可以归结到三国魏晋时代形成的国际关系。本书并非为历史而谈历史，并非停留在三国时代，而是通过三国历史着眼于现代，因此本书以《三国时代与现代东亚地区》作为终章，表现了著者通古今之变的史识。

三国文化对于日、韩的影响更是多方面的，例如著者认为从后汉三国兴起的清谈风气影响下而形成的对于彼此相反的各种命题进行质疑问难的“问答游戏”，不仅在中国历代相承发展，如敦煌发现的唐代民间文学《茶酒论》为然，而且对于日本产生了很大影响，“这种游戏文学在室町时代末期可能由五山禅僧带进日本，在日本也有人写了像《茶酒论》《酒饼论》《酒饭论》等同类作品”。

中国文化对于日、韩等东亚国家的影响，《三国演义》堪称代表。但是本书不限于一般的介绍《三国演义》从中国向东亚各国的流传，同时反观其在中国流传中存在的问题。《三国演义》的前身是元朝末年产生的《三国志平话》，但是《三国志平话》现在在中国已经散佚不存，而在日本内阁文库（江户时代幕府藏书）收藏有原本以及在天理图书馆收藏有流传本。此外，高丽时代在朝鲜半岛编写的汉语会话教材《老乞大》中，有高丽商人在元大都（今北京）书肆购买《三国志平话》的会话场景。著者指出，“不可思议的是，在中国的书籍中对这本书却完全没有言及。由此可见，在日本和朝鲜，人们从很早就开始对三国小说表现出甚至超出中国人的强烈关心，这一点很值得关注”。著者在这里的叙述实质上反映了这样一个重要问题，即起源于中国的文化有的在本土没有得到很好的保存和传承，而在别的国家得到保存和传承，这不能不引起我们的反思。

三，本书虽然是以文学研究家的身份撰述的普及性三国历史，但是著者是以史学的、学术性的、严谨的态度进行撰写的，可以说是一部以史籍原典和考古资料为依据而追求真实的三国历史的严肃著作。

本书在对历史的三国和小说的三国进行厘清时，是以三国历史的基本史料——陈寿的《三国志》和裴松之的《注》以及相关的考古资料为依据而进行的。例如《三国演义》所叙十八路诸侯讨伐董卓的故事，著者指出所谓十八路诸侯是《演义》的虚构，这里面有名字的公孙瓒、孔融、陶谦、马腾等人实际上都没有参加诸侯军；《演义》所说十八路诸侯响应曹操号召集结于陈留，实际上当时冀州牧韩馥屯兵河北的邺，渤海太守袁绍与河内太守王匡屯兵黄河北岸的河内，而兖州刺史刘岱、陈留太守张邈、广陵太守张超、东郡太守桥瑁、山阳太守袁遗、破虏将军鲍信、奋武将军曹操等屯驻陈留郡的酸枣，豫州刺史孔伷屯兵颍川，后将军袁术及其部下孙坚则屯兵鲁阳。这些就是著者根据史料而作出的订正。诸如此类的考订不胜枚举，莫不如斯。例如上文所述本书对于《三国演义》史事真伪虚实的厘清，都是根据相关史料而作出的。普及读物并非可以随心所欲进行敷衍乃至编造，而是以严肃的态度、深入浅出的方式向读者传播科学的、严谨的历史知识，本书就是这样的著作。

本书的体系并不受《三国演义》叙事范围的束缚而以历史的三国时代进行补充和铺陈。在论述三国历史的由来——后汉历史时，本书增加了“没被写进《演义》的大事件——党锢之祸”这个问题，著者写道：“《演义》开场写了宦官专横之后，接下来转笔黄巾之乱，主角刘备、曹操、孙坚等都出场到齐，故事开始进入正题。但是在故事进入黄巾之乱前，我们有必要先来看看另一件没有被写进《演义》的重要历史事件”，即党锢之祸。何以有此必要？著者认为党锢实际上是清流派知识分子的代表，党锢之祸实际上是宦官为主体的政权与清流派知识阶层的矛盾斗争，黄巾之乱正是在这两者间的矛盾激烈冲突的形势下爆发的。不仅如此，著者还将刘备、曹操、孙坚以及董卓等人与清流派阶层联系起来分析他们的属性，确定他们之间矛盾冲突的性质，认为《演义》把关东诸侯与关西董卓等人的斗争描写成正义与邪恶的战争并不符合历史实际，而是关东与关西两大势力的斗争，关东诸侯实际上就是清流派官僚的联合。

本书所增加的没有被《三国演义》所写的大大小小历史内容还有很多，例如本书第七章《三教鼎立的时代》，叙述了儒、道、佛的发展变化；第八章《文学的自觉时代》介绍了三国时期的文学艺术和科学技术的成就；第九章《邪马台国及其周围的国际关系》则展示了这个时期东亚各国各族之间的关系。这些都是远远超出《三国演义》的框架而为阐述历史的三国所必需的内容。

此外，本书还特别指出了《三国演义》和三国学术著作对于吴国历史的忽视，这是因为陈寿的《三国志》以魏为正统，而《三国演义》则以蜀为中心进行描述，因此吴国就被置于配角的地位。例如在《三国演义》一百二十回中，第一百十九回叙述蜀国灭亡以及司马受禅，最后的一百二十回就突然到了吴国的灭亡。实际上从黄巾之乱到吴国灭亡共有96年，蜀亡后吴单独与魏晋对峙还长达17年，差不多占了这段历史的六分之一。因此，本书特别注重加强对于吴国历史的论述。著者写道："有关三国时代的著作虽然很多，但以吴为中心的恐怕还找不到。从吴的角度来看三国时代，我们也许会看到迄今为止我们忽略的一些侧面。这也是本书的又一个意图。"本书对于吴国历史的加强除了补充吴国的资料和篇幅之外，还体现于对吴国历史和吴国历史人物作用的评价方面，例如对于鲁肃，认为他对当时政治、军事形势的洞察和预见在三国时代可谓首屈一指，高于广受推崇的诸葛亮；从赤壁之战孙刘联合抗曹到借荆州与刘备巩固同盟这一连串战略决策都是鲁肃主导的结果，而这一决策是符合当时三国力量对比关系的，体现了他高出于同时代人的高瞻远瞩之胆略，实为当时第一流的战略家。

本书还根据考古发掘的资料而补充了不少三国历史方面的内容。著者指出，河姆渡遗址和三星堆遗址恰恰就位于三国时代吴国和蜀国的所在地，"所以说三国时代是中国统一与分裂、文化的同一性与多样性表现得最为突出的一个时代"。在叙述吴国的内政问题时，本书补充了近年在长沙走马楼发现的吴简资料，这一重大考古发现为研究吴国乃至三国时期的历史提供了前所未有的第一手资料，使得三国历史的研究有可能突破以往文献资料的局限而别开生面。这一考古资料的补充表明本书对于吸取最新研究成果的关注。

最后还应当指出，本书的论述也存在一此可以商榷的地方。例如本书认为吴、蜀所订二帝并尊的互不侵犯盟约，“是中国历史上两个帝国站在完全对等的立场上缔结的第一个，也是最后一个独一无二的互不侵犯条约，这也是只有在三国这个特殊时代才有可能发生的”。事实上早在西汉前期汉与匈奴之间就曾经订立过这样的条约，当时汉皇帝和匈奴单于订立的和亲条约，就是互相承认对方的尊号和统治地位，规定互不侵犯边境的条约。如此的个别之处，是我们在阅读中应当注意的地方。

黎虎

北京师范大学历史学院

2011 年 10 月

（本文是黎虎先生为日本京都大学金文京教授所著《三国志的世界：后汉三国时代》中译本所写的推荐序文。后收入《先秦汉唐史论》上编“古史卷”，北京师范大学出版社 2016 年版。《三国志的世界：后汉三国时代》系“讲谈社·中国的历史”丛书中的一本，该丛书“编集委员会”由砺波护、尾形勇、鹤间和幸、上田信四位日本学者组成。本书中文翻译者为何晓毅、梁蕾，广西师范大学出版社 2014 年版。）

《隋唐政治与文化研究论文集》序

《隋唐政治与文化研究论文集》（简称《论文集》）是李文才教授即将出版的关于隋唐史研究的论文集，我有幸先睹为快，拜读全稿之后，掩卷细思，感觉文才教授在治学上有了新的飞跃，下面浅谈一下对其论文集的粗浅认识。

该论文集从专题角度而言，主要体现了作者一些匠心独运的治学思路，以及近些年来的研究成果。

其一，在政治史研究中善于思考与历史相关的地域或场所，并充分关注其特殊性及重要性。无论是地理因素，抑或是场所背景，这些具体空间恰恰是历史事件发生的载体。具体而言，所收录的两篇关于隋史研究的论文，对隋朝北边政局形势、隋文帝北疆政策的分析，均充分体现对地理因素特殊性的高度重视；对仁寿宫与隋文帝晚年政治关系的分析，则从学界较为忽略的角度，充分关注了地理位置因素所涵盖的深层次政治问题。《试论武德年间唐与突厥对马邑的争夺》《河西、陇右、朔方三节度使之军事地位及其成因》《唐代赤水军指挥系统之构成及其特点》《唐代河西节度使所辖军镇考论》《朔方节度使与唐代中前期西北边防》等文，乃至《试论〈元和郡县图志〉的成就及特点》，虽然都是从不同专题角度所展开的论述，或军事史、或制度史，然皆可归属政治史范畴，其中一个共同点，就是都特别关注地理位置、地缘构成等因素对历史的影响。这与文才教授多年以来对于中古史领域地缘政治问题的关注与探讨不无关系，此前他的专著《南北朝时期益梁政区研究》（商务印书馆2002年版），以及发表的《太极殿与魏晋南北朝政治——附论中堂》《六朝建康之“中堂”》等论文，均高度重视历史事件发生的场所或地域。以致于我们可以这样说，在探讨历史事件发生的背景、原因、过程等问题时，都特别重视其背后的地域或场所问题，充分体现了文才教授在治学方面的显著学术特色。

其二，立意高远而选题新颖。在研读史料的基础上进行选题，乃是史学论文撰写过程中的一个重要步骤，选择什么样的题目，在一定程度上直接决定了文章的质量。《论文集》选取的论文主题，除前面提及的显著特色外，还有如下三个方面的特点：第一，对于前人已有研究的成果，进行消化吸收，在充分尊重前贤论著的基础上，以新的视角切入论题，从而得出新认识、新观点。比如对河西节度使等问题的反思与进一步探讨，不囿于学界乃至史学名家的立论，通过细致而充分的论证、科学合理的分析与推理，从而提出新见解，体现了作者严谨的学风。第二，对于一些学界关注不多或未曾关注的问题，作者能够展开系统研究，比如对于李德裕家族的研究，已呈现系统化的趋势，作者围绕“唐代赞皇李氏”，已先后发表十余篇相关论文，并出版专著《李栖筠及其政治生涯》（社会科学文献出版社 2011 年版），首先提出并论证了“赞皇李氏”的概念，对于李氏家族三代的探讨，不局限于简单的人物研究，而是结合宏大的历史背景，凸显了这些人物在波澜壮阔的历史长河中的特色。第三，敢于突破已有研究领域，开辟新的研究方向。文才教授近年来对于敦煌学亦有所关注，一般而言，对于此类新史料或异于传世文献的资料，敢于涉足需要相当的学术勇气，他在前些年撰写《孙吴封爵制度——以封侯为中心》即使用了当时新见的吴简材料；在唐史研究中，其对于墓志材料也注意加以利用，据其介绍，他已搜集了大量扬州石刻文献，拟进行系统专题研究。在论文集中收录的《晚唐五代沙州净土寺相关籍帐文书试释》《晚唐五代沙州净土寺的收入与支出研究》《饮酒与晚唐五代以后敦煌佛教的世俗化》三篇文章，系利用敦煌寺院籍帐文书所进行的专题研究，这些籍帐文书并非仅仅用为研究的佐证文献，而是针对这些材料记录的历史信息所进行的系统考述。这三篇长文属于经济史范畴的研究论文，具体研讨对象为沙州净土寺的籍帐文书，前两篇主要针对文书本身进行分析，第三篇则拓展至对社会经济史的全面探讨，这三篇相对独立而有内在关联的以敦煌文书为依托的学术研究，是文才教授在学术研究领域的最新拓展。

其三，考证严密。文才教授娴于魏晋隋唐史研究，在学术生涯中，坚持论从史出、实事求是的学风，秉承乾嘉学派严格考据，以史为凭的学术方法。这在本论文集中有明确体现，如关于河西、朔方节度使的几篇文章，其中对于赤水军指挥系统的构成、河西镇所辖军镇、朔方军与诸节度使的军事协作等问题的考证，均可见坚持史实考据的严谨学风，和扎实的学术考据功底。

史论结合，论从史出，是从事史学研究最基本要求，也只有立足于此，方能提出站得住脚的史学认识。通览全书，无不体现文才教授扎根于史料爬梳的朴实学风。言及基于考证的史料运用，对于《论文集》中的史料运用特点还要补充一点，那就是，文才教授善于从一些特殊题材的史料中搜寻有用的论据，如《试论唐玄宗的後宫政策及其承继》一文，就从《太平广记》所载故事，引入正题；再如《半夜邀僧至，孤吟对竹烹——李德裕与佛教及“会昌毁佛”的关系》一文，则充分利用了李德裕诗文，从而弥补了正史资料的不足。凡此，均反映出他对于史料解读的别出心裁，以及对史料理解之深刻程度。

以上为本人对该论文集的一些认识，对于该论文集内容我不再一一介绍，相信读者诸君自有体会。最后，我想谈谈与文才教授认识以来，对他在学术道路上成长过程的一些看法，或更有助于读者了解该部著作及作者的用心所在。文才教授的本科学习生涯系在扬州师范学院渡过；1992 年考入隋唐史研究重镇陕西师范大学，师从赵文润、牛致功等先生研读隋唐史；1995 年考入北京师范大学，从隋唐史开始转入魏晋南北朝史，我年齿在先，忝为其师，自此迄今我和他相识已二十年矣！文才教授在二十多年的学术生涯中，治学有一个很大特点，不拘一格而术业专攻。不拘一格，是指他在论文选题方面而言，文才教授的学术研究范围以魏晋南北朝隋唐史为断代界限，其发表的数十篇论文覆盖面很广，单纯从题目来看，似乎缺少统一的顶层设计，政治、经济、军事、文化、社会习俗，或魏晋南北朝，或隋唐，不一而足；术业专攻，则是指篇篇各异的选题，往往不乏内在的关联性，如本论文集中的很多篇目之间都是有体系的文章。以言整体，文才教授是以其最为擅长的政治史为中心，在此基础上兼及政治人物、政治事件、军事、历史地理、政治制度等多方面的研究。这些论文用功至深，行文流畅，体现了他对历史深邃的把握和纯熟的史学功力。除此之外，文才教授多年来潜心学术，心无旁骛，勤恳有加，近些年来先后出版三部史学专著，一本文集，在当前物欲横流的时代，能够甘于坐稳冷板凳，不求虚名、不图功利，君子固穷，实属难得也。

黎虎

2015年3月10日于北京师范大学

［李文才：《隋唐政治与文化研究论文集》（上、中、下），花木兰文化出版社2015年版。］

《北魏洛阳城市风貌研究》序

这是一首北魏洛阳的赞美诗！

北魏洛阳是一首诗，是中华民族壮丽史诗中响遏行云的一章！一千多年前鲜卑族和汉族、南北文化和中外文化在这里交集、碰撞、融会，从而把中华文明推上了一个新的台阶，为成就独步天下的大唐盛世吹响了前奏！她需要诗歌来赞美，她也值得用诗歌来赞美！

自杨衒之奏响了第一首北魏洛阳的赞美诗——《洛阳伽蓝记》之后，余音绕梁，不绝如缕，一千多年来不知多少文人、学者为之倾倒，仆仆于洛水与邙山之间，探古寻幽，追思消逝的繁华；踯躅于断壁残垣之中，遥望荒烟迷雾中的宫阙辉煌，梵刹庄严……如今，又一位学者加入了这个行列，为这首交响曲增添了富有特殊韵味的乐章，这就是金大珍博士的学术专著《北魏洛阳城市风貌研究——以〈洛阳伽蓝记〉为中心》。

金大珍博士，韩国大邱市人氏，1986 年毕业于韩国岭南大学校文科大学历史学科。由于酷爱中国历史和文化，1994 年他毅然告别国内熟悉的一切事物，决意负笈西行。在北京电影学院研修了两年的汉语，于 1996 年 7 月考入北京师范大学历史系，攻读硕士学位，于 1999 年 7 月获历史学硕士学位。旋即于同年 9 月考入北京师范大学历史系攻读博士学位，毕业获历史学博士学位。本书就是金大珍博士的博士学位毕业论文。

中国的历史和文化博大精深，金大珍博士尤其痴迷于中国黄河流域为中心的黄土文化，对于黄土文化所钟灵毓秀的洛阳更是情有独钟。因此他不仅将自己的研究课题确定为北魏洛阳，而且殷盼毕业以后能够留在中国河洛平原的黄土地上工作。因此他选择了地处中原，文化底蕴浑厚，人杰地灵的新乡，决定到河南师范大学工作，这全然是他那黄土文化情结使然。2004 年冬，我应邀去河南师范大学讲学，在那几天里我有机会与金大珍副教授工作单位——河南师范大学社会发展学院的领导和师生广泛接触，他们对于金大珍副教授踏实勤勉的工作作风，质朴无华、诚信有礼的待人接物之道，对于他在促进中韩两国的文化、教育交流方面的付出……众口一词称扬赞佩有加。不仅学生把他视为严师，教员把他视为亲密的同事，更为难能可贵的是他们都把他视为知己或朋友。可以说他已经深深地融入了黄土文化。这样我们就不难理解金大珍副教授是怎样将自己的全部感情倾注于《北魏洛阳城市风貌研究——以〈洛阳伽蓝记〉为中心》这部著作之中了。

在这部著作中我们将可以看到一个外国人，一个对黄土文化怀着诗人般激情的学者是如何观察和思考北魏洛阳的，学者的深邃与诗人的激情在这里是如何完美统一的。

独特而新颖的视角是本书首先引起我们注意的突出特点之一。北魏洛阳的研究可谓源远流长，成果累累，尤其从20世纪50年代以来随着洛阳考古取得了丰硕的成果，结合文献记载，学者们对于洛阳城市形制、布局结构、建筑状况、里坊制度、经济文化、工商交通，乃至历史沿革及其历史地位等方面的研究均有了长足的进展。但是鲜有从风貌这个视角来研究北魏洛阳的。本书别开生面，首创从风貌这一独特视角进行北魏洛阳的研究。作者对于“风貌”给出的定义是：“在充满审美意味中代表着事物的本质文化以及蕴涵了这种本质文化的事物的物质、精神全貌，是物质与精神相互渗透的审美综合体。”那么，我们可以说作者是意图运用美学的观点和方法来研究北魏洛阳的。如所周知，美学研究的对象主要是艺术，如果我们把北魏洛阳的物质文化和精神文化作为整体艺术品来进行美学的研究，则不仅大大扩展了我们研究的层面和视野，而且有助于发掘潜藏于其表象后面的城市社会人文特征。

在这一独特而新颖的视角下，本书可谓新意迭出，创获良多。在“建筑风貌”中作者力图将洛阳城的整体景观呈现给读者，这在以往的研究中是没有的。洛阳地区的黄土地貌和历史时期完善起来的黄土夯筑技术如何造就了洛阳城墙和城市的黄色建筑风貌是作者首先注意到的一道风景线；各种装饰材料对于洛阳城建筑景观的意义也是作者十分关注的对象，其中尤以瓦和瓦当在北魏洛阳建筑中所展现的独特景观为然。关于瓦当，从历史上就是极具收藏价值的文物，考古学者在对洛阳城的考古中也充分注意及此，但是根据瓦当展现城市建筑景观，这在以往的研究中还很少见到。而综合各种建筑装饰材料以展现洛阳城建筑的风姿更可谓是开创性的工作；洛阳城的园林绿化以及水网是以往研究所重视的问题，但是本书将之提升到景观和城市形象的高度上，用植物枝叶、花、果及其色泽描绘出洛阳城的园林绿化形象，对于水网的细致勾勒则展现出洛阳城的水城形象。“社会风貌”所考察的是人类交往于其上同时也反映着人类活动进程的道路交通，本书所揭示魏晋南北朝时期洛阳城为中心的交通网络，以及这种交通网络中心位置的变化对于北魏历史的正反两方面的影响等问题，从侧面推进了中国交通史的研究；对于洛阳城市经济面貌学术界已经多所研究，但是本书不仅较以往有着更为全面、深入的研究，而且有所突破，例如关于北魏在中国瓷器史上地位的研究即为此前所无；对于洛阳城社会生活状态的考察是本书的首创。北魏的洛阳城作为古都名城，在当时是东方世界的佛教中心，因而也是有着丰富的精神生活和物质生活的国际都市。本书揭示了洛阳城市的佛教氛围和神灵的世界，描绘了洛阳城的都市景观以及城市居民生活的诸多样相和场景。本书对“文化风貌”的研究也颇为新颖。北魏洛阳时代与平城时代有着迥异的文化状态，这里选取礼仪制度、服饰、大众信仰、文学取向等几个有代表性的侧面以揭示北魏洛阳文化的时代精神。首先，在并不多见的关于北魏郊祀之礼以及宗庙制度的研究中，本书的研究颇具特色，例如在对于北魏前期宗庙设置情况的考察中发现北魏前期宗庙制度的三个特点：一是重复立庙；二是尚血亲的同时崇尚功劳；三是宗庙祭祀规格多样，这与中原制度有很大差异。进而认为形成这一差异的原因在于北魏前期的政治生活特点——重视实际政治功效与现实情感需要甚于重视相关制度的形式。其次，展现了洛阳城精神生活的丰富多彩。在关注盛行的佛教为中国的传统精神注入了瑰丽色彩的同时也没有忽视中国传统的鬼神信仰，所提出的“躯体与灵魂的处理法则”以及“北邙山归宿”等观点都是新颖的问题。最后，关于洛阳时代的文学也选取了独特的观察视角，所考察的不是文学的成就，而是文学的精神，这与所要揭示的洛阳文化是一致的。透过上述五色斑斓、异彩纷呈的洛阳风貌，我们可以深切地感受到北魏洛阳的美，体察到在那美轮美奂的殿宇、佛塔后面所蕴藏的北魏人民的创造力，他们的情感与理想，在那浓厚的宗教和文化氛围中所体现的如黄土地那样宽厚雄浑、兼收并蓄的博大胸怀，从而更深刻地认识那个时代的本质文化特征。

由于作者是从一个独特而新颖的视角来考察北魏洛阳的，因此他可以看到许多我们过去未曾看到或者视而不见的现象或问题。略举一例以窥其概：北魏洛阳的城市色调就是这类问题中的一个。作者怀着浓烈的激情探究了北魏洛阳的城市色调，他说："想象洛阳城的建筑色调，是一件令人感到激动愉快的事情。"但是洛阳城"这些建筑物的外貌色调，却被历史的浓雾包裹"着，不仅详于写景状物的杨衒之笔下没有在这方面留下多少记载，后世的学者也基本上没有关注过这个问题。然而本书作者运用大量的考古资料结合文献资料，试图再现洛阳的城市色调，经过本书作者的复原，一个瑰丽多彩的、生动形象的北魏洛阳如同油画般呈现在我们的眼前："黄土夯筑的三重城垣分别包围京师、皇城和宫城；居民区和寺院所在的里坊严密包围于夯筑土垣之内；十三座城门楼巍峨高耸；砖砌城门外两侧；大过梁式门洞内壁白灰粉饰，朱彩绘饰，门洞宽敞，所谓'三道九轨'；宫城城垣有白粉、朱彩、青砖粉饰装砌墙壁，而上施短椽复瓦；在洛阳城上空，黑或褐色为主色的素面或莲花纹面板、筒瓦覆盖建筑物顶，同样主色的兽面纹或莲花纹瓦当在殿堂屋宇前沿排成一线，殿堂'飞檐反宇'，屋脊之上硕大的鸱尾分据两端；屋檐之下，建筑物墙体粉白，而朱红绘饰，部分墙体有灰褐色素面砖或绳纹砖砌面，而重要建筑物的墙体上方两侧镶嵌褐色兽面雕塑砖；殿堂第宅内部则白壁丹楹，幽深交错；而寺院在如此殿堂之中另有佛塔高耸。以上就是我们在历史资料中间窥测到的北魏洛阳城的色调。"在北魏洛阳城被毁灭一千多年后，人们第一次比较全面、完整地看到了这个城市的色彩，而在这幅城市色彩后面体现的却是不同社会群体、不同阶级和阶层建筑物的装饰和基本色调的差异。尽管这幅历史油画也许还嫌粗糙，但是毕竟帷幕已经掀开，我们从而可以继续把这幅画描绘得更加逼真和多彩。由此我们不禁感到，史学著作并非一定是板着面孔的枯燥说教，它也可以写得如此富有美感和情趣。实际上杨衒之的《洛阳伽蓝记》早已在这方面为我们树立了典范，只可惜后来史学家能够继承、发扬光大之者实属寥寥；我们还不禁感到，金大珍博士研究北魏洛阳的这个独特视角，不仅对于研究北魏洛阳是一个别开生面的尝试，对于研究其他城市史不也同样是一个具有普遍意义的可供选择的新视角、新思路、新方法吗?

对北魏洛阳的理性思考和理论性探索是本书的另一个亮点。本书的理论性探讨是建立在对于北魏洛阳的全方位的考察基础之上的。本书作者的视野是开阔的，从人文、社会和文化等三个方面展示了北魏洛阳的总体面貌，几乎涵盖了北魏中后期的政治、经济、社会、文化等领域，例如关于洛阳建筑风貌，作者是站在黄土地貌的大背景下来观察洛阳形胜的，由自然地理而深入人文地理；从古代夯筑技术的渊源流变和中外文化交流而论及北魏洛阳的建筑风格，从古代都城的发展变化历史而分析洛阳城市建筑的扬弃与创新；大至城市规划，小到建筑附件如瓦当及其纹饰、色调；上自宫廷、庙宇建筑，下及园林池沼、草木虫鱼……给人予全方位的、立体的感觉，勾勒出北魏洛阳鲜活的整体性面貌。在对于诸问题的论述中，我们既可以看到作者对于已有研究成果的综合、概括和借鉴，例如本书涉及大量考古的、佛教的研究成果，其相关资料之搜集、排比、分析、归纳难度不小，颇费功夫；从中我们又可以看到作者的取舍功夫和识见，以及在继承已有研究成果基础上的锐意创新。而在这个基础上所作的理性思考和理论性探索更是作者的着力之处，上文所述作者将美学引入史学研究之中即为其集中体现之一。

此外，人文意义上的“黄土文化”论也是作者研究北魏洛阳的理论性探索之一。黄土在中华文明发展史上的重要性，在诸多自然地理条件中可谓无出其右者。如果我们把自然地理引入人文地理和史学的研究，就可以看到它不仅成就了中国古老的农业文明，而且对于古代城市文明的发展也具有特殊的重要意义，尤其对于黄土文化所积淀的瑰宝洛阳为然。在作者看来，“黄土气息是古代中国建筑、人类自然聚落以及城市的最明显的标志，进而成为中国古代文明的标志。”“如果我们承认中国古代文明很大程度上是一种以黄土文化为象征的城市文明，那么对于这种黄土气息的重要性就会有更为恰如其分的体会。”可以说，本书通篇贯穿着对于黄土文化的膜拜和痴迷情结，“黄土文化”论是作者解读北魏洛阳历史密码的一把钥匙。上述作者对于北魏洛阳城市色调的关注和解读并非偶然，就是基于他对于黄土文化独特而深刻的理论性认知。其他方面亦莫不如此，例如在论及洛阳汉墓所发现墓葬壁画人物服饰以黄色为主调的问题时，作者认为这不仅与汉代为土德，土色黄，故尚黄有关，也应该与洛阳地区所处的地理环境有关。作者对于北魏洛阳文明诸如此类独特的解读和识见，就是“黄土文化”论这种学术思想指导下的必然结果。

本书关于北魏洛阳三个“交汇点”的见解亦属其理论性探索中的重要收获之一。本书认为：“如同先前的洛阳时代一样，北魏洛阳城见证了北魏王朝的盛与衰，不可避免地经历了繁荣到没落的历史命运。但是，中国历史在这一时期所达到的高度却并没有随着洛阳城的摧毁而坍塌，而是积淀下来，成为中国文明史上浓重的一笔。”而地处“天下”之中的北魏洛阳，不论从中国本土抑或从世界而言，不论从中国历史抑或从世界历史而言，它都在不同程度上具有“交汇点”的历史作用和地位，因此作者提出了关于北魏洛阳时代的历史地位三个“交汇（接）点”的观点，即：文化的交汇点、民族融合的交汇点、历史的交接点。这三个“交汇（接）点”实际上归根结底是文化的交汇（接）。北魏洛阳时代的文化是当时鲜卑族为主的少数民族文化和汉族文化、北朝文化和南朝文化、中国文化和域外文化“交汇”而形成的。因此在北魏洛阳形成的这种文化就是在新的历史条件下形成的一种新的文化，是在继承中国传统文化基础上，吸收中国少数民族文化、南朝文化和域外文化而熔铸形成的新的文化。作者认为“历史上的文化交流，其实质是各地区的相互学习，这对于各地区的历史发展具有重要的意义。”北魏洛阳“汇聚了南朝文化、北方草原文化、西域以及西方文化”就是明证。因此作者在这里所特别强调的“中国文明的繁荣同样得益于世界文明”的见解是符合历史事实的。尽管北魏洛阳只是维持了几十年的繁荣，但是它所形成的文化已经深深植入中华文明的机体之中，成为中华文化的新的基因，从而带着前所未有的生机和活力向四面八方的时空辐射，一方面在向域外国家和地区传播，为世界文明的发展作出了贡献，另一方面深刻影响中国历史的未来走向，为隋唐的统一和强盛准备了充分的历史条件。这实际上也就是作者所要着力阐发的洛阳风貌的凝聚与延伸。

北魏洛阳时代与朝鲜半岛三国时代乃至今天韩国文化的密切关系，是本书所提出的又一个令人兴味盎然的问题。金大珍博士作为一个研究中国历史的韩国学者，对于这个问题予以特别的关注是很自然的事情，而且也自有其得天独厚的条件。中国的魏晋南北朝时期，正当朝鲜半岛的三国时代。作者说："因为近邻，朝鲜半岛是与中国关系最为密切的地区，从某种意义上说，三国的发展史是学习中国的历史，而中国历史也不可避免地留下了朝鲜半岛历史的印迹。无论观察中国的南北朝史或是朝鲜半岛的三国历史，都不能忽视两地之间的相互影响。"因而作者在阐述朝鲜半岛三国历史与中国南北朝关系的基础上，着力分析了北魏洛阳文化对于朝鲜半岛文化的影响，多所创获。例如，关于莲花纹瓦当的流传，作者通过对以往研究细致的分析，发现洛阳城是莲花纹瓦当东传的重要源头。对于佛教造像艺术的传播也作了深入的论证，认为朝鲜半岛的弥勒信仰与弥勒造像就是渊源于北魏洛阳的佛教文化；尤其是中韩两地共生的北邙山观念的问题，更是本书突出的创获。本书十分醒目地提出了北邙山观念的传播问题，从而揭示了洛阳城对于朝鲜半岛的深远影响。作者认为"与洛阳城辉煌的现世同步，北邙山也长期延续了另一个显赫世界的历史，直到今天，在中、韩两地，仍然存在着有关北邙山的观念。"这种北邙山观念体现于韩国至今还在流传的民间歌谣《城主巫歌》与《挽歌》中，在《城主巫歌》里，北邙山包含着人生苦短的惆怅意味，在《挽歌》中，北邙山被乐观地比作人生的永恒归宿。而"城主巫歌是朝鲜半岛传统民俗信仰的代表之一"。"这二首流传于韩国的歌谣世世代代牵动着韩国人的心。"北邙山观念的烙印"直到今天依旧清晰"，近年在中韩两国有关人士的共同努力下，找到了传说中在洛阳的"韩园"遗址，一些韩国人士到此进行祭拜，就是一个生动的体现。而 1964 年韩国音乐家尹伊桑先生创作的管弦乐组曲《洛阳》，"音乐主题表达了中国古代洛阳象征着亚洲乃至世界的和平与繁荣，以此组曲祈愿世界人民拥有温馨而安祥的梦乡。这是对于洛阳城以及它所承载的历史的最好阐释。"通过金大珍博士的研究，我们对于中韩两国之间源远流长的文化交流与密切关系和友谊有了更为深切的体认。

2006 年夏，河南卫视记者采访了金大珍副教授，请他谈谈韩国在进行现代化建设中是如何继承和发扬传统文化的，并对中国在这方面提供一些建议。在这半个小时的访谈节目中，金大珍副教授所阐述的核心观点是现代化建设与传统文化的保护和弘扬不仅不是矛盾，而且是相辅相成、相互促进的。我在看了这个节目之后一个感触油然而生，那就是金大珍博士本身就是这两者完美统一体的生动体现。在与金大珍博士多年的接触交往中，深感这位来自亚洲四小龙之一、经济建设高度发达国度的青年身上，依然保存着以儒家文化基因为核心的东方传统礼仪文明质素，有古世之淳朴，而无“末世”之浇薄。今天中国在进行现代化建设中向韩国学习对于传统文化的继承有格外的迫切性，中韩两国之间的相互交流和学习，岂独古代为然?

黎虎

2008 年 2 月 28 日

北京师范大学丽泽小区

[（韩）金大珍:《北魏洛阳城市风貌研究——以〈洛阳伽蓝记〉为中心》，中国社会科学出版社 2016 年版。]

《北朝社会文化史研究》序

宋燕鹏教授的大著《北朝社会文化史研究》即将出版，邀请我作序，看到书稿的题名，我略有惊奇，之所以然，这首先要从与燕鹏教授的认识谈起。在我的《汉代外交体制研究》出版后，因为学术同仁联系，当时身为出版社策划编辑的宋燕鹏教授主动联系我，洽谈一部书稿的出版事宜，并携带了几本著作来寒舍交流叙谈，交谈中我获悉燕鹏教授最初以魏晋史为方向，后博士论文转向宋史，博士后又以专门史为侧重研究了区域民间信仰问题，前些年又去马来西亚留学一年，期间对马来西亚华人史颇为用心做了一番研究。这几个断代史或专门史，宋燕鹏教授都有不同篇幅的著述面世，可谓一步一个脚印，给我留下来深刻的印象。这次又呈现出一册北朝史的专题研究，进一步令我感觉其学术视野之宽阔，网罗之宏富，颇感后生可畏。翻阅书稿，对于这部著作有了一些粗浅的认识，构不成对全书宏旨的揭示，这里略谈己见一二。

其一，该书主题明确，而视角独特。如所周知，北朝史研究作为一个跨代的区域史范畴，因其文化因素的传承而在诸多方面有别于南朝的历史，加之北朝史是较少有学者进行专门研究的断代史，而从文化史角度来论述北朝史，更需要有很大的学术勇气。该书并未面面俱到去扫描文化史的全部场景，而是以其中有代表性的“文学”“文士”“文化机构”等方面展开，这样既能有具体的深刻切入，又能关乎主旨。实际上这三个问题或曰三位一体的三个层面恰好具有代表性，体现了北朝文化中的重要的环节。如对于前科举时代的选举，北朝文学的发展是具有特殊意义的，作者并因“北朝后期秀才选举中的文学因素”的论述而得出“北齐时期文才成为举秀才的唯一条件”的判断，实际上这有助于从制度渊源角度去阐述兴盛于隋唐的科举的前史发展脉络。全书各章实际上是独立成篇的专题研究，包括了七个专题研究，涉及文学地理、职官制度、人物考述、文献版本、民俗信仰等多个方面，这几个方面一般来说都是可以独自展开的大的主题，而书稿以文化史视角对此进行了贯穿，使章节间上下有了内在的逻辑联系，又体现了北朝文化史植根于相关资料的研究特征。

其二，考证严密，史论结合，学术规范，文字流畅。书稿中无论北朝太常（少）卿、国子祭酒的职官任职迁转等，还是《北朝文士群体研究》《北朝文化机构研究》等等，这些是本书需要严密考证的史实钩沉，而作者于此用心良多，并置于一个整体的行文需要中，使得论证不失匠心独运。整体而言，全书七章内容及附录都体现了作者在熟悉史料基础上的细致用心。魏晋南北朝史无疑是古史研究中最为成熟的领域，在新史学发展一百多年来，对此进行选题已然是不仅仅独辟蹊径能解决的一个困境，问题意识的转变，对于史料的熟悉，都是题中之义，而对于学界已有研究的洞察则也是必须注重的一个方面，书稿这方面体现了严谨的学术规范性，值得充分肯定。

以上浅谈一下对宋燕鹏教授大著的一点看法。从我个人治学而言，虽然从先秦到隋唐都有涉及，但看到燕鹏教授能上下贯穿更长的时段并都有专题的研究，这点令我由衷赞叹。燕鹏教授正当年富力强，是 20 世纪后十年以来逐渐成长起来的年轻学者，在这样物欲横流的时代，其能扎实而醉心于学术研究，孜孜不倦，真的令人欣慰。我与燕鹏教授第一次接触，他谦谦儒雅的学者气息与思路灵活的出版见识，就令我也感慨良多。经过新时期的发展，一方面虽然是市场经济下，人追求的多元化，传统文史学科并非世俗看重的显学，另一方面却有一种精神，让人感觉到学术尤其具有特殊的生命力，而作为传承文化的史学研究亦不可或缺。

黎虎

2016 年 1 月 8 日于北京

（宋燕鹏：《北朝社会文化史研究》，系花木兰文化出版社“古代历史文化研究辑刊”十六编第四册，花木兰文化出版社 2016 年版。）

《先秦汉唐史论》绪言

北京师范大学历史学院拟出版“探索文库”，约稿于我，但当时手头唯一一部书稿在此之前两个月已与别的出版社签订了出版合同，故只得另将已出版论文集中未收的其他论文鸠集、遴选而成此书稿以应命。

这个书稿由两编组成，上编论文的历史世代从先秦至唐代，故曰“古史”卷，下编为关于中国古代“吏民”问题研究的系列论文，故曰“吏民”卷。“吏民”卷虽然以两汉魏晋为主，但亦时有上溯先秦、下及隋唐者，亦在先秦汉唐的历史世代之中，故名书稿曰“先秦汉唐史论”。

“古史”卷中的前几篇是关于殷商历史问题的论文。兹先略述我何以研究先秦史而又转入魏晋南北朝史研究的问题。早年习史颇关注先秦时期，一方面是因兴趣使然，另一方面也与一些机缘有关。一是在学生时代有幸参加了当时由全国人大民族委员会和国务院民族事务委员会组织的全国少数民族社会历史调查，被分配在鄂伦春族调查组工作，深入大兴安岭鄂伦春族聚居地进行了一年的调查，从而有机会对于尚处于原始社会末期的一个民族有所了解，实地看到所谓原始社会究竟是什么样的。二是在参加工作之后，被分配到中国古代史教研组，领导安排跟随杨绍萱教授学习金文并承担历史文选课程的教学，从而对殷周历史获得了一些初步的认识并得以阅读了《尚书》《诗经》《春秋左传》等先秦古籍。杨老布置我阅读罗振玉的《贞松堂集古遗文》《三代吉金文存》，郭沫若《殷周青铜器铭文研究》等，要求摹写这些铭文，同时每周到他家中一次给我一人授课，讲授内容为三代历史、族徽以及商代至周代的铜器铭文等[1]。三是1977年八、九月间，近两个月的晋、陕、豫、冀的访古之行，是行由中国古代史教研组长郭澎同志带队，教研组教师七、八人参加，遍访此四省重要考古遗址。每到一地即与当地文管会、博物馆、考古队的负责人座谈，他们以最专业的、极其详尽的讲解全面介绍其发掘成果与收藏，并参观博物馆、库房、考古现场。这些负责人后来多为考古界的名家。时值“十年动乱”刚结束，古风犹存，考古人员可以说是毫无保留地将最好、最新发现向我们和盘托出。例如，在陕西的扶风、岐山参观了当时刚刚发现的周原遗址和西周甲骨文，由刘士莪、卢连成、罗西章等先生亲自介绍并带领参观库房和考古现场，在正在发掘的秦雍城遗址由工作站的韩伟先生作了介绍；在郑州参观了正在发掘中的商城遗址，由工作站的裴明相先生带领参观并座谈，在郑韩故城遗址由郝本性先生带领参观并座谈，在河北灵寿参观了正在发掘中的战国中山王墓遗址现场……这种深入、细致的考古参观是以后再也享受不到的学术盛宴，使我对于中国古代历史有了感性的、亲切的认识。在这些因素综合作用下，自然而然地将研究的重心置于先秦时期。恢复高考之后的中国古代史课程由我首讲，这门课在学生中引起强烈的反响，不仅在校内，甚至传言于校外，其主要亮点就是原始社会和先秦时期。与此同时于1982年发表了我的第一篇先秦史论文《殷都屡迁原因试探》。《中国史研究动态》发表王永顺《殷都屡迁原因研究概述》将本文所提王位纷争是殷都屡迁主要原因的观点列为自东汉郑玄以来关于这一问题的八种有代表性观点之一。后来这个观点已被一些高校教材和学术论文（如哈佛大学张光直教授《关于中国初期“城市”这个概念》，《文物》1985年第5期）等所吸收采纳。

但是，当我发表上述第一篇殷代史论文时却已经决定转入魏晋南北

---

[1] 在杨老家中受教期间，他曾经拿出他的《中国戏曲史》手稿（毛笔誊写、竖行红格稿纸，订成三册）以及在延安期间收到的毛泽东致他和齐燕铭的亲笔信给我看。后者是抗战期间他在延安负责编导历史剧《逼上梁山》时，得到毛泽东称赞的一封信，他的名字摆在当时的文化局长齐燕铭的前面。这封信后来公布时改称“致延安平剧院”的信，没有了收信人杨绍萱和齐燕铭。百度词典关于杨老的词条写道：“杨绍萱（1893—1971），剧作家，唐山市滦南县柏各庄（原属直隶滦州）人。曾用名广誉。执笔创作历史剧《逼上梁山》初稿，并与齐燕铭共同编导，搬上舞台。新中国成立后，杨绍萱历任文化部戏曲改进局、艺术局副局长，北京师范大学教授。”这里没有提到杨老对于殷周金文方面的造诣，应当补上。

朝史研究了，主要就是考虑魏晋南北朝史上承秦汉，下启隋唐，这样就使自己有可能从比较开阔的历史视野中纵览中国古代历史。尽管如此，此后与先秦史的关系仍然不能完全脱离，而且这个转移还是相当困难的。当时中国古代史教研组长郭澎同志一再劝告、挽留不要转移，希望继续留在先秦史中。为此他甚至将自己珍藏的几十张钟鼎文照片送给我。其他不少友人也是这样慰留的。怎奈去意已决，最后还是得到有关同志的理解，如愿以偿转入魏晋南北朝史的研究中来。于是我提出成立一个“魏晋南北朝史研究室”的设想，并积极与有关方面进行沟通，终于得到校、系领导的积极支持，从而正式成立了“魏晋南北朝史研究室”，成为当时全校第一个以研究为中心任务的研究单位。不久，北京出版社拟重新出版“文化大革命”前吴晗先生倡议的“中国历代史话丛书”，编辑也是听到了我在先秦史教学方面的传言而前来邀约我写其中的《夏商周史话》的，由于我已经将研究重心转入魏晋南北朝史，故一再推辞，后来转念以之权作告别先秦史的一次谢幕礼而答应下来。此书于 1984 年出版之后，始料不及的是不时有朋友传来社会上的，特别是中国社会科学院历史研究所先秦史研究室先生们的好评的信息，书中运用了不少考古新发现资料而令他们格外关注，其中孟世凯先生还特地屈尊光临寒舍相见，这是我首次与历史研究所的先秦史专家认识。更令我始料不及的是，嗣后不久先秦史学界大师——胡厚宣先生因这本《夏商周史话》和《殷都屡迁原因试探》这篇论文而给我发来了参加 1987 年于安阳举行的“中国殷商文化国际讨论会”的邀请函。我接到这个通知之后，一方面有受宠若惊之感，另一方面也颇感为难，因这时我已无暇顾及先秦史了。思忖良久，于是决定撰写一篇殷代外交方面的论文以赴会。因为当时我已经确定研究中国古代的外交制度问题了，觉得研究一下殷代的这个问题可以一举两得，一方面权作再一次的先秦史谢幕礼，得以参加此次盛会，另一方面因为中国古代的外交制度渊源于先秦，可以为研究后面的古代外交制度奠定一个基础，于是写了《殷代外交制度初探》这篇论文。在安阳的盛会中首次拜见胡厚宣先生，得瞻其风采，并从社科院先秦史研究室的先生那里得知邀请我与会的某些内幕：当时另一高校从事先秦史研究者要求参加此会被拒，他向会议筹办方——历史研究所先秦史研究室提出抗议说“黎某人已经不搞先秦史了，你们为什么邀请他而不邀请我？”对方答称“黎某人参加是胡厚宣先生点的名”云云。如所周知，在中国学术界一提起古代外交多避之惟恐不及，但是此文的遭际还算幸运，《历史研究》于次年第1期即刊登了此文，而且后来竟然还遇到了学术界的知音，有的学者在评介改革开放以来的先秦朝聘研究问题时写道：“1949年以后，当代学者对朝聘许多问题研究日趋活跃。尤其是近20年，朝聘的研究超越了以往任何时代……各方面成果让人目不暇接，成就巨大。杨宽、沈文倬、杨向奎、钱玄、李学勤、黎虎、刘雨、陈戍国等，硕果累累。许多研究课题属于拓荒性质，把周代朝聘研究带入了一种前所未有的科学境地。”（李无未：《周代朝聘制度研究》，吉林人民出版社2005年版，第35页。）私衷绝不敢与上述诸大家相提并论，但是我想指出的是李无未先生之所以作出这样的评判，其主要根据当为上述那篇拙文，在当今论文动辄以车载斗量的时代，只此一点亦足见李先生之见地实非流俗可比，得此知音，夫复何求？

汉代的论文收入了《解忧公主出塞的历史贡献》《汉代和亲与“质侍”在外交中的互动关系》《汉代“天子三玺”在外交中的应用》等三篇。

西汉中叶的出塞公主——解忧公主一直没有引起人们的注意并给予应有的评价，不仅在许多通史著作中没有她的地位，即使在论述两汉与西域关系历史的专著、论文中，对此亦语焉不详，甚或不置一词；在论及西汉一代出塞和亲的汉女时，我们的历史著作中提到的只有王昭君或细君公主，以致一些辞书亦然，例如，《中国人名大辞典》就只有王昭君和细君公主而无解忧公主。我于1979年在《北京师范大学学报》发表《解忧公主出塞的历史贡献》这篇论文之前，曾经在《蒲公英》中以《解忧公主的事迹》为题发表了一篇不足2000字的短文。这是刚刚从“文革”浩劫中解放后，人们开始重新收拾文化的岁月。《蒲公英》为北京市西城区文化馆创办的文艺性小报，于1979年元旦创刊，每周一期，每期四版，其中有“历史人物”专栏，所刊发的文章，不论作者为何人，一律以“求是”署名。应该刊主编之约写了这篇短文，刊登于该刊之第三期。据说这个小报一经面世，在那个文化饥渴的年代，立即受到市民的热烈欢迎。《解忧公主出塞的历史贡献》一文首次在学术界提出了这个历史人物，并全面、系统、深入地论述她的主要贡献及其对于当时实现汉王朝“欲与乌孙共灭胡”、从而“断匈奴右臂”战略计划的贡献。指出在西汉一代出塞和亲的汉女中，解忧公主的贡献，她的历史作用，比王昭君或细君公主都要更大些，因而她的历史地位也应当更高些。令人欣慰的是，此后，关于解忧公主的学术性、普及性的文章遂陆续出现，现在这个历史人物不仅已经被史学界一致认同，而且在社会上也已经广为人知，不仅历史著作中有了她的地位，而且各种历史或人物辞典中也都普遍立了解忧公主这一词条了。

魏晋南北朝史方面，因为过去已经出版了《魏晋南北朝史论》（学苑出版社1999年版）一书，故这里所收不多，只有几篇短文和一篇较长的文章。在这组短文中，《曹魏屯田始于何年》提出了曹魏屯田先有军屯后有民屯、始于东汉兴平元年（194年）的意见。有的学者发文反对本文的意见，认为兴平元年不可能产生曹魏屯田；但是也有的学者肯定并接受了本文的意见，高敏先生在《关于曹魏屯田制的几个问题》中即采纳了本文的意见，在利用本文所依据的资料和论据基础上加以进一步论述，肯定曹操于兴平元年已经实行军屯（文载氏著《魏晋南北朝社会经济史探讨》，人民出版社1987年版，第34—36页）。周一良先生于1983年11月1日赐函中亦有所勉励，谓：“近读大作论曹魏屯田文，于军屯民屯之先后及地域之扩展，均有所辨析；尤其结合当时年成及灾情、气候等论屯田之兴起，颇受启发也。”现将其收入此书中，聊以备忘并为有兴趣于此者提供进一步研究之参考。

《客家民居特征探源——与汉魏晋北朝中原宗族聚居、大宅、坞堡关系》一文是试图将地方民俗研究纳入中国古代大历史中的一个尝试。文章认为，尽管客家民居有地域性的不同差别，但是有两个基本要素则是共同的：一是这种住宅规模非常巨大，一个大屋之内可容几十户甚或几百户人居住，而且都是同一父系血统的族人；二是这些住宅都具有坚固的、封闭的外围和严密的防御体系。因而这种居宅就具有两个最为突出的基本特征：其社会特征是宗族共同体聚居，其建筑特征是围堡式大屋。指出这两个基本特征一方面是为了适应南迁之后在当地生存、发展的需要而形成和确立起来的，但是另一方面它们又不是凭空产生的，而是有着源远流长的、深厚的历史渊源的。认为前者渊源于汉魏晋北朝中原的宗族共同体聚居制度和坞堡宗族聚居方式，后者渊源于汉魏晋北朝中原大宅与坞堡建筑。这一见解为学术界首倡。

本书还收入了几篇不限于某一断代的综论性论文。其中，《狮舞流沙万里来》是探讨中国民俗文化之一的狮子舞的渊源流变的文章。狮子舞是中国人民喜闻乐见的一种民间舞蹈，流行广泛。然而关于它出现于何时、起源于哪里等问题却颇为纷纭混乱。关于其出现的时间，或笼统地谓“其俗由来已久”“是历史悠久的民间舞蹈”，均未明言出现于何时；说明具体时间者，则有谓“汉代即已流行”，有谓“起源于南北朝”。关于它的来源，或谓其为“汉族传统娱乐活动”“唐代已传入西凉”，显然认为其源于中国本土。中国本土是如何产生狮子舞的？有的认为其渊源于古代的“傩礼”……凡此种种，不一而足。本文考定狮子舞虽然现在已成为在中国广泛流行的民间舞蹈，但是它并非本土所出，而是源于西域，大约是在曹魏时期出现于中原文化舞台上的。

《中国古代饮食文化研究论纲》一文是应《扬州大学烹饪学报》约稿而草撰的（原刊《扬州大学烹饪学报》2008 年第 3 期，题为《略论中国古代饮食文化研究》，收入本书时改作今题）。20 世纪 90 年代我曾经主持国家教委博士点基金研究项目，出版了《汉唐饮食文化史》（北京师范大学出版社 1998 年版），没有料到这本书在得到学术界肯定的同时也受到社会人士的欢迎，以致于因此而在 2005 年被中国食文化研究会授予首批“中国食文化突出贡献专家”称号。据说在烹饪学界将是书列为必读参考书，职是之故而有《扬州大学烹饪学报》之约稿。这篇文章以贯穿于《汉唐饮食文化史》中的我的基本思路为主要依据，其中某些论述也吸收了书中其他作者的观点，尤以姚伟钧先生的观点为然，在此声明并予致谢。

唐史方面选了四篇。《刘知幾为武则天“制造舆论”吗》是我在“十年动乱”结束之后不久在《历史研究》发表的第一篇论文。当时的惯例，该刊出版之后《人民日报》和新闻联播都要进行报道，因此本文刊出之后亦同样被作了介绍和报导。读者可以看到，文章中的行文风格与思想内容仍然带着一些“文革”时期的影响和痕迹，而且其内容和论证现在看来也是比较肤浅的。但这是当时社会现实的反映，将其入选，权当对这一历史时代的一个见证罢了。

《唐代的市舶使与市舶管理》《唐代的押蕃使》是我在进行国家教委

“八五”人文、社会科学研究项目时期的产物。

唐代的市舶使是一个传统的研究课题，从明末清初的顾炎武，到日本学者桑原骘藏，再到20世纪以降诸多中国学者都作了研究，但是它却是一个存在巨大分歧，众说纷纭，争议不休的老问题。这主要是因为关于市舶使的资料并不太多，有的记载比较含混，因而人们对其认识差异较大，特别是对于市舶使的性质认识存在偏差，对于市舶使与岭南地方节度使、押蕃舶使以及他们之间的相互关系混淆不清。本文在厘清市舶使人选的基础上，指出市舶使为朝廷派遣至岭南地区采购舶来品之专使，与朝廷派往其他地区的“市珠玉使”“市马使”等性质是一致的，他们的身份经历了朝官→宦官→监军（宦官）的变化过程；地方长官——节度使并不兼任市舶使，他们所兼任的为“押蕃舶使”，而“押蕃舶使”与市舶使是不同序列、不同性质的负责外交、外贸管理的使职。有的学者在评介这个问题的研究历史和现状之后总结道：“在所有讨论唐代市舶使的文章中，黎虎的论述最具有说服力。”（郑有国：《中国市舶制度研究》，福建教育出版社2004年版，第21页）我把这视为是对我的一种鞭策。

与市舶使问题相反，唐代的押蕃使问题则是个一直无人问津的问题，只是有时有的学者在论述市舶使问题时往往将其与押蕃使混为一谈。押蕃使问题与市舶使问题是有相互联系的一个问题。本文提出，唐代于周边地区设置的押蕃使与岭南地区设置的押蕃舶使性质基本上是一致的，只是因为岭南地区面对的是蕃舶，而其他周边地区面对的则是众多不同的国家、民族——诸蕃。因而产生了这样两种不同的称谓。在此基础上，本文比较全面、系统、深入地论述了押蕃使的设置、机构、职能等方面的问题。

本书的下编是我在2005年至2009年期间发表的，根据长沙走马楼吴简而进行的关于中国古代“吏民”问题研究的系列论文，共收入11篇。这些论文可分为三组：第一组三篇是讨论“吏户”问题的；第二组五篇是讨论“吏民”问题的；第三组三篇是讨论“吏民”中的“真吏”“给吏”“军吏”等问题的。这三组论文又可划分为两类，第一类为第一组的文章，是属于“破”的，即对于学术界传统的“吏户”论进行否定和批判的；第二类为第二、三组的文章，是属于“立”的，即正面阐述“吏民”以及“吏民”中的“真吏”“给吏”“军吏”等的涵义、性质问题看法的。

我是怎样开始关注“吏民”问题的呢？并由此而引起对于长沙走马楼吴简之中的一系列问题的研究兴趣的呢？事情要从2003年审读一份博士后出站报告说起，这份出站报告是以长沙走马楼吴简为中心而做的一个问题，在这个报告中一再提到走马楼吴简中存在“吏户”的资料，说在孙吴户籍简中“吏民”总户数之下是分列“吏户”“民户”的，甚至还有一种叫做“真吏”的“吏户”云云。如所周知，尽管魏晋南北朝时期存在“吏户”是广泛流行于学术界的传统说法，但是在文献中并没有明确的、直接的资料和证据，如今地下发现的孙吴时期的第一手资料有这样的记载，自然十分难能可贵，从而引起了我的好奇心。于是我找来吴简进行阅读，但是从中反复查找也没有发现能够证明“吏户”存在的记载。特别是当我对长沙走马楼吴简中各类“吏民”的人均土地进行统计，发现“吏”的人均土地远高于普通农民人均土地之后，对于“吏户”论及其种种说法和所谓证据的症结所在遂有了全新的认识，大有涣若冰释、豁然开朗之感。治中国古代社会经济史的一个困难是苦于缺乏材料以资进行统计，如今打开了古代基层社会的档案库，可以利用这些翔实的资料进行统计，以可信的数据揭示历史的真相，实属千载不遇的良机。于是我又从吴简再回过头去阅读相关文献记载，这样经过两者的对照、比较，坚信所谓孙吴时期存在“吏户”的说法是有问题的，遂开始重新审视并深入研究这个时期的所谓“吏户”问题。而“吏户”问题是正确认识“吏民”问题首先需要解决的核心和关键问题，于是从“吏户”问题切入围绕长沙走马楼吴简开展了相关问题的研究，从而形成了我对于这一问题的比较系统的基本看法。不久我又承担了国家社科基金项目的研究，遂不得不将两者交叉进行，导致国家课题延期两年才得以完成。至2009年为止，共发表了这11篇论文。必须强调的是，这11篇论文不是零散的、互不关联的片段，而是一个相互联系的整体，其中贯穿着我对于中国古代基层社会一种全新的认识。

第一组三篇论文是对于史学界传统的“吏户”论进行质疑、商榷的。“吏户”论是在20世纪50年代提出的，半个世纪以来一直是中国魏晋南北朝史学界的主流观点之一，被学术界广泛接受和应用。其基本观点是：

第一，“吏”有单独的、特殊的户籍，称为“吏户”或“吏籍”，与一般民户分开。第二，“吏”的身份非常卑贱，其身份地位是在一般编户齐民之下的依附民。而孙吴时期是“吏户”形成的重要时期和典型。经过对于吴简和文献记载的综合研究，我在《“吏户”献疑——从长沙走马楼吴简谈起》一文中，认为长沙走马楼吴简中的“吏”与“民”一起编制于基层乡里，同为国家编户齐民，并不存在独立的“吏户”。更重要的是这些“吏民”不仅在经济、政治等方面的权利义务相同，而且“吏”还稍优于普通编户民。在对吴简中的六种“吏民”占田数量进行统计之后发现，当时长沙地区的人（户）均占田约32亩，普通农民的人（户）均占田29.6亩，处于六种“吏民”中的最后一位；“吏”的人（户）均占田51.6亩，处于六种“吏民”中的第二位，其占田数量为普通农民的1.74倍。在号称“以农立国”的中国古代社会，土地是最重要、最基本的生产资料，是衡量其经济地位的重要标尺。这样就从经济基础上给“吏户”论以动摇，表明将“吏”视为身份地位低于一般民户的说法是与历史事实相悖的。这是我敢于质疑“吏户”论的关键。

与此同时，进而对于“吏户”论所依据的若干重要的文献资料重新进行辨析、解读，并在《魏晋南北朝“吏户”问题再献疑》中对于“吏户”论将大量“军吏”方面的文献资料挪用于论证“吏户”问题加以辨析；继而在《魏晋南北朝“吏户”问题三献疑》中则对于“吏户”论的种种似是而非的流行说法进行了辨析。

第二组五篇是正面阐释“吏民”涵义与性质的文章。“吏民”一词在中国古代史籍中虽然长期而频繁使用，但是关于其涵义与性质等方面并没有明确的记载，因此过去学术界也并未予以关注。在长沙走马楼吴简中含有大量关于“吏民”的资料，在这些地方政府的田赋、簿籍等档案中记载了民户男、女以及州、郡、县吏等各种身份的人员，直接将他们概括称之为“吏民”，这就为我们研究“吏民”提供了文献资料所没有的十分宝贵的第一手资料。因此我们现在有了将地下资料与纸上资料结合起来进行研究“吏民”的十分有利的条件和可能性了。这组论文从不同角度阐释了“吏民”的涵义、构成、社会属性以及“吏”与“民”的关系，“吏”与地方政府、中央政府的关系等方面的问题。认为“吏民”即通常所谓的“编户齐民”，是当时社会的基层民众和统治基础，由“小吏”与普通农民为主构成的“吏民”是一个不可分割的整体，提出了“吏”是具有相对稳定性与相对流动性的一个群体，“吏”来自于“民”又复归于“民”，循环往复，生生不息的基本观点。

第三组三篇文章是分别对于吴简中的“真吏”“给吏”和“军吏”等问题进行的讨论。

“真吏”在文献中几乎没有留下什么记载和痕迹，吴简中虽然有三十几枚简记载了“真吏”，但是其涵义及其身份均不明。《说“真吏”——从长沙走马楼吴简谈起》一文试图破解这一“无头案”，探讨“真吏”的涵义及其性质。经过对于汉唐时期文献及简牍资料之探赜索隐，本文提出的初步见解是：“真吏”是相对于非“真吏”而言的。“真吏”为真除实授的官员和吏员，此外非真除实授的官员和吏员则属于非“真吏”。非“真吏”又有两种类型，一类是冗散无职事者，只有名义上的官称吏名；一类是虽有具体职事，但未真除实授者。“真吏”与非“真吏”的区分，存在于从中央到地方，从行政系统至军事系统，从高级官员至下层小吏。“真吏”与“真官”的涵义基本相同，但“真吏”的范畴大于“真官”。这是在学术界首次提出这一见解并对之作了比较全面、系统、深入的论证。

在长沙走马楼吴简中既有“州吏”“郡吏”“县吏”等称谓，又有不少“给州吏”“给郡吏”“给县吏”等的记载。两者的关系和区别如何？《说“给吏”——从长沙走马楼吴简谈起》一文提出“给吏”大体上有两种不同的类型，一是在本州郡县服役的“给州吏”“给郡吏”“给县吏”者；二是被派遣至其他单位或部门的“给吏”者。最近根据新近公布的吴简资料对原刊文作了比较大的修改、补充（修改稿载于长沙简牍博物馆编《走马楼吴简研究论文精选》上册，岳麓书社 2016 年版，第 246—273 页）。

中国古代史籍中频见“军吏”一词，但是“军吏”的范畴是什么？并没有明确的记载，是一个使用频度较高而涵义模糊的概念，因而也就没有引起学术界的注意。学术界注重了军队将领乃至士卒的研究，而鲜见措意于“军吏”的研究。长沙走马楼吴简中虽然有不少关于“军吏”的资料，但是并不见对此有专题的论述，因此探讨“军吏”问题有助于对吴简相关资料的认识。《汉唐时期的“军吏”——从长沙走马楼吴简谈起》一文考察了先秦至唐代的“军吏”的内涵及其发展变化状况，认为“军吏”在先秦时指军队中除士兵之外的各级军官，战国时期其层级有所下移，指将军以下的中下级军官。汉代以校尉为将军与军吏的分界线，此外幕府中的各色吏员亦属“军吏”范畴。魏晋南北朝沿袭汉代，也以将领所辖中下级军官和军府属吏为“军吏”，不过，“军吏”与将军并非截然划分，而具有一定的相对性。唐五代时期的“军吏”范畴较前代有所变化，府署僚佐并不笼统纳入军吏范畴，而主要指其中的武职僚佐，不包括其中的文职僚佐。由于“军吏”范围宽泛，其上下层之地位亦相去悬远。吴简中的“军吏”属于军中下层吏员。在吴简的六种“吏民”中，“军吏”的待遇、地位等同或略高于普通农民和“卒”，而低于“士”“吏”和“复民”。

在我进行“吏民”问题研究的同时，2005 年又承担了国家社会科学基金项目——《汉唐交聘体制研究》的研究，随着这一课题于 2011 年的结项，意味着从 2003 年以来的七、八年间，“吏民”问题与“汉唐交聘体制”研究双管齐下并得以双获收成，这是我生平科研工作最为密集，也是至为难得的潜心学术的阶段，自感进入了研究工作的一个黄金时代。《诗》不云乎，“茀厥丰草，种之黄茂……实发实秀，实颖实栗。”尽管其中有些成果也许会存在不同意见，但聊可告慰的是这里的每一个字都是自己写出来的，每个问题都是自己独立思考所得。“独立思考”说来容易做来难。跟风、人云亦云、墨守成规是人性的普遍弱点之一，故“三人市虎”之类现象不仅在生活中，而且在学术领域也同样存在。学术上的每一步攀登都是艰辛的，但又是其乐无穷的，故这个期间也是自己最为怡然自得的日子。

从本书所选论文观之，以时间跨度而言，上起先秦，下迄唐代；从内容来说，涵盖社会的、政治的、文化的诸多方面。这样的研究格局有其可取之处，有助于从比较宽阔的、多维的时空中去认识和把握历史问题。但是从中也暴露了其缺陷和不足，虽然其中也有一些比较深入的篇章，但是不免也有某些浅尝辄止、蜻蜓点水之憾，例如先秦史方面之旋得旋弃，其得失之间，似有未可逆料者也，至今忖之，不禁仍有戚然于方寸者。如果后来学者有能从中汲取某些教训，以为前车之鉴，则本书庶或可免“覆瓿”之厄，于斯亦足矣！

由于笔者水平所限，文中谬误之处尚祈博雅君子有以赐正焉。

黎虎

2012. 6. 25 **于渤海之滨的山海同湾**

2016. 1. 5 **于北京师范大学**

[黎虎:《先秦汉唐史论》，北京师范大学出版社2016年版。本“绪言”初稿完成于2012年6月25日，其时黎虎先生寓居于“渤海之滨的山海同湾”。因黎虎先生酷爱大海，其儿女思孝于亲，遂于秦皇岛市东戴河“山海同湾”购得海景房一处以供先生休闲。2016年1月5日，黎虎先生对“绪言”进行修订，同年5月《先秦汉唐史论》出版，此“绪言”遂一同面世。《先秦汉唐史论》出版后，黎虎先生对包括“绪言”在内的一些篇章继续加以修订。本文集所录“绪言”，是根据先生遗留下来的文本资料整理而定稿，据黎虎先生遗存资料显示，该稿系2017年1月的修订稿。与2016年5月出版的“绪言”相比，2017年1月修订稿的最主要变化，就是将原文中的页下注改为了正文括号夹注（黎虎先生早年随同杨绍萱先生学习金文甲骨文的那一个注释除外）。此外，原刊“绪言”中的“含义”一词，则多数改为“涵义”。至于其他内容则基本未有变化。李文才敬识。]

（二）跋（后记）

《汉唐饮食文化史》后记

我原先的打算是要写一本《汉唐社会生活史》，现在写出来的却只是社会生活史中的一个专题《汉唐饮食文化史》。其原因主要是考虑到社会生活的范围很广泛，如果写一个几十万字的东西，仍不免失于空泛而不能深入。似应从一个一个专题作比较深入的研究，在有了这些基础之后再作总体上的把握和阐述，才能写出比较扎实的社会生活史来。因此决定在社会生活范围内选择一个专题着手，从而改成了现在这个题目。

何以在社会生活中选择饮食这个专题呢？这是因为饮食是社会生活的基础和核心，它决定或制约着、影响着社会生活的其他方面，不仅因为人类首先必须解决饮食这个首要问题，才能谈得到社会生活的其他方面；而且一个时代、一个地域的人们的饮食生活，对于其社会生活的各个方面均发生着深刻的影响和有着密切的相互关系，举凡社会的礼仪、风俗、节日、庆典、婚丧嫁娶等，莫不以饮食作为载体或表现形式。这是治社会生活史必须迈出的第一步，所以就决定从这个第一步的基础工作做起。

又何以选择汉唐这段历史以进行研究呢？这是因为这些年来虽然已经出现了一些饮食史方面的专著，但是它们大多或者泛论古代，或者偏于一两个朝代，而这两者又有一个大体类似的特点，即大多偏重于两头，即先秦或宋、明以后，汉唐这一段则涉足者较少，相对显得薄弱。汉唐时期的一千余年在中国古代饮食发展史上是极其重要的时段，中国古代的饮食构成、饮食模式和饮食习俗基本上是在这个时期确立和奠定基础的，中国古代的烹饪手段、烹饪技艺和饮馔风味、特色也是在这个时期形成和发展起来的；中国古代的饮食思想、理论和饮食学也是在这个时期发展和成熟起来的。

因此汉唐时期的饮食文化史是不能跳跃过去或草草从事的，而是必须下点功夫认真对待的。这样才能谈得上对整个中国古代饮食史的撰述。因此就决定写汉唐这一历史时期，庶几对填充这个时期的饮食史能起些许作用。

根据上述想法，我拟订了撰写提纲和指导思想。但因为我同时还有一个更为繁重的课题，需要投入更多的时间和精力，不能以很多的力量去完成这个任务。于是在自己撰写一部分章节之外，又约请了一些同道来承担其余部分。我给他们说明了各个章节的内容要点和写作要求，列出了基本的参考书目，提供了一些具体的资料。他们各自又积极搜集资料，并认真撰写。当初稿写出后，我又提出了具体的修改意见，除了第六章之外，其余几章均曾经过了二、三或四、五个回合的修改，其中包括由我亲手动笔进行的修改在内。其中有三章在他们修改之后又由我作了改写，还有一章由原来的十余万字的初稿，经过我几次修改，成了现在的三、四万字。在这漫长的、反复的修改过程中，他们表现了任劳任怨的精神，不厌其烦地、耐心地进行修改，付出了极大的努力和许多心血。可以说，如果没有他们的积极参与和合作，这个书稿是不可能现在就得以完成的。因此，我在这里首先要衷心地感谢他们。本书各章的执笔者是：

前言　黎虎

第一章　刘磐修

第二章　黎虎、石椿年

第三章　石椿年

第四章　石椿年、黎虎

第五章　黎虎

第六章　姚伟钧

第七章　何文格

第八章　黎虎

书稿完成后，又承蒙北京大学历史系祝总斌教授，中国社会科学院历史研究所黄烈研究员、张弓研究员，北京师范大学历史系郑师渠教授、晁福林教授、唐赞功教授审阅了书稿，并提出了许多宝贵的意见，谨在此致以由衷的谢忱。

本课题得到了国家教委博士点人文、社会科学研究基金项目的资助，并得到了北京师范大学出版基金的出版资助，谨在此一并表示由衷的感谢。

最后我还要特别感谢本书的责任编辑、北京师范大学出版社的鲁瑜女士，她以其敬业与历练为书稿的出版提出了切实的、中肯的意见，付出了很大的精力。

现在书稿虽然已经付梓，但是我的心情并没有平静下来。汉唐饮食文化史的资料富赡而又零散，搜集起来诚感困难；又由于个人学识和理论水平所限，驾驭、分析这些资料更非易事。因此本书的疏漏纰缪或论断失当之处必然不免，翘企读者诸君不吝赐教，以俟他日订正焉。

黎虎

1997 年 5 月 22 日

于北京师范大学历史系

《黎昔非与〈独立评论〉》后记

孩提时代、生活于岭南深谷幽邃之中的我，就已经知道胡适先生和《独立评论》，知道他们与家父黎昔非先生有着密切的关系，因为这是家母在追忆北平旧事时必然要涉及的话题。待我上中学以后，更从老师、同学那里听到在家中听不到的一些说法，诸如“胡适对你爸爸很赏识”“胡适是你爸爸妈妈的证婚人”，等等。这是因为广东兴宁在解放前就以文化教育发达著称，20 世纪 30 年代到北平读大学的有据可查的就有数十人，他们中不少人回到家乡工作，把在北平所见所闻带回那里是很自然的事情。因此，我从小就对胡适先生有一种亲近的，甚至是一种亲情般的感觉。解放后当举国都在开展批判胡适运动，胡适先生被说成“魔鬼”的那些年代里，我对他的那种感情始终也没有改变过。

我在阔别十七年之后又回到了我生命的摇篮——北京，而且恰恰又是学习历史专业。虽然后来我从事的专业不是中国现代史，而是中国古代史，但对于胡适先生及家父为之贡献了黄金岁月的《独立评论》及相关著述毕竟陆陆续续也有了一些了解和接触的机会。随着时间的推移，我日益感到有将家父与胡适先生及《独立评论》关系的事实公诸于世的必要。今年恰逢《独立评论》创刊 70 周年、家父 100 周年诞辰，于是决心将这一愿望付诸行动。我的这个想法，不仅得到了家人的赞同，而且也得到了许多朋友，特别是学术界前辈、先进的热情支持和帮助，受到莫大的鼓舞和激励。他们之中有的是我认识的、熟悉的，有的则是不认识、不熟悉的，甚至是素昧平生的，但当他们看过我们所提供的有关资料之后，无不为之动容，都表示乐于为本书撰稿，于是珠玑鸿文络绎见赐，真有一种人同此心的感觉。赐稿者大多是各自专业领域中出类拔萃的中老年学者，也有一些是正在崭露头角的年轻的专家或研究生，他们都肩负着极其繁忙的教学、科研任务或公务、社会活动任务。有的把自己手头的任务暂停下来，优先完成这一工作；有的带病撰稿，表示的诚挚与热情，感人肺腑。参与撰稿的研究生，是在导师的指导下查阅了大量参考书和相关资料之后才动笔的，这种严肃认真的态度令人肃然起敬。这一切无疑是本书得以顺利完成的十分重要的因素。所赐稿件，除个别作了技术性处理外，均一如原作。在此，谨向诸位作者致以崇高的敬意和衷心的感谢。

在本书的编撰过程中，还得到了各方面人士的热情帮助。他们是：中国近代史研究所的耿云志研究员、左玉河副研究员、罗文起研究员、马勇研究员，或提供资料线索，或慷慨赐借书刊；中国近代史研究所资料室的张显菊女士为我查阅资料提供了许多方便；平国梁同志为我拍摄了相关资料。北京师范大学历史系的张太原博士为我提供了许多资料和书刊。广东省兴宁市离休老教师林钧南先生帮助回忆家父旧事，提供线索，更是有问必答，数年如一日，不厌其烦，赐函数十封，可以说是本书名副其实的顾问。国家图书馆、北京大学图书馆、北京师范大学图书馆的同志为我查阅、拍摄资料提供了方便。中国历史博物馆的王冠英研究员、李先登研究员及技术部的杨志新等同志为修复、拍摄资料给予了许多帮助。广东省兴宁市教育局同志为我们查阅有关资料给予了热情的帮助。北京出版社退休历史编辑、友人王兰锁先生帮助审读初稿并提出了宝贵的修改意见①。中央电视台记者、友人姚斌先生也对书稿的修改提出了许多宝贵的意见，并帮助拍摄了《独立评论》等旧址的照片。没有他们积极的帮助和支持，本书也是不可能如此顺利完成的。这也是我们要衷心感谢的。

家人的大力支持也是本书得以顺利完成的一个有利条件。现住广西南宁舍妹黎纪云家中的家母是我们编撰本书过程中的“顾问”，她虽然已经93岁高龄，但身体健康，精神矍铄，追忆往事，如数家珍。许多问题

---

① 编者补记：王兰锁先生在审读完书稿之后，见面第一句话就说：“我有一句话不知你愿意听不？”我请他尽管讲，于是他说：“别看你是个教授，但我觉得你现在的学问和功力还不及你父亲……”挚友王兰锁这番肺腑之言，是读完本书后对事实作出的客观评价，也是我一直想说而没有说出来的心里话。

通过电话或信函，由舍妹询问之后再写信或电话转告，半年多来这方面的信函已经积累十余封了。家兄黎导、舍弟黎鹗、黎宏也积极参与。这样全家动员，也可以说是本书编撰过程中的一个特色吧。

协助校对书稿或解决电脑使用中问题的，有我的几个博士研究生，他们是：1999级的刘长旭，2000级的张军、杨永俊、任重，2001级的秦冬梅、徐美莉、马晓峰，2002级的施新荣、金霞。他（她）们都是召之即来，尽心竭力。谨向他（她）们致以衷心的感谢。

最后我还要特别感谢学苑出版社，本书的出版完全是由他们投资，而且他们将其作为珍藏版，以高规格、高质量来印制。同时我还要感谢孟白社长和总编助理郭强先生，他们对于出版本书给予了大力的支持。郭强先生和刘涟女士作为本书的责任编辑，付出了辛勤的劳动。我们将永远铭记他们对于文化事业的这一奉献精神！

编辑完毕全书之后，回顾黎昔非先生的一生，有一个突出的感受不禁涌上心头：他一生中足以传诸后世的业绩，亦即本书五编中所述他对中国文化、学术事业所作出的贡献（其中还有不少重要成果已佚），主要是在十年时间内（1929—1937年，1944—1945年）完成的。如果他后来还有这样的一个十年，或者两个、三个十年，又将如何呢？可惜他却未能如愿以偿，这不仅对他个人也是对那个时期文化、学术事业的一个损失和遗憾。

由于编者水平所限，纰漏讹误之处谅必不免，敬祈博雅君子有以赐正焉。

黎虎

谨识于北京师范大学历史系

2002年3月17日

（黎虎主编：《黎昔非与〈独立评论〉》，学苑出版社2002年版。）

《先秦汉唐史论》跋语

本书所收入的论文发表的时间前后相隔已历数十年，体例、格式参差不齐，这次均一一做了调整，力求以时下通行之格式整齐之。文中引用之资料，亦一一重新查找出处，加以校核。在尽可能保留原样的同时，个别内容作了一些修改、删补。

本书的出版首先应当感谢北京师范大学历史学院的领导，在出版一书几近年薪的今天，历史学院的领导以提倡学术为职志，慷慨投资出版这套丛书，把钢用在刀刃上，实属功德无量之善举，嘉惠学林之盛事，可圈可点。

在本书即将付梓之时，我对于长期以来在学术道路上施以援手的友人、同学的铭感之情不禁油然而生。

这里首先要提到的是，在上述20世纪80年代之后的论文撰写中，曾经先后得到张金龙教授、李文才教授、侯旭东教授、张兴成副教授①、彭丰文副研究员②、冯金忠副研究员③、董坤玉副研究员④等从不同角度多方帮助和支持。

我还要特别提出的是东北大学社会科学研究院副教授、历史学博士、博士后董劭伟先生⑤，他数年如一日在研究工作方面给予我大力的帮助，或查找资料，或提供信息，或协助整理文稿，有求必应，不厌其烦。由于现在网上交流便捷，我们虽相隔关山，但如在目前，畅通无阻。

---

① 按，张兴成，历史学博士，现为广东第二师范学院教授。

② 按，彭丰文，历史学博士，现为中国社会科学院民族研究所研究员。

③ 按，冯金忠，历史学博士，现为河北省社会科学院研究员、《河北学刊》副总编。

④ 按，董坤玉，历史学博士，现为北京社会科学院研究员。

⑤ 按，董劭伟，历史学博士，现为东北大学秦皇岛分校马克思主义学院院长、教授。

历史学博士李凯先生则是我在研究先秦史方面的一位得力支持者。他说他在初中上学时便买了我的《夏商周史话》，这对于他日后从事先秦史研究，不无影响。前几年我在研究周代交聘制度时，他就曾帮忙查找资料。本书“古史”卷中的几篇殷商史论文就是他在百忙之中拨冗代为校核的。由于这些论文是在二三十年前写的，当时的许多参考书籍，特别是甲骨文书籍现在已经很难找到了，李先生不辞劳苦，一一查找出来，进行校核，其付出时间和精力之巨，不难想象。如果不是他的大力帮助，以我一人之力，恐怕是难以如期完成这个任务的。

我当年在研究长沙走马楼吴简时，于2004年所做的“吏民‘佃田’统计表”，最近由首都师范大学历史系的朱舒娟、樊一然、王娇硕士研究生帮助输入电脑，这是一项耗费时间、精力的枯燥工作，她们不辞辛苦，细心从事，圆满完成。

还有不少从不同角度对于我的研究工作给予了不同程度帮助的友人，恕不一一，在此一并致以衷心的感谢！

子曰：“三人行，必有我师焉。”我要说的是：“师”与“生”是相对而不是绝对的，“师”也可以从“生”那时学到很多，故“生”中亦有我师焉。与学生乃至其他一些青年学者讨论学术问题并虚心倾听他们的意见，是我的习惯和乐趣之一，除了从中得到一些启发、收获之外，还可以收相互鼓舞、激励之效，相得益彰，訚訚如也！

北京师范大学出版社的刘松弢先生以其耐心和细致，悉心帮助，不吝付出，使本书得以顺利圆满出版，谨致谢忱！

本书稿编成之后，由于出版时间延宕，故又补充了四篇新近完成的论文：《汉代和亲与“质侍”在外交中的互动关系》《汉代“天子三玺”在外交中的应用》《一部值得中国读者阅读的三国史》《唐代和亲公主的常驻使节作用》。

黎虎

2016. 1. 5 **于北京师范大学**

2016. 6. 25 **于渤海之滨的山海同湾**

《黎昔非的学术与人生》后记

本书是《黎昔非与〈独立评论〉》一书的续编。编撰本书的主要意图，就是将《黎昔非与〈独立评论〉》出版20年来的后续研究情况以及社会各界人士对于黎昔非问题的反应情况择要汇编和总结。“《独立评论》的‘总管’”“诗学研究的先驱者”“文学创作”三个专题，分别收录有关专家、学者的论著，以展示黎昔非在这几个方面的贡献与成就，以及其在中国近代文化史上的作用和地位。现在学术界已达成共识：如果没有黎昔非这样得力的经理人主持《独立评论》的办理，则《独立评论》绝对不可能坚持五年之久并取得如此骄人成绩，主编胡适与经理人黎昔非犹如车之两轮、鸟之两翼，二者缺一不可，因此《独立评论》是黎昔非与胡适通力合作的产物；另外两个专题，则分别阐述了黎昔非学术研究和文学创作方面的成就。“非常人生”和“历史的评判”两个专题，为学者和各界人士对于黎昔非非同寻常人生的论述，其核心则是黎昔非与胡适的关系问题。胡适是黎昔非悲剧人生的制造者。每个人都用自己的行动书写自己的历史。黎昔非的奉献精神和高尚的道德品质，已然得到了普遍的肯定和赞扬。而胡适为了自己的需要，悍然将在读的北京大学研究生黎昔非变为自己的雇工，长达五年多不许辞职，不仅让他丧失了学业，而且严重耽误了他的前途和毕生；尤其是胡适在还需要利用黎昔非时，倡言“不要忘记了”这位“忠心的看护妇”，而当他不需要时，则带头彻底“忘记了”黎昔非，并把他从《独立评论》历史中抹去。胡适和黎昔非都用自己 的行为书写了自己的历史，两人形成了鲜明的对照。“补遗”这个专题，主要收录《黎昔非与〈独立评论〉》一书出版之后所获得的研究黎昔非问题的重要资料。书后所附《黎昔非问题学术研究系年》，主要梳理了从1979年以来40年间黎昔非问题研究的基本情况及其进展。对于本书所收入的文章，一律尊重作者的本意，不加修改，只有少数做了一些技术性的处理。黎昔非这一千古奇冤今天之所以能够得到昭雪，黎昔非问题终于能够大白于天下，完全得力于学术界和社会各界人士的据理力争、仗义执言，对于他们的热情关注和积极参与，我们谨致以衷心的感谢！

《黎昔非与〈独立评论〉》一书出版20年来，黎昔非问题不仅进入了中国近代史的学术研究领域，相关学者纷纷发表论著以阐述黎昔非对于《独立评论》的重要贡献及其在文化学术领域的成就，尤其可喜的是，很多研究生也竞相在自己的学位论文中特辟专题以介绍或论述黎昔非问题。《黎昔非与〈独立评论〉》一书已经成为研究中国近代文化史、胡适与《独立评论》历史的必备资料，是中国近代历史、胡适与《独立评论》历史方向研究生的必备参考书；社会各界人士也对黎昔非问题予以强烈的关注，各种体裁的相关文章散见于报刊或网络，不胜枚举。尽管这些论述体裁不一、形式各异，但有一个共同点，即对于黎昔非的高尚品德和奉献精神无不肃然起敬，对于他所遭遇的不公对待无不表示同情和愤慨，一股黎昔非热，风靡了学术文化领域，以往默默无闻的黎昔非现在已经被社会各界人士所广泛知晓和称道，甚至已远播日本。除学术界人士已经普遍了解黎昔非其人其事外，社会各界人士也广泛知道黎昔非其人其事了，网上的相关文字可谓不胜枚举，兹略举数例以见之，如《百度词典》中有了“黎昔非”的词条，在“黎虎”的词条中则介绍曰“黎虎先生是著名学者黎昔非先生之子”，甚至黎昔非的名字也被人们所喜爱，说：“前不久看‘黎昔非’（著名报人）这个名字，非常喜欢，模仿个‘昨非’之类的名字，也好听。”“有著名报人黎昔非，还有书法家周昔非”① 云云。我在“凤凰卫视”的一次经历，也可以说明这个情况。2012年，“凤凰卫视”编辑人员多次来信来电，邀请我参与他们的一个历史节目，由于当时我手头有急务需要完成，没有时间做这种事情，同时对于在电视上讲历史故事也没有什么兴趣，故一直颇为犹豫。不过，由于我平时喜欢看“凤凰卫视”节目，因此对于他们的邀请还是怀有一点好奇

① 天涯社区：（灰常点评）那些我喜欢的女性名字：从古代到民国，到现代。燕子笺0117，发帖时间：2012年2月16日。

心，也想借此机会去那里看看他们是如何运作的，于是便答应去一次。到了那里，编辑部的负责人见面头一句话就说："你是名人之后。"他所说的"名人"，显然是指家父黎昔非。

谨借本书出版的机会，对旧著《黎昔非与〈独立评论〉》一书所收《双亲旧事》中的某些细节稍事补苴或修正。我在《双亲旧事·〈唐以前的七言诗〉》（第669—670页）中回忆到，小时候看到家父整理从北平带回来的一些材料时，其中有他在中国公学毕业时的同学录，现在这个同学录前几年终于在上海档案馆找到了，其内容与我当年的记忆大体相符（详见本书第六章《补遗》）。《双亲旧事·真正的学者》（第678页）中回忆我十岁时看到家父捧读一本厚厚的书感到好奇，不禁问到怎么能够读得懂呢，于是家父让我随便指一处给我讲解，当时我指了一处，记得第一句是"清谈终日对村尊"。现在查到，原来这是欧阳修《青州书事》一诗中的第一句，作"清谈终日对清尊"（《欧阳修集》卷14，它本"尊"作"樽"）。在《双亲旧事·与家父母的朋友和熟人重逢》（第691—692页）中提到当年我在北京师范大学历史系上学时，张鸿翔教授一再问候我父亲的情况，当时我并不理解他为什么这么关心家父，现在查到了《北大日刊》所登载家父被录取为北京大学研究生的公告（见第六章《补遗》）才知道，原来张鸿翔先生与家父是同年考取北大研究生的，张先生是"史学"门，家父是"文学"门。舍弟告知家父曾跟他们讲到：应考之前他们都是北京图书馆的常客，尽管经常见面，但双方并没有交谈，到考试时才知道原来都是来北大应考的，当时北京图书馆的读者很少，故彼此都面熟，因而相见甚欢。后来两人都被录取，成了同学，几十年之后老同学的儿子成了自己的学生，自然有一种非同寻常的亲切感。《双亲旧事·罗岗圩》①（第652—657页）中回忆了我们从北平逃难回到罗岗之后住在罗岗圩几个月期间的一些片段，其中谈到有一天家父带我去住地附近的钟家祠（当时兴宁一中分教处设在那里）拜访在那里任教的刘在海先生时我

① 这则中有几个名物因使用客家语音而有误：我们租住的"火绞局"是一个以火电推动机器碾米、业已废弃的厂房，"绞"字误，似应为"搅"，客家音"绞""搅"均读作 gǎo；客家小吃"摺粽"，以大米加入一些佐料经若干工艺蒸熟，切成小长方块在热油锅中使熟，应写作"炸粽"，客家语音"摺""炸"均读作 zhà 的入声。

掉在天井里的事情。2019 年 10 月 29 日上午利用回故乡的机会，女儿黎惠陪同我特意去参观了钟家祠，只见这座建筑物已经相当残破，无人居住，大门紧锁，那个高耸的顶楼依然如故，只是楼尖上面那个展翅的苍鹰已不复存在。经人指点找到旁边钟屋一位老太太那里借到了大门的钥匙，进去以后发现果然有两个砖砌的天井，其布局和砌材质地与我当年留下的印象几乎一模一样。当时家父拎着我跨越第一个天井的井角时成功了，但跨越第二个天井的井角时我却掉下去了，被积水弄湿了一身。那时我也就是一周岁零两三个月，这个地方我只去过一次，此后再也没有去过，八十多年后故地重游，那两个天井居然宛如昨天所见，没有变化，不禁感慨万千，一方面庆幸有这个难得的机会故地重游，另一方面连自己也对自己的记忆力感到吃惊，使我更加怀疑儿童心理学家所公认人类对于儿时的记忆只及于三四岁时的说法的正确性。

至此，我们可以作出肯定的历史结论：《黎昔非与〈独立评论〉》一书不仅诸如此类细节所具有的真实性，更重要的是其所包含的丰富的口述历史、文字文物遗存也随着时间的推移而不断被一一证明了其作为史料的可靠性和珍贵性。我们坚信《黎昔非与〈独立评论〉》的续编——《黎昔非的学术与人生》同样经得起岁月的检验，将随着时间的推移而日益显示其所独具的历史价值。由于黎昔非问题所独具的永恒的学术生命力所决定，我们坚信《黎昔非与〈独立评论〉》的第三编……也将继续问世。

历史终究是公正的。最近黎昔非故里所在的广东省兴宁市罗岗镇党委决定在黎昔非先生的故居——甘村（今名富强村）丕显围建立“黎昔非先生陈列室”，以展出黎昔非先生之事迹。这是人民给予黎昔非先生的历史作用与地位的肯定和最高奖赏。今年适值黎昔非先生诞辰 120 周年，先考之灵可以含笑九泉了！

值此本书即将付印之时，我们要特别感谢学苑出版社前社长孟白先生和现任社长洪文雄先生。二十多年前，当我将《黎昔非与〈独立评论〉》的书稿交学苑出版社时，时任社长孟白先生果断拍板付梓，不仅由出版社承担全部出版费用，而且以最高的规格、最好的纸张精装印制。《黎昔非与〈独立评论〉》出版之后，即受到学术界的高度重视和广大读者的强烈关注，从而揭开了中国近代文化史上被掩盖和尘封数十年的一幕，填补了一个历史的空白，此事充分证明了孟白先生决定的正确性。作为该书的姊妹篇，也是对该书出版以后的学术进展和反响加以总结的《黎昔非的学术与人生》书稿于两年前交付学苑出版社时，再次得到了时为总编的孟白先生及洪文雄社长的大力支持，继续决定慷慨解囊出版此书，在出版行业日益商业化的今天，不以利润而以学术价值为第一考量的胸怀和眼光不能不令人肃然起敬。责任编辑乔素娟女士在负责此书出版的两年时间里，兢兢业业，耐心细致的工作态度和敬业精神，也是我们所衷心感谢的。我们相信，在《独立评论》的研究史上将永远留下学苑出版社不可磨灭的功绩。

黎昔非做人做事的崇高品质和渊博的学识，已经深深浸润了他的家族后嗣。黎昔非曾孙女黎若菲的命名过程，生动地反映了这一点。黎若菲2011年6月14日诞生之前，全家人就忙着为这个即将降临的新生命起名字了。命名全程采取“民主”协商的方式，每人随意草拟，不限多少，几个月时间所名字不下几百个，经过三轮筛选，最后以她姑妈黎惠所拟“黎若非”胜出，因为这个名字的意涵，是要他（她）像曾祖父那样做人做事，继承他的品德和敬业精神，如果是女孩则在“非”字上加草头。这个名字集中表达了黎昔非家族几代人的共同意愿。我们衷心祝愿：黎若菲在今后的人生道路上能够避开风刀霜剑的摧残，在阳光雨露的滋养下顺利地茁壮成长，盛开出最绚烂的芳菲之花！

黎虎

谨识于2020年4月25日

再识于2022年2月22日

(三)书评

缩影·益友·信史

——对新编《偃师县志》的几点印象

我是在北医二院耳鼻喉科病房住院期间，收到承蒙偃师县志总编室惠寄的《偃师县志》的。治疗之暇，都用来阅读《偃师县志》。深感它不仅装帧堂皇，印刷精良，卷帙浩繁，而且内容充实，网罗丰富，编排得体，文字畅达，读之令人不忍释手，是一部难得的地方志中的上乘之作，给我留下了深刻的印象。

印象之一是：偃师的历史是中华文明五千年历史的缩影。偃师地处河洛地区，这里是中华古代文明的发祥地，绵延几千年，进入阶级社会以后，直到我国封建社会前期，这里一直是我国政治、经济、文化的中心。这一得天独厚的地理、历史条件，使偃师在历史上扮演了非常重要的角色，它的历史与中华文明发生、发展的历史紧密地联系在一起，息息相通。正如《偃师县志》所记载的那样，这里不仅有丰富的新石器文化遗址，而且有著名的夏文化遗址——二里头和商代遗址——尸乡沟商城遗址等。此后的东周、东汉、曹魏、西晋、北魏等王朝时期又属都畿之地。有许多历史名人在这个地区工作和生活，为推动中国历史的发展做出了杰出的贡献。阅读这部县志，我们处处可感到它与整个中国历史脉搏时时刻刻在一同跳动。对于九百六十万平方公里的泱泱国土来说，偃师当然是小小的一隅，然而这小小的一隅却与中华文明的发生、发展如此紧密地联系在一起，这在全国的所有县份中是不多的。这是偃师的光荣和骄傲。所以，我们可以毫不夸张地说，偃师的历史就是一部中华文明史的缩影。

印象之二是:《偃师县志》的古史部分篇幅虽“薄”,然而其内涵却是非常充实、丰富的。《偃师县志》的编撰宗旨之一是“厚今薄古”,这样处理是完全正确的。由于偃师的古代历史太悠久而多姿多彩,因而县志编撰者不得不对此作了高度的浓缩。例如,由于偃师自古即为四战之地,因而在这里发生过的战事是非常频繁的。县志对此并未以过多的篇幅去叙述这些战事的过程,而是以“古代战争”一节,以类似大事编年的形式,仅用2500字左右就扼要阐明了从东周至清末的战争大事,可谓言简意赅,惜墨如金;而编者却以较多的篇幅介绍了二里头遗址、尸乡沟商城遗址和汉魏故城遗址等,突出了重点。当然,就是这些重点的介绍也是非常精炼的,只是将考古研究的基本成果高度概括介绍,向读者提供了研究的线索而已。“薄古”不等于疏漏,《偃师县志》对于古代历史内容的叙述是非常全面系统而充实的,它除了“文物”一卷专门叙述古代内容外,在其他各章节中,分别从历史大事纪年、建置沿革、政治、经济、军事、文化、人物、风俗等方面分叙古代的历史内容。这些内容都是很有参考价值的。例如关于历代陵墓、碑碣、墓志的介绍,就是其中的突出者。因此我们可以说《偃师县志》是我们历史工作者的益友。

印象之三是:《偃师县志》的编撰态度是严谨的,求真求实的。在编撰新县志时,当然要借鉴旧县志,对于旧志的材料,新志的作者是下了去伪存真的检验功夫的。例如关于“部分古帝王及名人陵墓”,根据乾隆五十四年县志,共著录有152座墓。新志编者经过科学的检验,将其中讹误者删除,仅著录其比较可靠的约84墓,被新志所删除大约为68墓,占2/5左右。可见新志作者对资料取舍的态度是严谨的。再如关于“地名考”部分,县地名办曾对本县许多地名来历作了大量的调查研究工作,搜集了许多地名来历的传说和资料,但新志作者并未全部采用,而是仅选出部分他们认为比较可靠的、有据可查的说法加以刊载。这种态度都是应当肯定的。从上述两个事例表明,这部新修的《偃师县志》不愧为一部信史。

当然,新修《偃师县志》也不是没有可商榷的地方。例如《大事记》部分,二里头遗址的发现是在中国考古史上的重大事件,是夏文化研究的一个突破性进展,然而在大事记的1959年并没有反映出来。尸乡沟商城遗址被联合国教科文组织列为1983年十七大发现之一,这是应当大书特书的，然而在“大事记”中也没有反映出来。这些遗址，从全国的角度来看都是“大事”，从偃师来看更是不言而喻的。

再如卷一“地名考”中关于“柏谷坞”地名缘由，新志说：“又村东一土台，相传为古时码头，战船常在此停泊故称土台曰坞。”① 这一说法似有问题。“坞”是魏晋时期北方地区普遍存在的“坞堡壁垒”的一种形式，柏谷坞之得名正是这一时代特征的反映。卷十九《军事》中的材料，已把柏谷坞得名缘由反映得清清楚楚。史载东晋刘裕北伐后秦，曾在此筑三垒相连。《西征记》谓此处“因高为坞，高十余丈”②。所以，裴漼《少林寺碑记》说柏谷坞“居晋成坞”③。可见，柏谷坞是因魏晋时期曾在此据险筑坞，成为军事要塞而得名的。

（本文收录于孙占奎主编《偃师县志评论集》，中州古籍出版社 1994 年版，第 28—31 页。该评论集还收录了包括胡厚宣、傅振伦、陈桥驿、李学勤、朱绍侯、葛剑雄等其他著名学者在内的评论文章，洵为《偃师县志》出版之荣耀和胜事。为便于读者核对史料，本文最后一节，整理者添加了 3 个注释。李文才敬识。）

---

① 偃师县志编纂委员会编：《偃师县志》，生活·读书·新知三联书店 1992 年版，第 93 页。

② （北魏）郦道元注，（民国）杨守敬、熊会贞疏，段熙仲点校，陈桥驿复校：《水经注疏》卷一五《洛水》，江苏古籍出版社 1989 年版，第 1321 页。

③ （清）叶封撰：《嵩阳石刻集记》，中国书店 2018 年版，第 141 页。

弘扬中华文明的成功尝试

——《中华文明简史》评介

我国是一个历史悠久的文明古国。中华民族在漫长的历史进程中，以坚强的意志和卓越的智慧，创造了世所罕见的物质文明和精神文明。自夏、商、周三代以来，中华文明一脉相承，在发展过程中没有任何中断，其发展的连续性、历史记录的完整性，在世界古代文明中是绝无仅有的。这是中华民族的骄傲，值得每一个中国人为之而自豪。

江泽民同志 1999 年 4 月 25 日在祝贺北京师范大学白寿彝教授主编的二十二卷本《中国通史》全部出版的贺信中指出："几千年来，中华文明得以不断传承和光大，一个重要原因就是我们的先人懂得从总结历史中不断开拓前进。"对于中华文明发展史这个浩淼博大、蕴含丰富的珍贵宝库。"我们应该运用历史唯物主义的观点不断加以发掘，在前人研究的基础上不断作出新的总结。这对我们推进今天祖国的建设事业，更好地迈向未来，具有重要的意义。"江泽民同志这里精辟地概括了治史的重要性，每一个史学工作者都应为之而努力。

江泽民同志在贺信中还强调指出："中华民族的历史，是全民族的共同财富。全党全社会都应该重视对中国历史的学习，特别是要在青少年中普及中国历史的基本知识，以使他们学习掌握中华民族的优秀传统，牢固树立爱国主义精神和正确的人生观、价值观，激励他们为中华民族的伟大复兴而奉献力量。"因此，我们除了需要有像多卷本通史那样的学术理论性较强的巨著外，也还要有大量简明易读的单卷本历史著作问世。最近，王炜民同志主编的《中华文明简史》应运而生，正逢其时，实在可喜可贺！

通览《中华文明简史》，可以看出这是作者刻苦钻研，精心构思，辛苦劳作的研究成果。其中有如下几个较为显著的特点。

一是立意新颖，主题鲜明。随着学术的进步，史学的研究范围已不再局限于政治、军事、经济等方面，而更加注重对传统文化的探讨。近年来，已有大量中国古代文化史的著作出版发行，但书名标为“文明史”的作品尚不多见。“文化”与“文明”是两个既密切相关又有区别的概念。一般说来，“文化”包含有精华和糟粕两个方面，而“文明”则主要指进步、积极的内容。对传统文化中糟粕的部分，应经过认真研究，加以批判剔除；而着重宣扬的应是其精华部分。事实上，许多文化史著作中也少有对糟粕的学术批判。《中华文明简史》所论述的，基本是中华民族所创造的物质文明和精神文明的优秀成果，故书名直接冠以“文明”二字，使主题更加鲜明，立意更为清晰。

二是构思精巧，结构合理。《中华文明简史》共十七章，每章为一个专题。每一专题的内容均有一定的独立性，一般的文化史著作亦一个专题设一章，但各章内容自成体系，互相之间关系不大。本书内容各章也有相对的独立性，但作者注意了体现中华文明发展史的特点，对各个专题选取其确立、鼎盛或某一较为突出的特点，再按时代顺序排列其先后，兼顾了纵向的文明发展演变脉络，和横向的文明成果的多样性、错综性。具体写作中不仅每章的标题对朝代有了明确的显示，而且对所排定位置的内容也给予了较多的笔墨。这样，就将历代创造的文明成果，纳入了中华文明发展史的整体框架中，犹如一根主线串起了颗颗璀璨晶莹的珍珠，既各具特色，又完整统一。其中，“前言”和第一章首先将“中华文明”的概念、“中华文明的起源与形成”加以论述，以具体的史料表明对文明标志的看法，说明文明发展的基本脉络，实为全书的纲领。而“中华传统节日”中，各个节日起源、发展、内涵各不相同，到底插入哪个朝代比较适宜不易把握，故列为最后一章，也是较为恰当的处理。

三是取舍得当，重点突出。中华文明博大精深，内容极为丰富，一本二十多万字的专书决不可能面面俱到，因而必须有所取舍。

从全书看，《中华文明简史》对于已有大量中国通史著作详细记载的王朝更替、政治事件、阶级斗争、政治组织、行政机构、经济制度、人口增减、民族关系、中外交流、郡县沿革、疆域变迁等内容，不再叙述。而主要论述甲骨文字、青铜文化、秦兵马俑、阵法战术、兵书兵器、古度量衡、古代儒学、礼制风俗、传统史学、佛道宗教、科举制度、音乐文化、书法绘画、书籍形制、印刷技术、陶瓷工艺、货币形态、学校书院、古代建筑、车船演变、科技成就、近代报刊、传统节日等内容。这既注意了一般读者的兴趣点，有利于扩大读者面，又注意了与一般通史著作相区别，便于突出重点内容，显示了本书的特色。

当然，受篇幅所限，就是本书着意突出的重点内容，也不可能全面反映，系统论述。作者对此有清醒的认识，故对每一专题、每一文明成果的论述中，也不是平均着墨。如第一章第三节“青铜文化”就处理得恰到好处。青铜文化指青铜时代人们所创造的以青铜器为代表的物质文化，包括的内容颇为广泛。作者虽只设了“青铜器的制造”和“青铜器的特点与价值”两个小题，但却抓住了青铜文化最核心的内容，足以反映其文明进步的程度。对青铜器的特点与价值归纳为五个方面，即第一，数量巨大；第二，品种繁多；第三，工艺高超；第四，铸刻铭文；第五，礼器居于青铜器的主导地位。每一方面均举出了具有代表性的例证。特点概括全面精当，例证所举典型具体，显示了作者扎实的学术功力。

四是深入浅出，简明易懂。在我国扩大对外开放，而世界范围内各种思想文化相互激荡的新形势下，进一步弘扬祖国优秀传统文化的一个重要意义，在于广泛开展爱国主义教育，特别是加强青少年思想道德教育。因而，简明的历史著作在保证科学性的基础上，应当力求深入浅出，通俗易懂，以便适应更广泛读者的需要。《中华文明简史》注重学术性与可读性的结合，基本符合这一新形势的要求。例如，中国古代礼俗不仅是古代文化的重要组成部分，而且对现代社会也产生着深远影响，但是古代礼学深奥，礼仪繁杂，不易掌握，作者在对“礼的起源与周礼”作了简略的介绍后，选取日常生活中的坐立行走、衣冠服饰、饮酒进食、称谓避讳几个方面，作了生动具体的讲述。这样就使读者既对古代礼仪风俗概貌有了总体认识，也对日常礼俗的具体内容有了初步的了解。

《中华文明简史》由于众手成书，各部分内容不够平衡，也存在着不尽完善的地方，但瑕不掩瑜，总体来说，是一本成功的历史专书，也是一次弘扬中华文明的成功尝试。因此我愿意在这里向广大读者郑重推荐本书。

本书主编王炜民同志 1982 年毕业于北京师范大学历史系，后又以访问学者返校进行了一段时间的学术研究，我与他既有师生关系，又有合作共事的朋友之谊，他的勤奋好学、刻苦自励给我留下了深刻的印象。他多年以来从事中国古代文化史和历史文献学的教学与研究，著有《中国古代礼俗》，参编《中国历史文献学》等多种专著，发表了关于中国历史文献学和文化史方面的论文数十篇，成果累累，斐然可观。现在推出的这部《中华文明简史》就是得益于他多年研究的积累。谨向他取得的突出成绩表示祝贺，并衷心祝愿他继续取得更丰硕的成果，为历史学科的繁荣做出更大的贡献。

（原刊《阴山学刊》2002 年第 3 期。）

《魏晋南北朝五礼制度考论》评介

一部成功的学术著作大抵应该具备这样几个条件：提出并加以解决的问题对本学科具有重要意义；提出的所有创新见解不仅令人耳目一新，而且经过实证具有充分的说服力；论证方法之微观与宏观相结合，并升华为符合历史真实的科学结论。梁满仓先生《魏晋南北朝五礼制度考论》（社会科学文献出版社 2009 年版，以下简称《考论》）就是这样一部学术著作。

一

《考论》所要解决的根本问题，是魏晋南北朝的礼制问题。回顾学界对魏晋南北朝礼制的研究，具体制度尤其是婚礼、丧礼成果甚多，整体礼制则少有论及。较早涉及这个时期礼制且有影响者当属陈寅恪的《隋唐制度渊源略论稿》，但其重点在考察南北朝与隋唐礼制的渊源关系，并非对魏晋南北朝礼制本身的研究。近年来礼仪制度研究兴起热潮，一些论著开始接触到魏晋南北朝礼制问题，但或者是描述式的论说，缺乏高度和深度；或者失之简略，使人难得其详。《考论》一书正是弥补了上述缺憾，从整体上对魏晋南北朝礼制进行系统、深入的研究。

《考论》指出，魏晋南北朝所实行的礼制是逐步形成的五礼制度，全书围绕这一核心命题从各个角度展开充分的研究论证。这个研究论证分为三个层次：第一、二两章分别探讨了五礼制度发生发展的思想认识背景和文化学术背景，可以说是时代背景层次。第三章探讨了五礼制度化的过程及其相关问题，可以说是制度的形成过程层次。第四、五、六、七、八章分别探讨了吉、嘉、军、宾、凶五礼本身的问题，可以说是制度的具体内容和实践层次。三个层次的探讨，不仅说明了五礼在魏晋南北朝的制度化乃是社会政治、思想、文化发展的必然结果，也清晰地描述了五礼制度孕育、发生、发展、成熟的过程；不仅考证了五礼制度的具体内容，也论证了五礼制度对国家政权的建设作用，对政治发展的促进作用，对人们社会生活的规范作用，使魏晋南北朝所实行的礼制为五礼制度这一命题得到充分的论述，称为魏晋南北朝礼仪制度研究中的不刊之论。

这个命题的论证对推动魏晋南北朝礼制研究乃至魏晋南北朝史的研究都具有重要意义。从宋代以来，学者多把秦汉以来的礼仪制度看作只是用于郊庙朝廷的虚空之文。直至清代乾嘉及以后的学者，也是从经学角度考证礼制条文，很难反映出礼制的全貌与当时社会政治文化的密切关系。陈寅恪先生敏锐地察觉到礼制与士大夫阶级的密切关系，提出治史者不应以礼制仅为空名，影响不及于平民，遂忽视之而不加以论究（《隋唐制度渊源略论稿》，第5页）。比起清代学者，陈先生的观点是一个巨大的进步，然而仍没有否认礼仪制度多为空名。后来学者的研究，大体上也没有从根本上摆脱乾嘉学者从经学角度考证礼制条文的藩篱。《考论》一书没有走前人的老路，而是从历史学的角度对这个时期的五礼制度展开研究。这种研究把礼仪制度放在当时社会历史的大背景中，使之不再是虚空的条文，从而揭示了礼仪制度背后的政治、军事、文化、民族融合、道德思想、社会风貌等社会现象。这种揭示在书中几乎所有章节中都有不同程度的体现。如在论述人们对礼的治国作用认识的强化时，作者指出："魏晋南北朝时期在社会发展方面，是在不断的反复曲折中一步步趋向统一和稳定的时代；在政治实践方面，是具有深厚儒学素养的政治家们充分发挥治国才能实现自己政治抱负的时代；在文化发展方面，是以儒学思想为主体各种学说和社会思潮不断碰撞和融合的时代。这种时代特点，决定了当时人们在谋求国家统一和社会稳定时的实践方式，即不断地丰富和发展儒家学说，使之在政治方面发挥越来越大的作用。而这种实践方式，又决定了礼对治理国家的作用不断被强化的发展走向。"（第56—57页）作者从政治实践、社会发展、文化特点等方面说明对礼的治国作用认识的强化，从而说明在这个时期出现五礼制度是有其深刻的时代条件和思想认识基础的。这种论述在具体的礼仪制度的研究中也处处可见。例如在嘉礼一章中对"尊老养老"礼的社会作用的研究中，作者写道："尊老养老是嘉礼制度中的一个内容，在五礼制度中占有一席之地。五礼制度既是当时社会的需要，反过来对社会建设具有重要意义。就尊老养老制度而言，其对当时的社会建设具有两方面的意义。""第一，尊老养老是促进社会道德建设的有力杠杆。"（第 375 页）这种道德体现为报本反始"孝"的精神（第 376 页）、敬长尊老"礼"的精神（第 377 页）、广泛爱老"仁"的精神（第 378 页）、舍身护老"义"的精神（第 379 页）。第二，尊老养老促进社会的政通人和（第 380 页）。"魏晋南北朝时期，从中央到地方，老人们在社会的政治生活中发挥着很重要的作用。朝廷的老年官员用他们丰富的政治和军事经验为当权者提供咨询，在一定程度上保证了国家决策的正确性。地方上的乡邑耆老帮助地方政权教化百姓，处理行政事务，解决民事纠纷，化解民间矛盾，有利于社会的安定。他们还在一定程度上反映了民间评价地方官员政绩优劣的声音，对政治上扬清抑浊发挥着舆论导向的作用。"（第 384 页）

从历史角度研究魏晋南北朝的礼制是古代礼制研究的一大突破，也是一个难度较大的研究课题，其难点在于研究者不仅要有经学知识的积累，也要熟悉这个时期的历史，并对其有深厚的功力。前人从经学角度研究礼制成果颇丰，从历史角度研究礼制成果较少，因此学科基础比较薄弱，也是魏晋南北朝史学研究的一个空白。唯其如此，《考论》对魏晋南北朝五礼制度的研究，具有诸多创新意义，从而填补了学科研究的空白，极大地推动了历史学科研究的发展。不仅如此，"五礼"制度的形成和发展，从隋唐以后"五礼"作为国家重要制度，在杜佑的《通典·礼典》中被固定下来，以后各代礼制虽各具时代特点，但其核心大体上仍为"五礼"的内容和实践，这充分显示了《考论》在深入系统研究礼制发展史上具有首创意义。

二

《考论》有系统的章、节、目，是一部学术专著，但仔细审读，它又像一本专题性、系统性的礼制研究论文集。说它像论文集，是因为每一章都是一篇相对独立的大文章，提出一个大问题，围绕解决这个大问题，又以节的形式带出若干小问题，在逐个解决这些小问题后，自然就升华出更高层次大问题的答案。从这个意义上说，《考论》具有强烈的创新探索意识，因而许多问题的提出都是前人所没有注意到的，如强化认识以礼治国的意义、礼学的特点、五礼制度化的原因和意义、国家祭祀对象的多样性与统一性、尊老养老对社会道德建设的作用、誓师之礼的精神因素、军法与军礼的关系、主宾之间的关系、不同政权交往之礼的特点、西晋、北魏实行三年之丧的意义等，这些问题的提出和研究，使整个著作新意迭出，给人以耳目一新之感。仅以五礼制度的学术文化背景一章为例，在这一章中作者主要阐述了下列观点。

第一，三礼（《周礼》《仪礼》《礼记》）之学在魏晋南北朝的发展是具有持续性的，并呈日渐兴盛趋势。在这种发展趋势中，有影响的礼学家代有其人，有影响的礼学著作屡见不鲜，可以说，三礼之学是魏晋南北朝时期的热门显学（第 67 页）。

第二，三礼之学在魏晋南北朝时不但是热门显学，而且在当时整体礼学发展中还处于核心地位。三礼之学的核心地位有两个方面的表现：一个是三礼形成了统一的整体，构成了以《周礼》为经，《仪礼》《礼记》为传的完整的礼学理论体系；一个是围绕着三礼整体，部分的、具体的礼学研究纷纷兴起（第 67 页）。

第三，魏晋南北朝时的官学中，国子学在提高整体儒学水平中发挥了重要作用，国子学、太学、州郡县乡等基层官学组成的官学体系，是礼学传承的重要途径之一。官学、私学、家学是魏晋南北朝时期礼学传承三个重要的渠道，在这三个渠道中，官学起着主导作用。其主导作用主要体现在以下几个方面：官学体现着朝廷的意志，对全社会的重礼之风具有示范和引领作用（第 88 页）；朝廷及官学集中着大批优秀的礼学家（第 91 页）；私学服务于官学，具体表现在向官学输送人才和弥补官学的不足（第 93—95 页）。

第四，礼学具有实用性，其表现在礼学是礼存在并显示其对社会重要作用的理论形式，它指导人们解决在礼制实践中的现实问题，它有助于提高个人及家族在社会中的地位（第 97—98 页）。

上述观点都是前人研究礼学时所未曾提出的。三礼学形成新的礼学体系及其在整个魏晋南北朝时期的持续发展，为五礼制度化的整个进程提供新鲜的学术理论支持；礼学对国家制定礼仪制度的指导，对士族及寒素在仕途上进身的推助，都是前人所未论及的。尤其需要指出的是作者关于官学在礼学传承中主导地位的观点。以往历来研究者都把礼学传承的注意力集中在世家大族上，认为魏晋南北朝是官学衰败家学兴盛的时代，因此很少有人注意官学。作者第一次对官学的作用及地位给以关注，指出礼学不是普通的学问，它关系到国家兴衰、制度存亡、百姓教化、民俗风情，因此备受国家重视，官学在礼学的发展中也就占到了主导位置。作者并没有抹杀私学的作用，同时指出官学的主导地位丝毫不能抹煞私学在礼学发展中的重要作用，它是官学的有力支撑和重要补充，没有私学的存在就没有官学的发展。官学、私学、家学三种途径互相依存，互相支撑，互相流动，这是完全符合当时历史真实的。

在《考论》其他各章，也都各自围绕主题提出系列新鲜见解，可以说创新是这部著作的重要特点之一。然而作者并非是为求新而求新，并非毫无根基地标新立异。首先，所有新鲜见解都是建立在充分论证的基础上的。仍以五礼制度的学术文化背景为例，上述新鲜见解都是在除附录以外的前四节中提出来的，而这四节的文字据我统计竟有近五万字之多，在这么大的篇幅中，没有什么空话闲话，都是围绕着基本观点进行细致的分析论证，这并非仅仅是五礼制度的学术文化背景一章的特点，整个著作都是如此。其次，所有新鲜见解都是建立在反映历史真实的基础上的。例如军礼中对东晋讲武练兵的分析，作者首先提出这样一个事实：东晋是西晋的继承者，从逻辑上讲，本应全面继承西晋的讲武练兵制度，并全面实现西晋统治者以《周礼》为指导建立军礼制度的理想追求。然而事实并未按照逻辑发展，东晋的讲武练兵只有两次。一次是元帝太兴四年，一次在成帝咸和年间。东晋并非太平盛世，终东晋一朝，内忧外患不断，所发生的战事比西晋要多，然而所进行的讲武练兵活动却比西晋少。接着作者揭示出，东晋并非讲武练兵活动少，而是朝廷讲武练兵活动少，这种活动转移到地方州镇那里去了，地方州镇武装力量的强大证明了这一点。州镇大族手握强兵，又不断招募扩大军队，招募来的新兵壮勇，必定要频繁加以训练。最典型的就是前述“北府兵”。这支军队在与苻坚的淝水之战中表现得训练有素，苻坚登城而望，见东晋军“部阵齐整，将士精锐”，对苻融说：“此亦劲敌也，何谓少乎！”（《晋书》卷一一四《苻坚载记下》）这显然是严格训练的体现。这种分析和结论是符合当时东晋门阀政治的历史实际的。最后，所有新鲜见解都建立在丰富翔实的资料基础之上。《考论》在书后附了一篇《引用书目》，开列古籍书目 80 种，今人著作及论文 41 种，包括了有关正史、类书、政书、私人撰著、文集、佛教著作、儒家经典、笔记小说、诸子著作、小学训诂以及现代人的研究成果。上述三点，为《考论》所阐述新鲜见解之科学、可信、有说服力提供了坚实的基础。

三

宏观论证与微观分析有机结合，从而升华出符合历史真实的高见，是一部成功的学术著作所应运用的论证方法和所应达到的学术境界。前者能够反映出作者的理论概括水平和史学见识，后者则反映出作者运用分析史料的能力。《考论》可以说是一部既有宏观论证又有微观分析的史学佳构。

总览《考论》全书，五礼制度的思想认识背景、五礼制度的学术文化背景、五礼制度化的过程原因及意义三章具有高屋建瓴、精彩的宏观分析，而后面五章对吉、嘉、军、宾、凶五礼的论述则偏重于具体的微观考辨。然而这只是从目录得出的直观总体印象，如果宏观论证和微观分析真是这样泾渭分明，就谈不上有机结合了。事实上《考论》一书宏观论证中有微观分析，微观分析之后有宏观的 理论总结，二者紧密结合。下面举例加以说明。

宏观论证的章节中有微观分析，以五礼制度化的过程、原因及意义一章最为 典型。作者把这个进程细分为五礼制度的孕育期（汉末三国）、发育期（两晋宋齐）、基本成熟期（梁天监、北魏太和以后），并对这三个阶段进行深入细致的分析。例如在分析孕育期的时候，作者首先分析了徐幹的《中论》、曹植悼念曹丕的诔文、博士马照与魏帝曹髦的对话、高堂隆的奏章、杜恕的《体论》等文献资料，指出人们对礼的功能的认识已经发生变化。接着又深入考察了这个时期祭礼、军礼、丧礼、宾礼等发生的变化，最后指出，三国时人们对礼的认识发生变化，礼的内容也发生变化，但以冠、婚、丧、祭、乡、相见六礼为基本构架没有改变。《士礼》的一个根本特点是“推士礼以及天子”，以士礼为中心，而上述变化却要求从国家制度的高度去构建礼制。这种矛盾状况，实际上在酝酿着一场礼仪制度的变革（第 135 页）。像这种微观分析在发育期、基本成熟期都是如此，此不再赘。

在微观分析中抽象出宏观的理论概括，这种情况在《考论》中也屡屡出现。现举两例加以说明。

在军礼与军法关系一节中，作者首先分析了《周礼·春官·大宗伯》记述军礼的五项内容：大师之礼，即天子诸侯出兵征讨；大均之礼，即用军事力量使各诸侯国内赋税均平，以优抚民众；田之礼，即指国家军队的军事训练；大役之礼，即使用民众力量进行国家的建筑工程；大封之礼，即必要时以武力勘定巩固境内各诸侯国的疆界，使其民安居合聚。五项内容中，出兵征讨、军事训练是军礼很好理解，然而均赋税、正疆界、兴工程与军礼相联系就令人费解。作者根据清人秦蕙田的解释，指出西周的制度是根据诸侯土地多少制定田赋，诸侯根据所收田赋多少而决定为天子出兵多少，在这种制度下，土地、田赋与军事是连在一起的，兵农的身份是合一的，他们平时为比闾、族党、州乡，战时则为伍两、卒旅、师军，农即是兵，官即是将，所以无论是战时的征伐，军事训练，还是兴建工程，开沟修路，都以严厉的军法制之，以严明的纪律约束之。作者又详细考察了《周礼》中大司寇、小司寇、士师、乡士、衔枚氏、大司马、小子等官职的职掌，指出这些职掌反映了兵农合一、官将一体的社会组织结构，在这种社会组织结构中，官吏用治兵的军法和纪律治民，所以会在军礼中出现大均、大役、大封等内容，这实际上是“先王以讲礼而寓御众之权”，所谓“御众之权”就是军法和军纪。也就是说，军礼的内容包括军法和军纪，反映了汉代对军礼和军法关系的认识。作者还对《汉书·艺文志》为什么把《司马法》列为礼类书籍进行考证和分析，指出班固把讲军事技术和技巧的书籍归入兵书类，把讲战略思想军法军纪的书籍归入礼书类，说明东汉时人们也认为军法是军礼的一部分。最后作者又把《孔丛子》中的《问军礼》篇与《隋书·礼仪志》中的北齐天子亲征之礼进行比较，指出《隋书·礼仪志》所讲的天子亲征之礼与《孔丛子》在仪节程序上几乎是一样的。《孔丛子》编定于东汉后期，在汉末三国时始在经学家制礼作乐的社会实践中受到重视，北齐处于魏晋南北朝即将结束的时代，从汉末三国直到南北朝末期，军礼仪节的基本相同，说明整个魏晋南北朝的五礼体系中，军法军纪是属于军礼的内容之一。通过这些细致的分析和考证，作者其实是在说明军礼与军法关系这样一个大的理论问题，作者这样论述道："礼与法的关系是史学研究和法学史研究的一个重要课题，而军礼与军法的关系往往被人们所忽视。人们所关注的礼与法是指儒家的礼义与国家刑法的关系，二者有一个从并列到交融到结合的发展过程。而军礼与军法的关系与前者既有联系也有不同，军礼与军法没有并列过，二者从产生的时候起就天然地结合在一起，这是其不同之处。然而二者的关系状态受着礼与法关系发展进程的影响，这表明它们之间又有着某种联系。"（第481页）"在魏晋南北朝人们的观念中，礼的功能不仅仅是教化，因此礼的仪式性并非其唯一的特点。《司马法》这部强调依法治军的典籍，在《汉书·艺文志》中列为礼类，在《隋书·经籍志》中也列为礼类，在《旧唐书·经籍志》《新唐书·艺文志》《宋史·艺文志》被列为兵书类，这种归类的变化，大致从一个侧面反应了魏晋南北朝与隋唐关于礼的观念的区别。"（第491页）

关于西晋北魏的三年之丧是从微观分析到宏观概括的精彩篇章。作者分别分析了西晋武帝和北魏孝文帝恢复三年之丧制度所遇到的阻力。西晋武帝恢复三年之丧，面临的是要改变曹魏已经确立的葬毕除服的天下成法，以及重要的朝廷大臣因担心影响兴化致治而坚持的反对态度。面对重重阻力，晋武帝恢复三年之丧的态度格外坚定，作者这样分析说："五礼制度产生于魏晋之际，晋武帝恢复三年之丧制度正是在建立五礼制度的背景之下进行的。五礼制度是一个庞大的体系，作为五礼之一的凶礼，其重要内容之一就是丧服制度，而三年之丧是整个丧服制度的重要基石和参照。从国家制度角度讲，国君不行三年丧礼而臣民百姓行之，不但有亏君臣之道三纲之常，而且依然是国家大礼和民间士礼互相脱节的两张皮局面，不符合五礼制度的原则。从伦理纲常角度讲，如果子不为父服三年斩衰之丧，那么，他为母服三年或一年的齐衰之丧也就失去了依据。同理，他与其他远近亲属的丧服关系也就失去了依据，这如同一张多米诺骨牌的坍倒，引起整个丧服体系的崩溃。晋武帝不顾众臣的反对，向汉魏丧服成制发起挑战，最根本的还是建设五礼制度的需要。"（第636—637页）

无独有偶，北魏孝文帝在实行三年之丧制度的时候也遇到了极大的困难和阻力。作者指出了三个困难和阻力：北魏拓跋族的丧葬传统，文明太皇太后“过葬即吉”的终制金册，一批旧贵族对新制度的极力反对。特别是旧贵族的反对，作者还仔细分析了旧贵族穆亮给孝文帝的奏章，奏章中提出三年之丧违背天意、违背先圣之意、违背太后终制金策、违背民意的“四违背”之论，简直就是代表拓 跋旧贵族声讨三年之丧制度的檄文。作者对孝文帝之所以不顾巨大阻力坚决实行三年之丧的原因是这样分析的：这是因为孝文帝所要创立的是一项重大制度，即五礼制度。孝文帝在实行三年之丧制度时，其情形与西晋武帝时表现出惊人的相似之处，这决不是偶然的巧合，恰恰说明了二者都是处在五礼制度建立的重要关头，他们所实行的三年之丧制度对于理顺丧礼制度的关系，确立五礼制度具有同样重要的意义（第642页）。作者不是孤立地看待西晋武帝和北魏孝文帝实行三年之丧制度，而是找出二者间的内在联系，从具体事件中升华概括出五礼制度建立这样重的大问题，这确实是作者高屋建瓴地透视出晋武、魏孝文二帝坚决实行三年之丧皆为建立五礼制度关键之高见。

四

如前所述，《考论》像一本专题性、系统性的礼制研究论文集。这种体例固然有其长处，可以集中地论述问题，避免肤浅，但问题也是存在的，主要有两点。

第一，从整体布局看疏密不均，主要表现在对五礼内容的论述上，吉礼、嘉礼、宾礼论述内容比较丰满，而军礼和凶礼则显得稍微单薄。军礼的出征命将、祭告宗庙等内容都没有论及。凶礼方面只涉及赈济、抚恤、吊唁，其他如殡殓、祭奠、葬仪等似未曾提到。内容丰富的丧服制度只提到了其核心内容三年之丧，其他少有涉及。

第二，有同一条史料重复使用的现象。除此之外，书中还存在个别的技术性的错误，如把唐长孺先生的文章《魏晋南朝的君父先后论》写成《魏晋南北朝的君父先后论》（第149页）。我想作为多年研究魏晋南北朝历史的专家，作者不至于犯这样的错误，因为在另一个地方就没有写错（第356页），可见是电脑固定组词在作祟。然而这样细而专的错误指望编辑校对去纠正是不现实的，作者有责任去发现纠正。

最后要说的是，金无足赤，书无尽善，任何一部大型专著，要全部内容绝对完善无误，这是不可能的。对于提出的上述不足，我不想用“白璧微瑕”“瑕不掩瑜”之类的套话总结，但却真心希望不会因此而影响对《考论》是一部具有开创性的断代礼制研究力作的基本评价。

（原刊《中国史研究》2011 年第 1 期。梁满仓：《魏晋南北朝五礼制度考论》，社会科学文献出版社 2009 年版。）

地域文化研究的开拓创新之作

——《阴山文化史》读后感

包头师范学院王炜民教授主持的国家社会科学基金项目研究成果——《阴山文化史》已经由人民出版社 2011 年 1 月出版问世，这是地域性文化史研究中一部值得关注的开拓创新学术著作。

地理上的阴山山脉横亘于今内蒙古自治区中部，介于东经 106°—116°，西起巴彦淖尔市杭锦后旗的狼山，东段至坝上高原的大马群山，东西绵延长达 1200 多千米，南北宽达 50—100 千米，北界大致在北纬 42°。行政区划上的阴山地域主要指今内蒙古自治区中西部地区，西部从乌海市和阿拉善盟东部地区，直至东部锡林郭勒盟西部部分地区。在这个地域范围内，散布着呼和浩特市、包头市、乌兰察布市、鄂尔多斯市、巴彦淖尔市等重要城市。本书就是以这个广阔地域的文化发展历史作为其研究和论述对象的。

何以我们评价本书为一部开拓创新之作呢？主要有两个理由。

第一个理由，本书是在学术界第一次以阴山这一特定地域的文化史作为研究对象，提出了“阴山文化”这一学术范畴并对其进行了全面、系统、深入论述的学术著作。

如所周知，阴山地域处于今天的内蒙古自治区之内，因此研究内蒙古历史文化的著作必然程度不同的都要涉及阴山地域。例如一些综合性的内蒙古通史著作，和关于内蒙古地区历史文化的各种专题性的著作就是如此；内蒙古自治区自古以来是一个多民族聚居的地域，因此研究北方少数民族和蒙古族的通史或专题性历史著作中也不同程度会涉及阴山地区；内蒙古自治区又是我国草原分布最为广阔的地区，因此这里的草原文化也引起了人们的极大兴趣，具有内蒙古地区特色的草原文化研究正在方兴未艾，这些著作自然也不能不涉及阴山地区；此外，处于阴山地域范围内的关于包头市、呼和浩特市以及河套地区、鄂尔多斯地区等方面的历史著述都可以说与阴山地区有着密切的关系。以上这些著述虽然或多或少从不同层面涉及阴山地区的历史文化，但是它们都不是专门的阴山地区历史著述。而本书第一次以阴山这一地域以及这一地域的文化史作为研究对象。

本书首次明确提出“阴山文化”这一命题并加以系统、深入的论述，认为“阴山文化就是阴山地域的人们在数千年艰苦奋斗、发展进步过程中，生产、生活及意识形态的状况”①。本书指出，阴山地区在中国古代多民族发展史上具有特殊性和重要性，它处于游牧文化和农耕文化的交界处，长期以来是两种文化碰撞、交流、融合的前沿地区和活动舞台，许多北方古代民族诸如匈奴、鲜卑、突厥、契丹等在这里孕育涵养，有的在这里建立政权，有的在这里进行经济、政治、文化和军事上的准备，从而进入乃至统治中原地区，为多民族国家和中华文化发展写下了绚丽多彩的篇章。本书既然立足于这样一个独特的地域，从这样一个独特的视觉来考察阴山地区的历史文化，从而摆脱了其他相关历史文化著述的窠臼，走出了一条新的研究路径，它不是以行政区划或特定民族来进行地域史的研究，而是以一个具有同一地理环境和物质文化、精神文化特征的地域作为研究对象，即以一个具有共同文化特征的地域性历史作为研究对象，著者认为：“作为一种区域文化，应该以这一区域地理核心为主轴，但由于文化往往不受时空限制，其历史影响和文化辐射应比起地理范围和今天的行政区划范围更广更大。因此凡是历史上与这一地域关系紧密，并深受其影响的周边地区，均应在阴山文化的研究范围之内。所以阴山文化的研究范围应大于阴山山脉的地理和行政区划的范围。河北北部、山西北部、陕西北部、宁夏北部，以及外蒙古国等部分区域，均应在课题研究的范围之内。”② 这个见解是颇有见地的。按照这样的见解，那么所谓阴山文化就不是简单的以阴山这一地理范围作为研究对象，而是以“阴山文化”这一独特的地域性文化作为其研究对象，从而在中国多元文化百花园中培植了一朵瑰丽的奇葩——“阴山文化”。在这样的

---

① 王炜民：《阴山文化史》，人民出版社2011年版，第3页。

② 《阴山文化史》，第2页。

立意基础上，著者提出："有必要把阴山文化作为一个专门的学术研究课题，从整体上进行系统深入的研究。通过阴山文化的研究，梳理出阴山地区悠久历史文化的发展脉络，展现多民族政权交替、各领风骚、相互融合的发展历程，揭示阴山游牧民族冒险进取、勇敢拼搏的优良品质，展示阴山各族热情好客、淳朴善良的民风民俗，塑造叱咤风云、纵横南北的英雄形象，再现政治变革、边疆开发的社会变迁，进而概括出阴山文化的基本内涵和精神风貌。这既有利于进一步丰富中国文化史的内容，也是对区域文化研究领域的新拓展。"[①] 应当说著者这一表述是建立在对于阴山文化历史深刻认识基础上的、符合历史实际的科学概括和理论升华。

李学勤先生最近从考古的重要发现，特别是近年来最新的考古发现，阐述了它在观点方面改变我们的古代研究的问题，提出了中国"多线文明"的观点，他说："改革开放后开始出现一个重要观点，就是，中国自古以来就是一个多民族、多地区的国家，中国文明的发展是多线的，灿烂辉煌的古代文明是各个地区、各个民族共同创造的。而儒家传统的观点是'内华夏而外夷狄'，对中国历史文化的看法是单线的，这样的观点在中国长时期占统治地位，可是从考古发现来看，这种看法是不对的。"[②] 本书所提出并阐述的"阴山文化"证明这种"多线文明"的观点是有道理的，不过，这种"多线文明"应当是由不同层级的地域性文明而共同构成的，"阴山文化"这一学术范畴的提出以及《阴山文化史》的问世，为中华民族"多线文明"的历史增添了新的例证和具体内容，其学术价值是不言而谕的。

第二个理由，本书构建了阴山文化史研究的崭新体系。

既然本书首次提出并阐述了"阴山文化"这一学术范畴和"阴山文化史"这一具有开拓创新意义的研究课题，那么应当如何论述这个课题就是不能不解决的另一重要问题。而这方面可以说是无可依傍，没有现成的体例可以照搬，只能根据课题的具体内容和需要加以创造性的构建。本书很好地构架了这个课题的研究体系。一方面本书的编排布局较好地体现了阴山文化历史阶段的发展，全书共分四章，以先秦至宋代为一章，

---

① 《阴山文化史》，第 17 页。

② 李学勤：《考古发现与中国多线文明》，《中国国学网》2009 年 8 月 1 日。

元明时期、清代至民国、新中国建立之后各为一章，体现了作者对于处理阴山文化发展历程中的轻重、详略的匠心，这是一种切合阴山地区历史发展具体情况的合理的安排。这是因为，尽管第一章的历史跨度远远超过后面几章，但是其历史内涵和分量与建立过统一王朝的元蒙和满清时期还是稍逊一筹，与新中国建立后这一地区历史文化的突破性发展更不能相提并论。另一方面，根据这种历史布局，本书分别论述了不同历史时期这个地区各民族的情况，行政建制的发展变化，这是这个地域历史文化的主人及其所处政治环境与变迁的前提，在这个前提的基础上，进而深入论述了这个地区的石器文化、青铜文化和农耕、畜牧、工商诸业等，以及宗教信仰、文学艺术、民间习俗等方面的情况和问题。从而本书很好地完成了其既定学术目标和任务，对于阴山文化作了全面、系统的阐述，从全面性来说，本书既论述了阴山地区的物质文化，又论述了其精神文化的发展变化；从系统性而言，本书论述了这个地区从远古以来历朝历代乃至现当代的文化状况及其发展变化和传承关系，可以说是一部阴山文化通史。因而本书向读者展现出了一幅相当完整的阴山文化历史画卷。我以为这种处理是符合并有利于表达阴山文化发展历史的客观状况的，是合理的。也就是说本书所构建的阴山文化史体系，一方面是以纵向的历史发展为经；另一方面则以横向的不同的专题为纬，经纬交错而将历史的断片编织成完整的体系，有利于将阴山文化的发展历史从古至今多维地、有血有肉地呈现在读者面前。本书所构建的阴山文化史研究体系，对于其他地域性文化史的研究有着直接的参考借鉴意义。不同地域性文化史的具体内容可以是千差万别的，但是这种经纬交错的研究体系具有相当的普适性，是有很好的借鉴意义的。

必须强调指出，本书的架构并非率意而为，均有着丰富的历史资料作为依据，从而其论述是有说服力的，可靠的。做到这一点并非易事，因为关于阴山文化史并没有一部相对完整的、比较集中的、可资参考的历史记载和资料，而是零碎地散见于各种记载之中，其资料搜集难度大，作者是从诸多正史、类书、笔记、文集、方志和考古资料中进行广泛搜集，爬罗剔抉、探赜索隐，从而构筑了这样一个全面、系统的体系的。由此可见作者付出的劳动是巨大的。正因为这种付出，就使本书的论述建立在扎实可靠的资料基础之上。本书的论述都有相应的、可信的资料支持，而非空洞的推论和浮言。

《阴山文化史》之所以能够被国家社科基金立项并得以出版而成为学术界第一部成功的阴山文化史著作不是偶然的，这里有两个重要的原因。首先，是与包头师范学院党政领导一贯对于学术研究的重视分不开，在这方面我有切身的感受。从2005年起我受聘于包头师范学院，在与学校党政领导的接触中，深感其尊重知识、尊重人才的职志和热诚。学校虽然地处边陲僻壤，但是其追求之高远，视野之开阔，生机之勃发，给人留下了深刻印象。在千方百计引进人才的同时，与国内外教育界、学术界建立了广泛、密切的联系，从师专升格本科后，在不太长的时间里，就发展为一个集全日制本专科教育、研究生教育、继续教育为一身，融职前培养与职后教育为一体的高等师范院校。在重视教学质量的同时狠抓科研工作，其中阴山文化研究就是一个生动的例证。从1990年在《阴山学刊》中开辟“阴山文化研究”专栏开始，包头师范学院就在全国率先提出阴山文化研究这样一个学术命题和研究目标，截至2009年，“阴山文化研究”专栏已发表论文100余篇。2006年在中国人文社会科学学报学会第三届评优活动中，《阴山学刊》被评为“全国优秀社科学报”，“阴山文化研究”专栏获得“全国社科学报优秀栏目”称号。期间不仅在本校教师中开展阴山文化研究，而且组织和联系国内外学术界展开研究，举办阴山文化研究研讨会，事实上成为全国阴山文化研究的重镇和中心。《阴山文化史》就是在这样的环境条件和学术积淀下脱颖而出的成果之一。其次，是与王炜民教授为学术带头人的历史文化学院学术团队的成长壮大分不开。本书的著者是历史文化学院的骨干教师，他们意气风发、锐意进取，不仅承担了繁重的教学任务，而且在科研上奋发图强，孜孜不倦，他们都是本学院阴山文化研究队伍中的翘楚，多年来发表了许多有关阴山文化研究的论文。由这样一个团队来承担阴山文化史的撰述，保证了书稿应有的学术基础和素质，宜其获得成功。

最后还应当指出，正因为《阴山文化史》是一部开拓创新之作，故其学术价值和意义就不仅在于本书已经阐述的那些内容和问题，而且包括它向人们提出和所启示的阴山文化研究从宏观至微观方面的诸多学术问题，兹略举于后：

前者如阴山“文化”与阴山“民族”关系的问题。本书指出：“阴山地域是我国北部一个很重要的独具特色的文化区域”，然而“阴山自古以来就是一个多民族聚居地区，汉族和匈奴、鲜卑、突厥、回鹘、契丹、党项、女真、蒙古等众多少数民族在这一地域创造了十分丰富的物质文明和精神文明成果”[①]。那么，这里就牵涉“民族”与“文化”关系的重大问题。陈寅恪先生有一个重要的学术观点，认为判别“种族（民族）”的标准是“文化”而不是“血统”，故“种族与文化”是“治吾国中古史最要关键”[②]。他说：“全部北朝史中凡关于胡汉之问题，实一胡化汉化之问题，而非胡种汉种之问题，当时之所谓胡人汉人，大抵以胡化汉化而不以胡种汉种为分别，即文化之关系较重，种族之关系较轻。”[③]“汉人与胡人之分别，在北朝时代文化较血统尤为重要。凡汉化之人即目为汉人，凡胡化之人即目为胡人，其血统如何，在所不论。”[④] 又说：“种族之分，多系于其人所受之文化，而不在其人所承之血统。”[⑤] 既然我们视阴山文化为一独具特色的地域性文化，那么这种文化与其北部之胡族文化及其南部之汉族文化的联系与异同为何？这种文化对于活动于这个地域中的诸民族的关系如何？而由这种文化所决定的这一地域的民族与其北部之胡族以及与其南部之汉族的联系与异同又如何？这是研究阴山文化史同样“必于民族及文化二端注意，方能得其真相所在”[⑥] 的一个关键问题。这就是本书给予读者所提出和启示的一个有待深入研究的重大问题。

后者如“北假”问题。本书写道：“秦还将今内蒙古河套以北阴山以南，夹山带河的五原地区称作‘北假’。据《史记》卷110《匈奴列传》《集解》注：‘北假，北方田官主以田假与贫人，故云北假。’可见秦代曾经在河套以北、阴山以南地区设田官。田官奉命把土地借给贫苦农民耕种，使这一地区的农业得到开发，至汉代变成‘膏粱植谷’的农业区。”[⑦] 这也是本书向读者提出的一个有关阴山地区研究的重要问题。从这里出

① 《阴山文化史》，第3页。

② 陈寅恪：《唐代政治史述论稿》，上海古籍出版社1982年版，第18页。

③ 陈寅恪：《隋唐制度渊源略论稿》，中华书局1963年版，第71页。

④ 《唐代政治史述论稿》，第17页。

⑤ 陈寅恪：《元白诗笺证稿》附论《（甲）白乐天之先祖及后嗣》，上海古籍出版社1978年版，第308页。

⑥ 《唐代政治史述论稿》，第26页。

⑦ 《阴山文化史》，第87页。

发，我们还可以进一步探究：（1）北假营田具体始于何时？从始皇三十三年“使蒙恬渡河取高阙、阳山、北假中”① 的记载看，似乎此前北假已经存在？（2）北假的具体范围如何？郦道元说：“自高阙以东，夹山带河，阳山以往，皆北假也。”② 杨守敬《注疏》引董祐诚曰：“今自阿尔坦山迤西至乌喇特，南至黄河，皆古北假地。”③ 这些说法究竟如何？（3）北假的性质如何？假者，借也，假田即租借国有土地，内地多为解决无地少地农民土地问题的一种方式。大面积农田开发，涉及农民来源问题，阴山地区的假田对象是哪些人，是军事编制之移民还是当地的编户之民？假田者属于郡县编户还是军事体系？其民族成分如何？是否也有少数民族？这种土地的分配制度如何？属于自由小农还是一种屯田的性质？（4）北假田的管理问题，这里的“田官”究竟是什么职官？是地方政府——郡县辖官还是中央政府特派之负责北假土地管理的专职官员？它与后世的屯田官员有无联系？（5）北假农垦区在秦代以后的发展变化如何？其开发对于阴山地区政治、经济、军事以及“阴山文化”发展有何意义？对后世的影响如何？诸如此类，似还有深入开掘的空间。

《阴山文化史》提出和启示我们的问题远不止上面列举的那些问题，我们可以说本课题为地域文化史的研究找到了一座学术“富矿”，人们大可以在其基础上大力开掘，延伸扩展和深化地域性文化史的研究，而这也是本书筚路蓝缕之功及其对于历史科学研究的一个贡献。

（原刊于《阴山学刊》2012 年第 2 期。本文系黎虎先生为王炜民等所著《阴山文化史》所撰书评。王炜民等：《阴山文化史》，人民出版社 2011 年版。我们在黎虎先生遗存文稿中，发现了同名文章，经过与原刊文比对，知是黎虎先生当年所撰书评原稿，今据黎虎先生原刊，并参校原刊文整理。主要整理工作是对原文中的引文注释按照《黎虎文集》编辑规范统一为页下注。李文才敬识。）

---

① （汉）司马迁撰，（南朝·宋）裴骃集解，（唐）司马贞索隐，（唐）张守节正义：《史记》卷六《秦始皇本纪》，中华书局 1959 年版，第 253 页。

② （北魏）郦道元撰，（清）王先谦校：《水经注》，巴蜀书社 1985 年版，第 88 页。

③ （北魏）郦道元注，（民国）杨守敬、熊会贞疏，段仲熙点校，陈桥驿复校：《水经注疏》卷三《河水三》，江苏古籍出版社 1989 年版，第 216 页。

中华文明的开拓创新之作

——评王炜民、郝建平《中华文明概论》

王炜民教授长期致力于中国文化史研究，中华文明是其中的重点之一，继1999年出版《中华文明简史》之后，现在又与郝建平副教授合作推出了其姊妹篇《中华文明概论》（以下简称《概论》），可见其用力之勤。前书以史为纲，纵向论述中华文明的发生发展历程，后书以论为经，纵横交织阐发中华文明的真谛。两书可谓互为补充，相得益彰，共同构成了中华文明史的完整架构与体系。《概论》是一部具有开拓创新特点的著作，它与当前学术界广泛流行的中华文明史不同，不是按照历史顺序、就事论事进行叙述，而是对中华文明诸问题进行理论性的阐述和探索；不是仅仅局限于历史上的中华文明，而是涵盖历史的、当今的及其未来走向问题。这样就拓展了中华文明研究的广度和深度，使这一问题的研究别开生面，从而起了将其推向一个新台阶的作用。本书不仅有发凡起例、建构体系之功，而且其论述亦颇有深度，我以为它至少具有如下几方面鲜明的特色。

一　理论为先，深度开掘

重视理论探讨是本书与《中华文明简史》重要的区别之一，因而这是本书用力之所在和最为突出的特点之一。本书首先对“中华文明”的概念和内涵进行了探讨。关于“中华”，作者指出“大约在魏晋时期，由‘中国’与‘华夏’复合而成的‘中华’一词已经出现，词义兼有二者的义项。”而“从南北朝开始，‘中华’一词已突破了‘华夏’主要指汉族的局限，开始向包括中国各民族的词义发展。”关于“文明”，本书着重探讨了“文明”与“文化”这两个联系十分紧密的概念之间的区别，认为“文化”与“文明”的区别主要表现在如下两个方面：“纵向而言，从历史发展阶段看，‘文化’是人类相对于动物状态的一种禀赋，是人之为人的本质规定；而‘文明’是相对人类自己的野蛮状态而言的，是人类的经济生活、社会生活和精神生活发展到一定阶段的产物。”“横向来看，在实际运用中二者词义包含的范围不尽相同。一般说来，文化可包括正、反两个方面，而文明主要包含正面的内容。”这种区分实际上是将文化史与文明史作了科学界定，从而对于这两门姊妹学科的研究均具有重要指导意义。职是之故，作者认为“中华文明”乃指“包括当代56个民族以及曾活跃在中国历史舞台上的古代民族在内的中华民族，在数千年缔造统一的多民族国家的历史发展过程中，所创造的物质文明和精神文明的优秀成果。”应当说这一理论概括是准确的，符合历史实际的。在此基础上，本书又对“物质文明”和“精神文明”这两个范畴进行了界定，认为“物质文明是人类改造自然界的物质成果的总和，表现为人们物质生产的进步和物质生活的改善”。而“精神文明是人类改造客观世界的同时也改造主观世界成果的总和，表现为教育、科学、文化知识的发达和人们思想、政治、道德水平的提高。具体而言，从个人的文化修养、科学修养、政治修养、道德修养、审美修养、精神境界，到社会的精神生产、精神生活和风俗习尚，都属于精神文明的范畴”。上述概念的界定和理论概括，不仅为我们研究中华文明指出了明确的方向，而且有助于我们认识弘扬中华文明的意义所在。本书就是以此作为指导思想，展开对于中华文明的探讨，力图揭示中华文明的真谛和价值。

这种理论性的探索和概括，可以说贯穿于全书。例如关于中华文明的特点。本书概括为源远流长、崇尚统一、天人合一、以人为本、注重实用、强调道德等六个方面。关于中华民族的精神面貌，总结了自强不息、刚健有为的精神，求是务实的精神，宽容的精神，爱国主义精神以及民为邦本的精神等五个方面。关于中华民族传统思维方式的特征，概括为整体思维、矛盾辩证法思维、直觉思维、象征思维、实用理性—知行合一的思维方式、思维方式的伦理性倾向、经学思维方式等七个方面。这些可以说是对中华民族所创造的物质文明、精神文明的高度概括和理论提升，对于我们认识和研究中华文明具有重要的指导意义和学术价值。本书这些理论性的认识，完全是从中国历史的实际中抽象出来的，仅以上述中华传统思维方式中七个方面之一的“整体思维”来说，就是综合了《易经》以及《易传》作者，把天、地、人一起纳入八卦、六十四卦的系统，以说明三者之间相互联系、相互作用的规律，把一切自然现象与人事贯通起来的整体思维；孔子、孟子、董仲舒等赋予“天”以更多的政治、伦理色彩，把天道作为人道的依据，进一步强化了“天人合一”的整体思维，以及道家将“道”和“德”合一为天人合一境界。说明儒道两家是从不同角度主张“天人合一”，道家倾向于把人自然化，儒家倾向于把自然人化，而他们都认为人和自然界是一气相通、一理相通的；到了宋明理学阶段，天人合一的整体思维，已成为儒家学者的一致模式，天人合一的思维模式高扬到了极致。此外，中华民族整体的思维方式还从中国古代具体思维模式——五行模式，以及中医科学、语言文字、建筑风格、穿着习惯等方面表现出来。在此基础上作者得出结论：所谓整体思维，就是认为世界是一个整体，人和物、自然和社会也都是一个整体。整体中包含许多部分，各部分之间存在着密切的联系，因而构成一个整体。中华民族这一思维方式的揭示，具有十分重要的理论意义。对于中华文明的这种理论性的深度开掘，是值得提倡的。这里还需要指出，作者不是从西方学者那里寻找现成的理论来套中国的实际，而是从中国的实际中进行归纳、提炼，从而发现其规律性的特征，上升为理论性的认识，这种方法也是值得治中国史者效法的。我们并不反对学习西方理论，但是如果能够从中国历史实际中抽绎出理论性的认识，应当是更符合中国历史的实际，也是更有意义的。仅举一例以窥一斑：由于本书将中华文明界定为“包括当代56个民族以及曾活跃在中国历史舞台上的古代民族在内的中华民族”共同创造的文明，因此本书专门设置“少数民族对中华文明的贡献”这一章节论述我国少数民族自古以来所创造的物质文明和精神文明，以及他们对于中华文明做出的不可磨灭的贡献，这一创新之举不仅大大丰富了中华文明的内涵，而且更符合中国历史的实际，从而提升了我们对于中华文明的认识，其理论意义和现实意义都是不容低估的。

二　论从史出，资料翔实

本书对于中华文明的理论性探讨是建立在历史事实的基础之上的，

其所有观点和规律性的阐述，都是从历史实际中抽象和凝炼而来的，因而资料翔实是本书的又一个突出特点。举凡经、史、子、集，考古资料，出土文书，金石碑刻，中外学者的论著，均在其视野之内，广为搜寻，旁征博引，从而使本书的许多观点和结论奠定在扎实的史实基础之上，因而是可靠的，令人信服的。例如，关于中华文明究竟起源于何时，从20世纪20—30年代开始，学术界对此进行了热烈的讨论，直到目前为止，对这一问题的认识还存在着很大的分歧，主要有仰韶文化说、龙山文化说、夏代说、商代说等四种观点。本书对此进行了探索，提出了自己的见解。根据城市、文字、金属工具和礼仪性建筑等要素为综合构成文明最基本的标志，本书认为距今5000—4000年我国考古学上的龙山文化时代，是中华文明史的序幕时期。为了证明这个观点，本书从多方面多层次并列举大量资料进行了论证：第一，文字是文明重要的标志，山东邹平县丁公村龙山时代遗址中发现的刻有11个书写符号的一件陶片，陶寺城址的晚期居址中所出土的陶扁壶上用毛笔朱书的字符，长江下游的良渚文化遗址中也发现了不少在陶器、玉器上的多种刻划符号，以及多字相连的陶文等，证明龙山文化时期已经有了原始文字。第二，金属工具的发现是人类社会进入文明时代的一大标志。本书指出龙山文化时期铜器出土地点分布区域广大，东起山东，西达甘青，北抵内蒙，南至湖北，发现有早期铜的遗址已超过25处。铜器的质料既有红铜、青铜，也有黄铜。出土铜器的数量少则一件，多则三十件。铜器的种类有刀、锥、钻、凿、斧等手工业工具，镜、容器、装饰品等生活用具以及斧等武器，可见铜器的使用范围比较广泛，冶铜工业已初具规模。第三，城堡的出现是社会财富有了相当的积累，争夺人口和财富的战争日益激烈，阶级矛盾不断加深的产物，又是社会发展的重要里程碑，从而成为文明社会到来的另一个重要标志。本书指出在黄河、长江流域及其他地区，陆续发现了属于龙山文化时期的古城址有：内蒙包头阿善、凉城老虎山；山东章丘城子崖、寿光边线王、邹平丁公；河南登封王城岗、淮阳平粮台、郾城郝家台；湖北天门石家河、荆门马家垸、石首走马岭；湖南澧县城头山等，共计约20座。此外，新近发现的还有四川崇州市燎原乡紫竹村的新石器时期面积约二十万平方米的古城遗址，陶寺古城址的发掘自2001年春至2003年秋，也已获得重大成果。表明龙山文化时期城堡已不是个别而是普遍出现了。第四，礼仪性建筑物也是文明出现的标志之一。良渚文化遗址发现的瑶山祭坛，余杭反山东南大观山果园发现的祭坛均已相当壮观。陶寺城址祭祀区内，不仅建筑面积大，而且祭坛、台阶、路沟、角门等一应俱全，设计和夯土都十分讲究，出土的祭祀器物也十分丰富。其中发现的“观象台”表明观天象、祭天神的出现。证诸文献记载，传说中尧的时代对天文历法已有很大发展，尧不仅自己“其仁如天，其知如神”，而且派遣羲和、羲仲去管理历法与授时，并测定了一年的天数、二十四节令和四季。“观象台”遗迹的发现，证实了《尚书·尧典》所谓“历象日月星辰，敬授人时”具有真实的历史背景与社会现实。此外，本书还从阶级分化的遗迹，作为文明的支撑的财富生产、经济结构，包括农业、畜牧业、手工业等生产门类进行了论证。通过这些广泛的、翔实的分析，文明曙光出现在古代东方地平线上的一幅生动图景已跃然纸上，作者从而得出结论：“龙山时代作为文明主要标志的文字、城市、金属工具、礼仪性建筑、阶级分化等因素已出现且得到了初步的发展，而这一切都是建立在农牧业生产的发展、农产品剩余的出现、专门手工业生产形成基础之上的，因此，我们认为当时已跨进了文明的门槛。”但是作者并没有到此为止，而是进一步把考古文化与历史传说和文献记载结合起来，以考古文化为主体，适当利用文献材料中的有关记载进行总体考察，分析了在《尚书》《左传》《史记》等著作中，有关尧舜禹时代已经有了阶级对立和雏形的国家机器的记载，与龙山时代的考古发现是相符的，进一步认定“龙山时代是中华文明的源头”。这个结论是有说服力的。

三　中外对比，突出特色

抓住事物的特点就是抓住了事物的本质，研究中华文明首先应当揭示其特点，方能认识中华文明的本质和价值，而所谓中华文明的特点，是与其他文明相比较而存在，因而必须通过与其他文明的相互对比中才能揭示的。本书在研究中华文明的过程中，始终注意进行中外对比，在这种对比之中揭示和突出中华文明的特色。本书认为：“只有把握了中华文明的特点，才能更好地认识我们自己，才能认清中华文明的发展方向，才能扬长避短，让中华文明光照千秋。”而把握中华文明特点的重要途径就是从中外对比中去获取。例如，作者认为："中华文明在世界历史上曾经数千年长盛不衰，究其原因，中国古代的'天人合一'思想起到过重要的作用。"因而本书将"天人合一"作为中华文明的主要特点之一加以阐述，指出："天人合一思想认为自然界与人是协调统一的，主张人要遵循自然规律，人的行为与自然的协调，道德理性与自然理性的一致，充分显示了中国古代思想家对于人与自然之间关系的正确认识。西方人强调征服大自然，促进了科学的发展，但是，现在科学发展的结果，居然带来负面影响，造成了环境的严重污染，破坏了生态平衡，威胁到人类的生存。中华文明中天人合一的和谐思想，对于养身，对于治国，对于处理国际关系，对于保护环境维护生态平衡，都是有价值的，有现实意义的。"通过这一对比，"天人合一"这种古老思想的意义得以深刻地揭示。本书将人本思想作为中华文明的另一个重要特点，指出这种传统观念"就是指以人为考虑一切问题的根本，就是肯定在天地人之间，以人为中心，就是尊重人和推崇人，弘扬人的生命存在的意义和主体独立自觉的价值"。作者通过中外对比进一步指出："中华传统的人本思想不同于近代西方的民主思想，人本观念是通过对人性的肯定来论证人格尊严，民主观念是通过对人权的肯定导出人格平等。人性与人权、人本与民主具有相通性，但不能等同。不过，人本思想仍然可以成为民主思想的基础。我们建设具有中国特色的社会主义民主，有必要从传统的人本思想中吸取有益养分。"作者之所以对于中国古代人本思想有如此深刻的认识，就是基于从中外对比中把握了这一传统思想的特点和精义。

中华文明最突出的一个特点是几千年来未曾中断，载籍相承，家珍可数，为古代六大文明之硕果仅存，这是任何国家和民族所不能比拟的。本书对于中华文明这一重大特色给予格外重视，不仅详细论述了大家已经注意到的中国古史记载丰富多彩、绵延不绝的问题，而且特别提出经书注疏在中华文明史上的作用和地位问题，设置专节论述"从经书注疏看中华文明的传承"。作者指出中国古籍注疏起源于三代，经春秋战国发展，到了两汉注疏体例已经大备，逐步形成了注、解、释、音、笺、章句、解话等注疏学，产生了集解、集释、集注、训纂、正传、索隐、考证、斠注、通释、间诂、合注、集成等多种多样的名称和形式，成为独具中华文明特色的传统学问和文化体裁，对于保存和发扬中华文明起了不可估量的重要作用。这一独步世界的文化特色，不仅为中华文明，也为世界文明作出了不可磨灭的贡献。

在中外对比的基础上，突出中华文明的特色，无疑将大大加深我们对于中华文明在世界文明史上的作用和地位的认识，正如作者所指出的："中华文明是在中华大地上成长起来的本土文化，尽管也在随时借鉴和吸收外来文化中的先进成分，但始终保持着中华民族鲜明的文化特色。""中华文明在五千年的发展历程中，由于受中国社会文明发展道路以及社会政治结构、经济结构、地理结构的影响，形成了自己鲜明的特点。它是中华文明内在特质的集中表现，也是中华民族凝聚力的思想基础。在新的历史条件下弘扬中华文明的成果，对于推动中华民族全面的振兴，为人类文明做出更大的贡献，具有积极的意义。"这是颇有见地的。

四　立足现实，古为今用

立足现实，古为今用是本书另一个突出特点，作者对此有着自觉、明确的认识，开宗明义指出："弘扬中华文明不仅具有深远的历史意义，而且有着十分重大的现实意义。"党的十一届三中全会以来，我国实行了改革开放的重大战略决策，社会经济、政治、文化和思想领域都发生了天翻地覆的巨变，综合国力得到了空前的提高，取得了举世瞩目的伟大成就。但是在这样一个历史的转型时期，也带来了一系列重大社会问题，亟待解答。其中一个突出问题就是现代化与传统文化、全球化与本土文化关系问题，亦即在政治、经济、文化和思想领域的改革、开放和创新中，是否还需要继承、借鉴和发扬中华传统文明的问题。作者对此作了肯定的回答。本书作者主要从两个方面论述和贯彻这一主旨的：一方面弘扬中华文明是改革开放新形势下的必然要求，另一方面弘扬中华文明是加强素质教育的需要。把后面一个问题置于与前者并列的地位，体现了作者深邃的眼光。因为一个民族，一个国家要自立于世界民族之林，要在这样一个竞争空前剧烈的时代保持先进地位，关键在于是否有高素质的国民。我国的改革开放是否能够沿着正确的、健康的方向前进，取得更为光辉灿烂的成就，取决于人的，尤其是青少年的素质。而弘扬中华文明对于培养高素质的人具有十分重要的意义，"中华文明源远流长，博大精深，其中蕴藏着极其丰富的历史智慧，对于正确认识历史、认识社会、认识人生都具有巨大的借鉴作用”。而“弘扬中华文明就要使人们，特别是青少年，了解中华民族艰苦卓绝的奋斗历程，感受前人的聪明才智，学习前人的优良品德和创造精神，这无疑将起到开发人的心智、启迪人的思维、给人以历史智慧的作用”。为此，本书特别设立“素质教育与中华文明”一节，专门探讨这个问题，从素质教育的内涵和特征、实施素质教育的必要性以及素质教育与中华文明关系等方面进行了论述。作者认为：“实施素质教育离不开中华传统文明的已有成果。几千年来中华传统文明一直薪火相传，岁月的转换并不能导致其完全断裂。这一事实本身充分昭示：这种文明必然具有许多优秀、合理的因素和强大的生命力。”因而“在实施素质教育的过程中，决不能也不可能抛弃中华传统文明，而只有对传统进行认真的审视和选择，予以合理的继承、创新，才可能实现教育改革的目标。”本书详细论述了从中华文明中汲取精华和营养以加强人文素质教育的途径、内容和重要意义，指出：“当今世界科技日益进步，生产力不断提高，经济高速发展，社会财富也迅速增加，人类的物质文明程度得到了巨大的提高。但与此同时，也引发了许多危机和问题。环境污染、生态失衡、物种锐减、气温升高、沙漠化加剧、人口爆炸、能源危机等难题正日益困扰着人类。在一些发达国家，掌握高科技或者是生活在高科技社会当中的人，由于忽视了人文素质教育，而造成素质上的缺陷，个性发展上的畸形，导致精神空虚，人格堕落，人际关系冷漠，甚至异化为所谓‘经济动物’、‘科技奴隶’或者是‘智能强盗’，给社会带来严重的危害，影响社会的协调发展，而在我国类似的问题也存在，如享乐主义滋生、个人主义膨胀、道德水准下降，市场上的假冒伪劣，经营活动中的坑蒙拐骗，社会生活中的贪污腐败、吸毒贩毒、偷盗扒窃、卖淫嫖娼、拐卖妇女儿童，等等。要解决这些问题，最有效的办法是全面实施素质教育，特别是加强人文素质教育，培养出既有知识和能力又有健康人格，既会做事又会做人的合格人才。加强人文素质教育，离不开中华民族优秀传统文明成果的学习，而通过人文素质教育，能够使这些宝贵的资源在人才培养中发扬光大，并且与社会主义的现代文明完美地结合在一起。”作者的优国优民之思跃然纸上。类似这样从中华文明的传统中探求对于今天现实问题的借鉴，几乎贯穿于全书的论述中。

但是本书并没有满足于对中华传统文明一般的借鉴，而是进一步在此基础上探求开拓建构社会主义新型文明的方向和道路。例如，在“从中华民族价值观念看中华文明”一节中，作者认为尽管中华传统价值观有许多优秀的精华，但是它已经不能适应和满足现代化建设的需要，而必须在继承我国传统价值观中有益的内容，以及借鉴西方价值体系中的有用成分的基础上，建构有中国特色社会主义的新型价值系统。本书认为这种新型的价值系统应包括如下一些内容：第一，以科学技术为本。第二，坚持群体价值和个人价值的统一。第三，在义利关系上，把道德价值和道义价值放在第一位。第四，在人与自然的能动关系中，应更加注重天人和谐，以寻求天人合一，持续发展。第五，在国与国的相互关系上，更加注重国际和谐，以便反对霸权主义，粉碎西方分化阴谋，力争永久和平，共同发展。第六，在身与心的内在关系上，更加注重身心和谐，寻求人的身心健康，全面发展。此外，在“从中华民族精神面貌看中华文明”一节中，作者对于在当今改革开放新的历史条件下弘扬中华传统民族精神也提出了自己的主张：第一，以中国特色社会主义现代化为目标，进一步增强民族自主精神。第二，通过社会主义改革开放，进一步增强民族的进取精神和创新精神。第三，在知识经济时代背景下，进一步培养中华民族的科技意识。第四，艰苦创业、自觉献身的精神。第五，祖国统一、世界和平的精神。这些均体现了本书以史为鉴、古为今用的传统经世致用精神在新时代的发扬。

本书虽然取得了可喜的成绩，但是也还存在一些需要继续改进之处。本书所探讨的问题其用力深浅程度并不完全一致，例如关于史学和经学注疏、关于古代教育、关于传统思维方式等问题的探讨相对来说是比较深入的，其中不乏新意和真知灼见，而有些章节，例如关于中华民族精神的功能作用的论述，相对来说就显得比较薄弱，未能较好地展开论述，给人浅尝辄止之感。即使是在同一序列中的问题也存在这种情况，例如在“辉煌灿烂的古代精神文明”一节中，哲学、文学等门类的论述还不如艺术方面详细，前者几乎是一带而过，而与中国古代哲学、文学的丰富性和重要性显得不大相称。这种不平衡，也与本书编排布局有一定关系，例如在“辉煌灿烂的古代精神文明”一节中有“教育”这一子目，只是简单几句而语焉不详，这是因为后面还有“从古代教育看中华文明的传承”这样一个独立的章节论述这个问题，自然就不得不如此处理了。此外，体例之前后尚有不够一致之处，文字表述及其风格也还可进一步修饰统一。然而瑕不掩瑜，总的来说这是一部成功的关于中华文明的著作，本书所建构的中华文明的学术理论框架无疑为本课题的研究奠定了坚实的基础，必将推动中华文明研究迈上一个新的台阶。

（原刊《阴山学刊》2005 年第 5 期。王炜民、郝建平：《中华文明概论》，内蒙古大学出版社 2005 年版。本文系黎虎先生为该书所撰写的书评。我们在黎虎先生的遗存文稿中，发现了同名文章，经过比对，知是黎虎先生当年所写书评原稿。今据黎虎先生原稿，并参校原刊文整理。李文才敬识。）

《隋唐五代扬州地区石刻文献集成》评介

扬州大学李文才教授所著《隋唐五代扬州地区石刻文献集成》（凤凰出版社2001年版。以下简称《集成》）出版，这是作者在其国家社科基金项目结项成果的基础上，所完成的一部区域性石刻文献整理著作。兹就阅读该著的一些感想，献芹于后。

在笔者看来，这是近年来出版的众多石刻文献整理著作中质量较高的一部，可以用“全面严谨、守正创新”来概括这部著作的特点。具体来说如下：

以“全面”而言，一是指《集成》对属于隋唐五代时期扬州地区的石刻文献的搜集和整理全面而彻底，近乎竭泽而渔；二是指《集成》全面搜集、梳理了前人的相关著作，并以“著录”的名目，将前人所有相关著作搜集、附录于所整理的石刻文献之后，以供学界检索之用。

以“严谨”而言，主要是指《集成》所反映出来的作者严谨的学术作风。《集成》在这方面堪称典范：首先，表现为本书制订了周全严密的整理“凡例”，并在“整理”和“疏证”等具体环节中严格遵守“凡例”，从而确保全书体例的统一；其次，严格按照石刻文献整理“先实物（或拓片）”的基本原则，凡有实物或拓片存世者，则完全根据实物或拓片对文字进行整理，而对于那些既无实物，亦无拓片的，则选择录文年代较早者为底本，并参以其他录文，相互引证核校，对其中存疑不决者，则以脚注方式标注，以供读者自行判断，而不以一己之臆断贻误读者。

以“守正”而言，既是指《集成》对于中国传统金石学文献整理方法的遵循和继承，也是指对前人相关著述的尊重，以及由此所体现出来的传统优良学风。《集成》严格遵循宋代以来的传统金石学的方法，无论是文字的著录校订，还是题跋疏证，都不难看出对中华优秀传统文化的自信和坚持，故谓之“守正”可谓名副其实。不宁唯是，《集成》“守正”的学风，还表现为对前人既有整理和研究著述的充分尊重，对于非正式出版物如吴炜、田桂棠合作编写的《江苏扬州唐五代出土墓志简介》（未刊稿）也加以著录，这既是对前人为此所付出艰辛的尊重与肯定，也体现出作者治学的严谨性和谦逊的学术作风。

以“创新”而言，是指《集成》在严格遵守石刻文献整理既有规则的前提下，又在石刻文献的定义、分类、疏证、著录等方面进行了一些创造性的尝试，从而体现出较为浓厚的学术创新意识。具体来说，又表现为如下几个方面：第一，对“石刻文献”定义的内涵和外延进行了拓展，《集成》则提出了“广义性”的概念，不再囿于石质或砖质材料为载体，而将“砖瓦、竹木、墙壁、金属器皿等其他硬质材料为载体的文献”也列入其中，使得原先一些不便于归类的出土文献，如书于竹片或木片的“买地券”等，归入其范畴，从而形成对“石刻文献”传统内涵外延的拓展。第二，突破“石刻文献”传统分类方法而进行了尝试性的创新。《集成》划分“墓志之部、非墓志之部、存目之部、附录之部”四类，其中“墓志之部”包括墓志铭、塔铭两类；“非墓志之部”包括墓碑、厅壁记、经幢、造像记、砖瓦铭文、铜镜铁镜等铭文，以及买地券等石刻文献，凡不列入“墓志之部”者，皆归属此部；“存目之部”，指历史上确曾存在、而后亡佚、仅存目录可记者，无论墓志、塔铭或其他石刻文献，皆录入此部；“附录之部”，则收录真伪存疑、是否属于扬州、年代存疑未定等三类石刻文献。《集成》的这个分类方法，为此前学界所未见，完全属于作者原创的分类方法，其采用自创分类法之大胆尝试之举，以及所体现出来的学术创新的勇气，值得鼓励。第三，对石刻文献“疏证”广度和深度的开掘，也体现出一定的学术创新。《集成》的“疏证”不再仅仅局限于扼要说明石刻文献出土时间、出土地点、事主行迹、石刻真伪等情况，而是结合石刻文献的时代背景作进一步的阐释，从而形成对石刻文献的“深度疏证”。这种“深度疏证”对于我们深入认识和理解石刻文献特别是“存目之部”的石刻文献，尤其显得有意义。以“存目之部”而论，其所“疏证”的31方存目石刻文献，皆是仅存其名而文字亡佚，《集成》通过对相关史实的爬梳，对存目石刻文献的刻石时间、刻石缘由、石刻性质、石刻内容等方面均进行了合乎逻辑的推断，为学界提供进一步考察的线索。

金无足赤，白璧有瑕。《集成》也存在一些有待进一步思考和改进的地方。例如“附录之部”所收录的石刻文献，既包括一些是否属于扬州而存疑未定的，也包括曾经埋葬于扬州而后又迁葬他乡的，且不说这样的细致分类是否完全合理，即以其第一部分“墓志之部”所收录的一些墓志铭而言，似乎应该考虑移入“附录之部”才更为合理，例如“5、裴公夫人韦氏墓志”“6、崔克让墓志”，近人罗振玉在《广陵冢墓遗文》中认为系伪志，对于前者，尽管作者对于罗氏的判断也进行了揭橥，却并没有加以任何的考辨或解释；对于后者，作者引端方《陶斋藏石记》的跋文为据，就断言罗氏伪志之说“恐不能成立”，说服力似需进一步加强。

以上几点，为笔者对《集成》的一些认识和判断，这些看法是否成立，或是否令人信服，皆有待于读者诸君的进一步检验。

（原刊《中国史研究动态》2022年第5期。李文才：《隋唐五代扬州地区石刻文献集成》于2021年9月由凤凰出版社出版，承蒙黎虎先生厚爱，为拙著撰写书评，并投寄《中国史研究动态》。孰料《中国史研究动态》编辑于2020年出台新规，凡书评文章，须俟该著作公开出版一年后，方可刊发书评。由于这一新规定，先生未能目睹此书评面世而竟成遗作，洵为遗憾，复令人思之怆然矣。李文才敬识。）

附录　黎虎先生学术编年

1936 年。8 月 22 日 12 时出生于北平（今北京）协和医院，籍贯广东省兴宁市。

1955 年。9 月考取北京师范大学，入历史系学习。

1958 年。8 月以大学四年级学生的身份参加全国人民代表大会常务委员会民族委员会和国务院民族事务委员会组织领导、中国科学院民族研究所主持的全国少数民族社会历史调查，在内蒙古自治区少数民族社会历史调查组进行了为期近一年的鄂伦春族社会历史调查工作。发表《对解放前鄂伦春族社会性质的探讨》（《民族研究》1959 年第 2 期，与人合作）、《鄂伦春人的文化生活》（《民族研究》1959 年第 8 期，与人合作）。黎虎先生曾在不同场合多次言及这次少数民族社会历史调查的实践活动，并申述这次活动对他学术生涯所具有的重要意义。2015 年 6 月 27 日在东北大学秦皇岛分校举行“中华历史与传统文化学术论坛（第二届）——中国古典外交制度学科建设”学术座谈会，其间董劭伟博士对黎虎先生进行了学术访谈，后整理成文《独立思考 推陈出新——史学大家黎虎先生访谈录》（载董劭伟主编《中华历史与传统文化研究论丛》第 2 辑，中国社会科学出版社 2016 年版），黎虎先生在这次访谈中第一次对外公开谈到了这次少数民族社会历史调查的实践活动。2018 年 10 月 13 日，李文才受《中国史研究动态》编辑部委托，就“汉唐史研究的创新与突破”的问题对黎虎先生进行学术访谈，后成文《汉唐史研究的创新、突破与展望——访黎虎生》（《中国史研究动态》2019 年第 2 期）；2020 年 1 月，李文才受《史学史研究》编辑部委托，就“中国古史分期暨社会性质”的问题对黎虎先生进行学术访谈，后成文《中国古史分期体系的构建与社会性质的探索——黎虎先生访谈录》（《史学史研究》2020 年第2期)，在这两次访谈中，黎虎先生均谈到此次少数民族社会历史调查的实践活动。2020年是恩格斯诞辰200周年，《中国史研究动态》编辑部组织“笔谈：纪念恩格斯诞辰200周年”，特向黎虎先生约稿，黎先生撰写《在社会调查实践中学习〈家庭、私有制和国家的起源〉》（《中国研究史动态》2020年第6期）一文，在该文中黎先生又一次谈及此次少数民族社会历史调查实践对他的学术研究所具有的重要意义。综合上述四文可知：对鄂伦春族的民族调查工作完成以后，即进入“鄂伦春族简史简志”的编写环节，调查组成员分为“编写组”和“资料组”，其中“编写组”共有4人，只有黎虎先生是学生，余者三人一位是内蒙古民族研究所的干部，另二人是中央民族学院历史系和中央音乐学院的教师。为编写鄂伦春族简史简志，首先需要解决新中国成立以前鄂伦春族的社会性质问题，为此调查组多次召开学习研讨会。黎虎先生在会上第一个发言，并提出“新中国成立前的鄂伦春族处于从原始社会向阶级社会过渡的村社阶段”的观点，这个观点除了个别人表示反对，得到调查组大部分成员的赞同。后来调查组负责人到北京开会时，将这个观点向“全国少数民族社会历史调查领导小组”做了汇报，得到历史学家吕振羽等人的肯定。黎虎先生所提出的“新中国成立前的鄂伦春族处于从原始社会向阶级社会过渡的村社阶段”的观点，后来成为撰写《鄂伦春族简史简志》的基本指导思想。此外，发表于《民族研究》1959年第2期的《对解放前鄂伦春族社会性质的探讨》一文，尽管黎虎先生的名字被他人别有用心地排在了第三位，但由于这篇文章完全是按照黎虎先生所提出的“新中国成立前鄂伦春族处于原始社会向阶级社会过渡的村社阶段”的观点而写成的，故黎先生曾低调地表示“这应当就是我最早发表的论文”(见《独立思考 推陈出新——史学大家黎虎先生访谈录》)。1958年8月至1959年6月的少数民族社会历史调查活动，对于黎虎先生的另一个重大意义，是他在结合实践活动继续深入学习和领会《家庭、私有制和国家的起源》理论精神的同时，开始对“中国古史分期暨社会性质”这一重大历史理论问题进行了思考，黎虎先生2020年发表《中国古史分期暨社会性质论纲——兼论中国传统社会的主要矛盾问题》（《文史哲》2020年第1期）一文所提出的“中国古史分期暨社会性质”问题研究的全新学术体系，实可溯源至这次实践和理论相结合的少数民族社会历史调查的实践活动，诸如对“群”的认识和理解、“人力（人口）掌控”理论、以本土语汇概括中国历史问题等，皆肇端于这次少数民族社会历史调查活动及其在调查活动中的学习和思考，用黎虎先生的话来说，就是“在社会调查实践中学习《家庭、私有制和国家的起源》”。

1959 年。6 月从内蒙古自治区少数民族社会历史调查组返校参加毕业考试。9 月留北京师范大学历史系中国近现代史教研室任教，一年后转入中国古代教研室，从此一直任教于历史系中国古代史教研室。1980 年代以前，黎虎先生的研究方向主要在先秦史领域，大约从 80 年代初起，转向魏晋南北朝史的研究，后又进一步拓展至上起秦汉下迄隋唐五代的研究领域，进而以“究天人之际，通古今之变”的整体史观对中国古代历史问题进行宏观的思考和研究，并取得一系列重要的原创性研究成果而“成一家之言”。

1960 年。发表《“塘沽协定”和“何梅协定”是怎么回事?》（《历史教学》1960 年第 4 期）。1959 年 9 月至 1960 年 9 月，黎虎先生任教于北京师范大学历史系中国近现代史教研室；9 月起转至中国古代史教研室。此文系黎虎先生任职于中国近现代史教研室期间所撰，也是迄今所见黎虎先生 1959 年 9 月大学毕业、参加工作以后所公开发表的第一篇科普性史学文章。在此后的漫长治史生涯中，黎虎先生响应国家号召，先后撰写了多篇史学科普文，积极向大众传播和普及史学知识。撰写史学科普文、向大众传播史学知识，可谓黎虎先生在史学研究方面的特殊贡献。

1963 年。发表《我国古代的女历史学家班昭》（《中国妇女》1963 年第 4 期）。北京出版社 1963 年 6 月出版《历史故事》（第三集），刊登黎虎先生所撰《女历史学家班昭》。1963 年 12 月出版《历史故事》（第五集），刊登黎虎先生所撰《大政治家管仲》。《历史故事》所刊二文，均属向大众传播和普及史学知识的史学科普文。

1978 年。发表《刘知幾为武则天制造舆论吗?》（《历史研究》1978 年第 8 期）。该文刊发以后即被当时的《人民日报》和中央人民广播电台“新闻和报纸摘要节目”转载和播放，产生了重大社会影响。

1979 年。发表《解忧公主出塞的历史贡献》（《北京师范大学学报》1979 年第 4 期）。发表史学科普文《解忧公主的事迹》（《蒲公英》1979

年第3期第3版“历史人物”专栏，署名求是）、《东汉豪族地主势力的发展》《赤壁之战与三国鼎立》（此二文原刊北京市上山下乡知识青年函授办公室编、北京出版社1979年12月出版的“历史知识广播讲座”材料《历史知识（中国古代史部分）》。据说明，为丰富广大上山下乡知识青年的历史知识，从1979年4月起，北京市上山下乡知识青年函授教育办公室、北京市知识青年上山下乡办公室、北京人民广播电台联合举办“历史知识广播讲座”，由北京市的几所中学和北京师范大学、北京师范学院的教师撰稿。后应广大知识青年的要求，编辑出版了这本《历史知识》中国古代史部分。黎虎先生不仅为该书撰稿，还承担了该书最后的文字修订工作。）

1981年。史学科普作品《燕国故事》出版（河北人民出版社1981年7月第1版，3.9万字。1983年3月第2次印刷，印数46500册）。

1982年。发表《殷都屡迁原因试探》（《北京师范大学学报》1982年第4期，中国人民大学报刊复印资料《中国古代史》1982年总第17期全文转载）、《〈书·盘庚〉“于今五邦”解》（北京师范大学历史系内部刊物《史学评林》1982年第3—4期合刊，2016年收入《先秦汉唐史论》，北京师范大学出版社2016年版）。

1983年。发表《曹魏屯田始于何年》（《学术月刊》1983年第2期，中国人民大学报刊复印资料《中国古代史》1983年第3期全文转载）、《陇右自古多山崩》（《兰州学刊》1983年第3期）、《祖狄中流击楫》（《文史知识》1983年第12期，2022年第8期《老年教育（长者家园）》转刊此文，题目改为《闻鸡起舞 击楫誓清——至死未停止北伐的将军祖逖》）。《鄂伦春族简史》出版（内蒙古人民出版社1983年版，该书的指导思想为黎虎先生所提出的“新中国成立前鄂伦春族处于原始社会向阶级社会过渡的村社阶段”的观点，黎虎先生还是主要执笔人之一，承担古代部分的撰稿任务，全书共7章，黎虎先生撰写了第一章、第二章、第三章和第七章的第一、二、三节，占全书篇幅1/2）。同年，晋升副教授，担任硕士研究生导师。

1984年。发表《三国时期的自耕农经济》（《北京师范大学学报》1984年第2期，中国人民大学报刊复印资料《三国两晋南北朝隋唐史》1984年第4期、《经济史》1984年第3期分别全文转载）、《蜀汉“南中”

政策二三事》（《历史研究》1984 年第 4 期，中国人民大学报刊复印资料《三国两晋南北朝隋唐史》1984 年第 11 期全文转载）。出版《夏商周史话》（北京出版社 1984 年版，19.4 万字）。9 月在成都召开的中国魏晋南北朝史学会第一次会议上被推举为中国魏晋南北朝史学会常务理事。招收硕士研究生邓奕琦、张文强。

1985 年。发表《略论曹魏屯田的历史作用与地位》（《四川师院学报》1985 年第 1 期，中国人民大学报刊复印资料《魏晋南北朝隋唐史》1985 年第 4 期、《经济史》1985 年第 4 期分别全文转载）、《论西晋占田制的历史渊源》（《中国史研究》1985 年第 3 期，中国人民大学报刊复印资料《魏晋南北朝隋唐史》1985 年第 12 期、《经济史》1985 年第 12 期分别全文转载）。发表史学科普文《博闻多识的束皙》《魏武帝曹操》《汝颍奇士郭嘉》《青年谋士荀彧》《智慧的化身诸葛亮》《东吴英主孙权》《智勇双全的统帅周瑜》《发奋读书的青年将军吕蒙》（刊于何兹全主编《中外年轻有为历史名人 200 个（中国史部分）》，河南人民出版社 1985 年版）。当年，招收硕士研究生余桂元、符丽明。

1986 年。发表《北魏的四夷馆》（《文史知识》1986 年第 1 期）。发表史学科普文《浪子回头，终成学者——皇甫谧成才的故事》《将军好学，如虎添翼——吕蒙读书的故事》（刊于白寿彝等《历史杂谈》，北京出版社 1986 年版，后一篇署名“重黎”）、《解忧公主与冯嫽——西汉民族友谊史上的双子星》（刊于严琬宜主编《古今著名妇女人物》上册，河北人民出版社 1986 年版）。5 月，参加在湖北省蒲圻召开的“3—9 世纪长江中游经济讨论会》，提交《六朝时期荆州地区的人口》一文，该文后来发表于《北京师范大学学报》1991 年第 4 期（详后 1991 年）。

1987 年。发表《“游农”不能解释殷都屡迁原因》（《中国社会经济史研究》1987 年第 3 期）。硕士研究生邓奕琦的《侯景之乱研究》、张文强的《魏晋南北朝考课制度研究》通过论文答辩，获历史学硕士学位。

1988 年。发表《殷代外交制度初探》（《历史研究》1988 年第 1 期，中国人民大学报刊复印资料《先秦秦汉史》1989 年第 3 期全文转载）、《东晋南朝时期北方旱田作物的南移》（《北京师范大学学报》1988 年第 2 期，中国人民大学报刊复印资料《魏晋南北朝隋唐史》1988 年第 5 期全文转载，《高等学校文科学术文摘》1988 年第 4 期转载）、《崔鸿——为少数民族政权写史》(载《中华人物志·史学家小传》，中华书局1988年版；2007年，又收入《安作璋先生史学研究六十周年纪念文集》，齐鲁书社2007年版)。晋升教授。被推举为中国魏晋南北朝史学会秘书长。硕士研究生余桂元的《六朝吴郡陆氏研究》、符丽明的《十六国北朝河西地区农业开发》通过论文答辩，获历史学硕士学位。招收硕士研究生何文格。

1989年。发表《六朝时期江沔地区的屯田和农业》(原刊中国唐史学会、湖北省社会科学字编《古代长江中游的经济开发》，武汉出版社1988年版，本文系参加1986年5月在湖北蒲圻召开的“3—9世纪长江中游社会经济讨论会”而提交论文中的部分内容)、《魏晋南北朝时期主粮作物品种的增加》(《中国历史博物馆馆刊》1989年总第11期)、《六朝时期江左与东北地区的交通》(《北京师范大学学报》1989年第5期)、《东晋南朝与西北诸国的交往》(《汉中师院学报》1989年第3期)、《东晋南朝与西北诸国交往的目的和意义》(《汉中师院学报》1989年第4期)、《杰出的医学大师扁鹊》(《文史知识》1989年第3期)。

1990年。发表《论诸葛亮“躬耕”地在南阳邓县隆中》(《北京师范大学学报》1990年第4期，中国人民大学报刊复印资料《魏晋南北朝隋唐史》1990年第6期全文转载，又转载于《诸葛亮躬耕地望论文集》，东方出版社1991年版)、《诸葛“草庐”究竟在何处》(《文史知识》1990年第4期)、《崔浩军事思想述论》(《北朝研究》1990年总11期，中国人民大学报刊复印资料《魏晋南北朝隋唐史》1991年第3期全文转载)。招收硕士研究生侯旭东。

1991年。发表《六朝时期江左政权的马匹来源》(《中国史研究》1991年第1期，中国人民大学报刊复印资料《魏晋南北朝隋唐史》1991年第4期全文转载)、《六朝时期荆州地区的人口》(《北京师范大学学报》1991年第4期，转载于中国魏晋南北朝史学会编《魏晋南北朝史论文集》，齐鲁书社1991年版)、《论诸葛亮躬耕地在南阳邓县隆中》(刊于《诸葛亮躬耕地望论文集》，东方出版社1991年版，后该文以《诸葛亮躬耕地考辨》为题载于1999年7月学苑出版社出版的《魏晋南北朝史论》)。硕士研究生何文格的《魏晋南北朝外戚政治探究》通过论文答辩，获历史学硕士学位。

1992年。发表《北魏前期的狩猎经济》(《历史研究》1992年第1

期，中国人民大学报刊复印资料《魏晋南北朝隋唐史》1992 年第 3 期全文转载）。出版《〈后汉书〉精华注译》（主编，北京广播学院出版社 1992 年版）。获国务院颁发“政府特殊津贴”。被推举为中国魏晋南北朝史学会副会长。招收硕士研究生付开镜。

1993 年。发表《郑羲使宋述略》（《文史哲》1993 年第 3 期）、《怎样读〈后汉书〉》（《文史知识》1993 年第 10 期）。硕士研究生侯旭东的《论东晋南朝小农经济补充形式》通过论文答辩，获历史学硕士学位。担任博士研究生导师。

1994 年。发表《孙权对辽东的经略》（《北京师范大学学报》1994 年第 5 期，中国人民大学报刊复印资料《中国古代史》1995 年第 2 期全文转载，后转载于中国《三国演义》学会、浙江省富阳县人民政府、《明清小说研究》编辑部联合主办，谭洛非主编《明清小说研究》1993 年增刊《孙吴与三国文化》论文集，中国文联出版公司 1993 年版）、《缩影·益友·信史——对新编〈偃师县志〉的几点印象》（孙占奎主编《偃师县志评论集》，中州古籍出版社 1994 年版）。

1995 年。发表《客家聚族而居与魏晋北朝中原大家族制度》（《北京师范大学学报》1995 年第 5 期，中国人民大学报刊复印资料《魏晋南北朝隋唐史》1996 年第 1 期全文转载）。出版《中国通史（中古时代·三国两晋南北朝时期》（主编，上海人民出版社 1995 年版，此书系白寿彝总主编，国家“六五”哲学社会科学重点项目《中国通史》之第五卷）。硕士研究生付开镜的《两晋南北朝的盗贼》通过论文答辩，获历史学硕士学位。招收博士研究生王元军、张金龙、李文才。

1996 年。招收博士研究生汪波、韩国学生金成淑。

1997 年。发表《魏晋徭役制度三题》（《何兹全先生八十五华诞纪念文集》，中国社会科学出版社 1997 年版；后收入《魏晋南北朝史论》，学苑出版社 1999 年版。据文后说明，此文草于 1983 年，原拟写 5 个问题，尚有两个问题未写即因故中断，弃捐箧笥多年，时移事易，未再续写。）招收博士研究生张兴成、韩国学生李椿浩。博士后诸葛忆兵进站。

1998 年。发表《北朝中央决策制度的演进》（《北朝研究》1998 年第 1 期）、《汉唐时期的食肆行业》（《中国社会经济史研究》1998 年第 2 期）、《唐代的市舶使与市舶管理》（《历史研究》1998 年第 3 期，中国人民大学报刊复印资料《魏晋南北朝隋唐史》1998年第6期、《经济史》1998年第5期分别全文转载)、《魏晋南北朝鸿胪寺及其外交管理职能》(《中国史研究》1998年第3期，中国人民大学报刊复印资料《魏晋南北朝隋唐史》1999年第2期全文转载)、《汉唐外交管理体制的演进及其特点》(《北京师范大学学报》1998年第3期)、《唐代的酒肆及其经营方式》(《浙江学刊》1998年第3期)、《汉唐外交与外交制度论略》(《传统文化与现代化》1998年第5期)、《唐代边境镇抚机构——都护的外交管理职能》(《人文杂志》1998年第6期)、《汉唐中央决策制度的演进及其特点》(《河北学刊》1998年第6期)。出版《汉唐饮食文化史》(主编，北京师范大学出版社1998年版，本书系黎虎先生所主持的国家教育委员会"七五"研究项目成果。黎虎先生本人不仅承担全书统编工作，而且撰写了前言、第二章、第四章、第五章、第八章，几占全书篇幅的二分之一。)出版《汉唐外交制度史》(兰州大学出版社1998年版，本书系黎虎先生所承担国家教育委员会"八五"研究项目成果。)发表书序《〈中国传统饮食礼俗研究〉序》(姚伟钧:《中国传统饮食礼俗研究》，华中师范大学出版社1999年版)。博士研究生王元军的《魏晋南北朝书法与社会》、张金龙的《魏晋南北朝禁卫武官制度研究》、李文才的《南北朝时期益梁地区研究》通过论文答辩，获历史学博士学位。招收博士研究生庞骏、刘则永。

1999年。发表《唐代缘边政府的涉外行政事务管理权能》(《社会科学战线》1999年第1期，中国人民大学报刊复印资料《魏晋南北朝隋唐史》1999年第3期全文转载)、《汉唐时期外交行政管理的运行机制》(《中州学刊》1999年第3期，中国人民大学报刊复印资料《公共行政》1999年第5期全文转载)、《唐前期边疆军区"道"的外交管理职能》(《学术研究》1999年第4期，中国人民大学报刊复印资料《魏晋南北朝隋唐史》1999年第4期全文转载)、《魏晋南北朝尚书主客曹及其外交管理职能》(《汉学研究》1999年第17卷第2期)、《唐代的饮食原料市场》(《中国经济史研究》1999年第1期)、《南北朝中书省的外交管理职能》(《安徽史学》1999年第3期)、《略论唐后期外交管理体制的变化》(《文史哲》1999年第4期)、《魏晋南北朝时期都督的外交管理职能》(《齐鲁学刊》1999年第5期)、《唐代鸿胪寺及其外交管理职能》(《文史》1999

年第2辑)、《从汉唐外交决策看外交决策的特殊性》(《大连大学学报》1999年第3期)、《先父黎昔非与〈独立评论〉——从我与罗尔纲先生的一次会面谈起》(《学林漫录》第14集，中华书局1999年版)。出版《魏晋南北朝史论》(学苑出版社1999年版)。出版《中国饮食史》第三卷(魏晋南北朝·隋唐五代卷，二人合著，第一作者，华夏出版社1999年版；杭州出版社2014年版重印此书)。发表书序《〈中华文明简史〉序》(王炜民主编:《中华文明简史》，内蒙古大学出版社1999年版)。博士研究生汪波的《魏晋南北朝并州地区研究》、金成淑的《慕容鲜卑文化研究》通过论文答辩，获历史学博士学位。博士后诸葛忆兵出站报告《宋代宰辅制度研究》通过答辩。招收博士研究生刘长旭、韩国学生金大珍。

2000年。发表《慕容鲜卑音乐论略》(《中国史研究》2000年第2期，中国人民大学报刊复印资料《魏晋南北朝隋唐史》2001年第2期全文转载)、《唐代军镇关津的涉外事务管理职能》(《北方论丛》2000年第2期)、《唐代缘边地方政府的外交权能》(《史学集刊》2000年第4期)。担任《中国外交词典》(唐家璇主编，世界知识出版社2000年版)编委。发表书序《〈汉唐间政治与文化探索〉序》(梁满仓:《汉唐间政治与文化探索》，贵州人民出版社2000年版)。博士研究生张兴成的《两晋宗室制度研究》通过论文答辩，获历史学博士学位。招收博士研究生张军、杨永俊、任重。

2001年。发表《狮舞流沙万里来》(《西域研究》2001年第3期，中国人民大学报刊复印资料《魏晋南北朝隋唐史》2002年第2期全文转载)、《魏晋南北朝时期的饮食原料市场》(《文史》2001年第2辑)。发表书序《〈魏晋南北朝并州地区研究〉序》(汪波:《魏晋南北朝并州地区研究》，人民出版社2001年版)。被聘为《中国大百科全书》第二版“三国两晋南北朝”分支主编。博士研究生韩李椿浩的《十六国政权体制研究》、庞骏的《魏晋南北朝储君制度研究》、刘则永的《刘宋军功受益集团研究》通过论文答辩，获历史学博士学位。招收博士研究生秦冬梅、徐美莉、马晓峰。博士后张荣强进站。

2002年。发表《汉魏晋北朝中原大宅、坞堡与客家民居》(《文史哲》2002年第3期，中国人民大学报刊复印资料《魏晋南北朝隋唐史》2002年第5期全文转载，《中国社会科学文摘》2002年第5期转载)、

《汉代外交使节的选拔》(《兰州大学学报》2002 年第 6 期)、《唐代的押蕃使》(《文史》2002 年第 2 辑)、《〈魏晋南北朝并州地区研究〉评介》(《晋阳学刊》2002 年第 3 期)、《弘扬中华文明的成功尝试——〈中华文明简史〉评介》(《阴山学刊》2002 年第 3 期)。发表书序《〈六朝书法与文化〉序》(王元军:《六朝书法与文化》，上海书画出版社 2002 年版)。出版《黎昔非与〈独立评论〉》(主编，学苑出版社 2002 年版)。博士研究生刘长旭的《魏晋南北朝赠官研究》、金大珍的《北魏洛阳城市风貌研究——以〈洛阳伽蓝记〉为中心》通过论文答辩，获历史学博士学位。招收博士研究生施新荣、金霞。接受日本大阪市立大学研究科博士生村井恭子为高级进修生。

2003 年。发表《汉代外交使节的人选》(《人文杂志》2003 年第 6 期，中国人民大学报刊复印资料《先秦秦汉史》2004 年第 1 期全文转载)、《闻一多为黎昔非题〈耕夫谣〉》(《文学遗产》2003 年第 1 期)、《"忠心的看护妇"——记〈独立评论〉经理人黎昔非》(《社会科学战线》2003 年第 3 期)、《一朵被遗忘的小花——黎昔非主编的〈昙华〉文艺半月刊》(《新文学史料》2003 年第 4 期，中国人民大学报刊复印资料《中国现代、当代文学研究》2004 年第 1 期全文转载)、《狮舞出西域》(《新疆经济报》2003 年 2 月 8 日第 2 版"社会·科学"专栏)。博士研究生张军的《汉魏晋军府制度研究》、杨永俊的《禅让政治研究——王莽禅汉及其心法传替》、任重的《魏晋南北朝城市管理研究》通过论文答辩，获历史学博士学位。博士后张荣强出站报告《汉唐籍帐制度研究》通过答辩。招收博士研究生冯金忠、彭丰文。

2004 年。发表《汉代外交使团的组成》(《中国文化研究》2004 年春之卷)、《关于〈黎昔非先生与独立评论〉的两点说明》(《安徽史学》2004 年第 3 期)、《〈我们仨〉里的钱瑗伉俪事略补正》(《博览群书》2004 年第 2 期)。发表书序《〈魏晋南北朝禁卫武官制度研究〉序》(张金龙:《魏晋南北朝禁卫武官制度研究》，中华书局 2004 年版)。博士研究生秦冬梅的《十六国北朝北方少数民族家、族问题研究》、徐美莉的《北朝赏赐制度研究》、马晓峰的《魏晋南北朝交通研究》通过论文答辩，获历史学博士学位。招收博士研究生夏志刚、董坤玉、付开镜。接受日本大阪市立大学研究科博士生萩野祐为高级进修生。10 月于北京师范大学退休。11 月被聘为河南师范大学兼职教授。被推举为中国魏晋南北朝史学会顾问。

2005 年。发表《说“军吏”——从长沙走马楼吴简谈起》（《文史哲》2005 年第 2 期）、《“吏户”献疑——从长沙走马楼吴简谈起》（《历史研究》2005 年第 3 期；中国人民大学报刊复印资料《魏晋南北朝隋唐史》全文转载）、《原“吏民”——从长沙走马楼吴简谈起》（原刊《史学新论：祝贺朱绍侯先生八十华诞》，河南大学出版社 2005 年版，后转载于《历史文献研究》总第 27 辑，2008 年 9 月）、《中华文明的开拓创新之作——评王炜民、郝建平〈中华文明概论〉》（《阴山学刊》2005 年第 5 期）。发表回忆文章《心香一瓣谢良师》（《史学新论：祝贺朱绍侯先生八十华诞》，河南大学出版社 2005 年版）。发表书序《〈禅让政治研究——王莽禅汉及其心法传替〉序》（杨永俊：《禅让政治研究——王莽禅汉及其心法传替》，学苑出版社 2005 年版）。研究课题“汉唐‘交聘’体制研究”获批 2005 年度国家社会科学基金研究项目。1 月被聘为包头师范学院教授。11 月访问日本，被大阪市立大学聘为客座教授；在大阪市立大学召开的关西地区东洋史研究会作题为《关于魏晋南北朝“吏户”问题》的学术报告；在京都大学召开的日本唐代史研究会作题为《汉唐时期的“军吏”》的学术报告。博士研究生施新荣的《哈密卫研究》、金霞的《两汉魏晋南北朝祥瑞灾异研究》通过论文答辩，获历史学博士学位。招收博士研究生日本学生村井恭子。被中国食文化研究会授予首批“中国食文化突出贡献专家”。

2006 年。发表《汉唐时期的“军吏”》（原刊日本《唐代史研究》第 9 号，2006 年 7 月，后转载于《阴山学刊》2006 年第 6 期，中国人民大学报刊复印资料《魏晋南北朝隋唐史》2007 年第 3 期全文转载）、《魏晋南北朝“吏户”问题三献疑——“吏户”论若干说法辨析》（《史学集刊》2006 年第 4 期）。被聘为《阴山学刊》顾问。博士研究生冯金忠的《唐代地方武官制度研究》、彭丰文的《两晋时期国家认同研究》通过论文答辩，获历史学博士学位。

2007 年。发表《魏晋南北朝“吏户”问题再献疑——“吏”与“军吏”辨析》（《史学月刊》2007 年第 3 期）、《论“吏民”的社会属性——原“吏民”之二》（《文史哲》2007 年第 2 期）、《论“吏民”即编户齐民——原“吏民”之三》（《中华文史论丛》2007年第2期）、《原“吏民”之四——略论“吏民”的一体性》（《中国经济史研究》2007年第3期）。博士研究生董坤玉的《唐代学官研究》、付开镜的《魏晋南北朝官员惩治与复起研究》通过论文答辩，获历史学博士学位。

2008年。发表《说“给吏”——从长沙走马楼吴简谈起》（《社会科学战线》2008年第11期，该文刊后修订稿载于长沙简牍博物馆编《走马楼吴简研究论文精选·上册》，岳麓书社2016年版）、《周代的交聘使者及使团》（《史学集刊》2008年第4期）、《略论中国古代饮食文化研究》（《扬州大学烹饪学报》2008年第3期）。博士研究生村井恭子的《东亚国际关系中的唐朝北边政策研究》通过论文答辩，获历史学博士学位。

2009年。发表《论聘礼与婚礼的渊源关系》（《文史》2009年第1辑）、《周代交聘中“礼尚往来”原则》（《文史哲》2009年第3期）、《关于“吏民”的界定问题——原“吏民”之五》（《中国史研究》2009年第5期）、《说“真吏”——从长沙走马楼吴简谈起》（《史学月刊》2009年第5期）、《论黎昔非对〈独立评论〉的贡献》（《团结报》2009年7月9日第3623号“文史周刊”专栏）。发表书序《〈两晋时期国家认同研究〉序》（彭丰文：《两晋时期国家认同研究》，民族出版社2009年版）。

2010年。发表《周代交聘中的对等性原则》（《史学集刊》2010年第2期）、《汉代典客、大行、鸿胪递嬗与朝会司仪》（《东岳论丛》2010年第10期）、《汉代的“三独坐”与朝会监察》（《贵州社会科学》2010年第11期）、《历史的困惑与复原——〈黎昔非与独立评论〉的前前后后》（《博览群书》2010年第8期）。发表回忆文章《我与周一良先生的“大百科”缘》（《博览群书》2010年第1期）。

2011年。发表《汉代和亲女的常驻使节作用》（《江汉论坛》2011年第1期，此文后被全文翻译成日文刊载于《神户大学史学年报》2021年6月第36号）、《汉代朝礼交聘功能的发展》（《中国边疆史地研究》2011年第2期）、《解忧公主与王昭君比较研究》（《西域研究》2011年第1期）、《周代交聘管理机构与官员》（孟世凯主编《赵光贤先生百年诞辰纪念文集》，中国社会科学出版社2011年版）、《评〈魏晋南北朝五礼制度考论〉》（《中国史研究》2011年第1期）、《从狮子舞看传统文化与外来文化的融合》（《团结报》2011年2月3日第3863号“文史周刊”专栏)、《解忧公主与王昭君比较研究》(《团结报》2011 年 3 月 24 日第 3882 号“文史周刊”专栏)。

2012 年。发表《汉代外交与“软实力”》(《文史哲》2012 年第 4 期，在中国学术界首次提出“外交软实力”的概念)、《地域文化研究的开拓创新之作——〈阴山文化史〉读后感》(《阴山学刊》2012 年第 2 期)。

2013 年。发表《汉代外交文书的类别和特点》(《史学集刊》2013 年第 4 期)。发表回忆文章《我所经历的罗岗解放》(《百年罗岗》编辑委员会编《百年罗岗》，香港：中国文艺出版社 2013 年版)。

2014 年。出版《汉代外交体制研究》(商务印书馆 2014 年版)。发表书序《一部值得中国读者阅读的三国史》(此文系为日本学者金文京所著《三国志的世界：后汉三国时代》中译本所写的推荐序言，广西师范大学出版社 2014 年版。此序文初稿撰写于 2011 年 10 月)。

2015 年。发表《汉代和亲与“质侍”在外交中的互动关系》(李振宏主编《朱绍侯九十华诞纪念文集》，河南大学出版社 2015 年版)、《唐代和亲公主的常驻使节作用》(《中华历史与传统文化研究论丛》第 1 辑，中国社会科学出版社 2015 年版)。发表书序《〈隋唐政治与文化研究论文集〉序》(李文才：《隋唐政治与文化研究论文集》，台湾：花木兰文化出版社 2015 年版)。

2016 年。发表《汉代“天子三玺”在外交中的应用》(《河北学刊》2016 年第 2 期)、《刘贺“登基”与两鸿胪》(《文史知识》2016 年第 8 期)、《魏晋南北朝“吏户”问题四献疑》(《宜春学院学报》2016 年第 10 期)。出版《先秦汉唐史论》(上、下册，北京师范大学出版社 2016 年版)。发表学术访谈《独立思考 推陈出新——史学大家黎虎先生访谈录》(《中华历史与传统文化研究论丛》第 2 辑，中国社会科学出版社 2016 年版，访谈人：董劭伟博士)。发表书序《〈北魏洛阳城市风貌研究——以《洛阳伽蓝记》为中心〉序》([韩] 金大珍：《北魏洛阳城市风貌研究——以〈洛阳伽蓝记〉为中心》，中国社会科学出版社 2016 年版，该序文撰写于 2008 年 2 月 28 日)、《〈北朝社会文化史研究〉序》(宋燕鹏：《北朝社会文化史研究》，花木兰文化出版社 2016 年版)。

2018 年。7 月被聘为扬州大学兼职教授。完成《中国古史分期暨社会性质论纲——兼论中国传统社会的主要矛盾问题》初稿，同年十月由《中国社会科学》杂志社、《历史研究》编辑部、云南大学联合主办的以“社会性质与历史分期”主题的“第十二届历史学前沿论坛”在昆明召开，李文才代表黎虎先生前往参会并作会议发言。

2019 年。发表学术访谈《汉唐史研究的创新、突破与展望——访黎虎先生》（《中国史研究动态》2019 年第 2 期）。出版《汉唐外交制度史（增订本）》（中国社会科学出版社 2019 年版）。

2020 年。发表《中国古史分期暨社会性质论纲——兼论中国传统社会的主要矛盾问题》[《文史哲》2020 年第 1 期，《中国社会科学文摘》2020 年第 5 期、《社会科学文摘》2020 年第 4 期、《高等学校文科学术文摘》2020 年第 3 期，西北大学历史学院《中国历史文摘》2020 年总第 1 期（中国社会科学出版社 2021 年版）均有转载。2021 年，此文主体部分被翻译成日文刊载于《大阪市立大学东洋史论丛》第 21 号]、《在社会调查实践中学习〈家庭、私有制和国家的起源〉》（《中国史研究动态》2020 年第 6 期）。发表学术访谈《中国古史分期体系的构建与社会性质的探索——黎虎教授访谈录》（《史学史研究》2020 年第 2 期）。

2021 年。发表《北宋的一次“帽妖”事件——关于“飞碟”的古老记载》（《文史知识》2021 年第 9 期）。

2022 年。7 月 6 日 16 时 40 分，黎虎先生逝世于北京市海淀医院，享年 86 岁。发表《南北朝皇朝递嬗与社会主要矛盾》（《河北学刊》2022 年第 5 期，《中国社会科学文摘》2023 年第 1 期、《历史教学》2023 年第 5 期转载）。发表书评《〈隋唐五代扬州地区石刻文献集成〉评介》（《中国史研究动态》2022 年第 5 期）。

2023 年。发表《唐寓之起义与社会主要矛盾》（《江汉论坛》2023 年第 7 期，《高等学校文科学术文摘》2023 年第 6 期、中国人民大学报刊复印资料《历史学文摘》2023 年第 4 期转载）、《汉代和亲问题三题》（《河北学刊》2023 年第 6 期）、《南北朝时期的地主》（《文史哲》2023 年第 6 期）。出版《黎昔非的学术与人生》（主编，学苑出版社 2023 年版）。